圓 學 意 義

U0152229

　　1. 圓是上帝陰陽禪道與愛的形態，而上帝就是萬物的任何形式。所以，萬物也就是上帝的一部份，解除肉體和執念等之束縛好處在於更接近"上帝形式"，箇中的奧秘在於圓，這也自然與陰陽禪道與愛息息相關！

　　2. 圓學展示了暗黑一維 (暗能量黑洞等) 為直綫，距離我們三維很遠，光速達不到；光明二維 (附於黑洞上的發光星系) 為平面，二維距離三維近一點，所以看的見光速容易達到；三維就是我們肉體本身立體世界；四維時空對應二維，速度為光速，代表現在，所以看的見，且可以將二維之物以視覺形式輸送給我們肉眼，四維同樣代表發光星系；五維為黑暗對應一維代表過去之總和，速度為光速之平方，可能與量子有莫大關連，因為速度相似運動形式相反方向亦是如出一轍，亦為宇宙極速，試想現世的我們為光為可見之形，清清楚楚的就是我們"自己"，這就是二維和四維之光明現在，而一維和五維之過黑暗，由於太快，以致我們"只見到黑暗一片"，理論上這黑暗一除了可代表我們自身之外還有可能代表我們前世甚至身邊的其它生物等等……要表示如此多生物和前世同時聚集一處，我們人類肉眼是無力辦識的，只能以黑暗呈現！至於六維暗物質我們星系單個黑洞本身，代表將來，速度甚至比光慢，但卻為宇宙至重之力，吸引影響的不是我們的肉體，而是我們的潛意識本性靈魂作風！三維肉體太"輕"，所以只夠萬物依附於地而不能使之前行甚至作出動作行為，六維暗物質重所以主宰著我們幾乎一切行動風舉止儀態甚至世事變遷等，但要切記，三維立體物質某程度上也是暗物質的一部份，正如一五維和二四維之彼此不可分割一樣道理！還有七維，七維是多個六維即多個代表暗物質和星系的黑洞的"互相交流"！為數眾多的黑洞以甚為形式交流？從圓學上講，是以陰陽圓相交的形式，從科學角度，很可能就是以蟲洞之形式交流！最後，是無盡的平行宇宙，這些都不受引力的影響，所以無善惡個性，無因無果無是無非無序也！

3. 圓的 45 度弧為陰陽圓方圓運動；52 度為普世皆知的金字塔頂角也是自然塌落極限角；60 度弧為圓心與圓周上的陰陽弧交界的兩個點所共同組成的等邊三角形，這展示了圓心是如何移到這兩個點上的，因為等邊三角形三角等量等價，這也是陰陽圓方圓運動和佛系運動的根基，同時這也是圓力和諧陰陽矛盾點的最好形式！圓學證明以上三個角度 45 度 52 度和 60 度之神秘奧義！

4. 圓學創生出了一大批既有哲學意味又合乎精神心靈和現實社會處事甚至科學方面的定理定律公式等式等，比如陰陽圓定理、方圓運動、方圓等式、佛系運動、極高維度歸零維度串佛珠理論和大乘佛系運動之顯義和隱義 (隱義又即串佛珠理論)。另外遇有圓力和圓規腳第一重點。

5. 圓學最終可能可以終一各宗教之形式或者創造一個融合各宗教的和諧理論體系，長遠將來，希望可以消弭世上無日無之的因宗教而起的衝突和戰爭，但首先圓學得以作為一個哲學或神學底下的小科目而進入大學甚至中學的書本裡去！

6. 引力為物體與物體之間的作用力，代表將來；弱作用力代表物體內部自身的衰滅，代表過去；電磁力和強作用力維持萬物自身的結構，使人之所以為人，水之所以為水，太陽之所以為太陽，代表現在！沒有蟲洞，蟲洞是個偽命題，因為根據圓學維度理論，蟲洞根本無需要存在！黑洞與類星體就好比一枚硬幣一陰一陽兩邊，我們自身就在某批黑洞類星體的邊緣而不自知！黑洞類星體主要成份是暗物質暗能量！暗能量代表過去時空，亦為宇宙之 "最快速"，速度達到光常數之平方，因為太快所以我們肉眼見不到而呈現出一片黑暗，暗能量自身就是宇宙的空間，宇宙空間之極速膨脹就是暗能量自身在脹大；相反暗物質由宇宙之初到現在一直在減少，暗物質為本宇宙最重的引力，代表將來，速度不快，但重力極大極大，"操控"了萬物之七情六慾，所以西方有句諺語：性格決定 "將來" 命運！

澳門思想方案：圓學

　　祖國和平統一偉大復興之偉業尚未完成，當今世界又恰逢百年未有之大變局，單邊主義保護主義甚至隔離主義迅速抬頭並肆虐世界，而我國無可避免處於這個大變局的風口浪尖！

　　雖然處境艱險，我國始終不卑不亢，並未自亂陣腳，更是以堅毅不屈之精神從容應對，交出一份份國際社會都為之拍案叫絕的好答卷——一帶一路、人類命運共同體、全面深化改革開放且改革大門將越開越大，乃至國家主席"無我"超然思想境界！

　　澳門正是體現中葡全面友好關係的"結晶"之地，而中葡關係在全球雙邊關係中堪稱典範！澳門數百年來一直是中西文化滙聚之地，社會各界不同種族宗教的包容與和諧在這裡處處得到體現，儒道釋耶伊的思想在這裡聚江滙河！我們既"承恩"祖國繁榮一國兩制與中葡好關係，至少亦應該在這個"關鍵時刻"為國家分憂，提出我們自己本土的思想方案："圓學！"圓學充滿了儒釋道之思想智慧，又融宇宙萬事萬物於一體，冶不同學科比如科文哲易思想學於一爐，國人與澳人的和諧大同無為思想在上百篇圓學文章研究裡得到淋漓盡致的體現！還望全澳社會多運用圓學智慧，為祖國復興乃至人類社會發展盡自己一分綿力！

五月

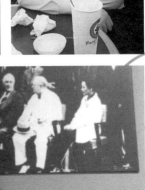

目錄

圓學意義   1

澳門思想方案：圓學   3

第一節　圓學   8

21. 靈魂   8
22. 綠色植物   11
23. 交滙意識 中層意識 灰色意識 靈肉意識   13
24. 根葉因果   15
25. 怎樣轉換維度   18
26. 生活態度   21
27. 圓學本身   23
28. 神鬼報應   25
29. 生活雜談   27
30. 圓等如道   30
31. 答案   32
32. 答案二   34
33. 答案三   37
34. 答案四   41
35. 答案五   43
36. 答案六   45
37. 答案七   50
38. 答案八   52
39. 答案九   56
40. 小結   60
41. 慾與生死錯誤   68
42. 四十二章大雜燴   72
43. 維度神佛詳談   76
44. 神是取還是捨   80
45. 六七維度暗物質宇宙黑洞   82
46. 圓學簡介   84
47. 平行宇宙無因果幻像第六七維度將來之變易性與偶然性傷害性   86
48. 心神智神   87
49. 幻影維度暗能量量子   90
50. 雜談補遺小結   92
51. 雜談補遺小結二   95

52. 自在之境 98

53. 雜談補遺小結三 101

54. 理想國 104

55. 理想國二 108

56. 理想國三 112

57. 理想國四 116

58. 理想國五 上帝軌跡 119

59. 理想國六 上帝找到了 122

60. 回歸上帝 125

61. 虛擬幻想與平行宇宙 128

62. 平行宇宙八維與零維之別 131

63. 圓學結論 134

64. 楞伽經 136

65. 有無非有非無零一非零非一 139

66. 圓學宇宙辯證 144

67. 果殼中的宇宙 149

68. 再談果殼中的宇宙 154

69. 三談果殼中的宇宙 157

70. 圓學聖人 160

71. 量子力學 上帝骰子 霍金黑洞
     - 圓學總論 162

72. 圓學可以告訴你！ 171

73. 圓學思維 174

74. 圓學行事方式 177

75. 上帝體驗信則有不信則無亦可證 178

76. 再談上帝體驗 183

77. 四談果殼中的宇宙 186

78. 所有疑惑 190

79. 達摩血脈論 192

80. 古蘭經 195

81. 人情世故 199

82. 儒家中庸 201

83. 道德經 204

84. 聖經 207

第二節　易學 211

作者簡介 215

*圓學第 1 至第 20 篇載於本人拙著《金書圓學》一書中！

第 一 節　圓 學

21. 靈魂

　　關於靈魂的討論題材實在非常豐富，讓人印象最深刻的是古代道教的三魂七魄說，三魂即胎光、爽靈和幽精；七魄計有屍狗、伏矢、雀陰、吞賊、非毒、除穢和臭肺！關於三魂，另亦有一說云：天魂歸天路不生不滅為無極，地魂達地獄因果報應，人魂徘徊墓地與祖宗有關！七魄則大致泛指人的肉身而言！道家對於靈魂論述幾乎使人頓生高山仰止之嘆！

　　而佛教對於靈魂的主張就是不要太過強調和執迷，當然佛教是肯定靈魂的存在，但總體上來說就是勸導世人不要為見證而見證，你可以理解為敬神鬼而遠之，亦可以理解為明心見性！對，就是明心見性！或者我這樣概括：輪迴，共業和無常相續！佛家對於靈魂之見解我認為正好與科學維度和哲理圓學基本相脗合，二千多年前能有如此見解和如此心胸，確實是無邊自在智慧！

　　看過第一至二十篇的圓學文章嗎？那麼，我們開始論述了！記得一維是直綫即無平面即暗而不見嗎？與黑洞性質有點相近對嗎？五維代表暗能量亦恰恰代表黑洞邊緣亦有暗的意味，以三維為中心點，二維極遙遠處光正好對應四維無物質純光子，一維暗黑黑洞背景亦正好對應五維暗能量和黑洞邊緣之意味！負電子會被黑洞吸收，正電子則會化作熱輻射途逸，也恰好證明了走出了黑洞的五維過去，所代表的六維甚至更高維的將來時空的法則都似乎是跟我們現世法則倒著來的。

　　有點扯遠了，我們還是言歸正傳吧！二維是遙遙星空可望而不可達，亦是鏡里我們，也是相片和視頻，而且很重要一點是要有對應三維物！二維平面都是一整塊的，不能脫離整體平面而獨立成形，對於三維更是虛的，因為它是被鎖在平面裡雖有光能看見但不能成為三維之立體物。比如百子圖，你總不能說裡面有一百個小孩，你只能說這是"一"

幅畫上一百個小孩在大屋裡玩耍的"一幅圖"！畫裡的小孩只不過是整幅畫的一部份而不是一個個獨立的整體，最直觀的解釋是因為這一百個子孩都沒有三維立體身！就連照片裡的我們也是，比如我們自己在一個很多人的商場裡玩自拍，那麼相片裡的我們只不過是這幅平面相中的其中一束二維光，這幅相中的所有人和物包括裡面的商場背景，也被視作為一個整體！這有點著古時封印妖魔的意味，用法印將妖魔封在一道平面符咒裡。還記得一個古老講法認為被拍照就是被攝魂魄嗎？那麼三魂中的其中一魂我們便可推測得知就是屬於二維世界的！

　　二維跟我們三維人類的對應性強嗎？我們看看自己拍的照片或視頻就知道，非常強！還有，一個三維人每天給各種光曬了多少久？每一秒該產生多少個二維平面生物呢？而且幾乎每一張關於我們自己的二維平面生物也有所不同，只要角度光暗背景甚至我們自身肉體打扮造形甚至空氣的潮濕度的些微改變，對二維世界生命就是千差萬別的存在了！總的來說，我們不斷的與這座山那片水這間房那個大廳甚至形形色色的人事物照射出千差萬異的（至少對二維它們來說確實千差萬異）二維平面生物；與此同時，剛才的這座山那片水這間房那個大廳和形形色色的人事物除了與我們自己外，還與其他不同的人或動植萬物在光作用之下又組出千迴萬異的其它二維生物！這就是共業！一個三維生物包括無數個二維生物，同樣地這個二維平面也可以與其他不同的三生物重新組合，造就出完全不同的二維平面出來！

　　由此以上種種和前面二十篇文章我們可以推出四維生物也有我們三維對照物，並且祂們"創造"我們就好像我們三維人類"創造"二維平面生物那般輕而易舉！而且，祂們有光速加所對應三維物之實際速度，祂們零點一秒內可以到達地球任一地方，祂們無質量所以光速，祂們"看"著我們就好比我們看著自己的二維相片一樣維肖維妙！另外，由於共業，我們輕易"創造"出無數個二維生物，而祂們當然也一樣地可以輕易"創造"出我們，或者說是"駕馭"我們，就像我們"駕馭"自己的相片視頻一樣！我們絕大多數情況下不能察覺祂們之存在，也正如昨天視頻中或剛才那一刻的我們未能察覺到當下的我們一樣！二維跟四維與光也淵源極深，四維甚至是光本身，想想我們人體只有肉眼能見光，那麼四維就是我們的精神，而精神就是靈魂？！

那麼想，問題來了，為甚麼我們不是只有一個精神一個靈魂，而是多個靈魂甚至三個或更多？見鬼的人與心理醫生所論的多重人格十分相似！在玄學風水八字面相上都可以找到共通淵源，只要你懂得足夠多話！更奇怪的問題是為甚麼一個靈魂和精神可以"同時""分屬"多人甚至動物？不是說"我"的精神靈魂只屬於"我"的嗎？這就是共業了！試想一對恩愛的夫妻彼此"相凝視"，此時四目交投的夫妻二人不是"神合為一"嗎！這不就是靈魂精神此一刻合二為一嗎？而鬧離婚的甚至都不想"望對方一眼"的夫妻不是又沒有了這種關聯合二為一了嗎？處於臨界狀態而或純粹政治婚姻的夫妻不是"貌合神離"嗎！而足球藍球遊戲裡多年的拍擋有時望也不用望就可以把球精準的傳到對方手裡和腳下，這不是叫默契嗎？又或者戰爭和災難時同舟工濟同患難的人……

由上論可確知，一個人的精神或靈魂真是不只"一個"而是"數個多個"的，比如運動時我們與老隊友有某種精神上的默契，而那個精神靈魂的默契跟回到家裡跟自己恩愛夫妻配偶的那個"默契"肯定不同吧！所以說我們"自己"同時屬於不同的靈魂，而靈魂本身也同時屬於不同的人，但當然共享靈魂的這些人都有著某程度上的共業和緣份！從這個道理我們也能領悟，這個世界從來沒有也不可能只有我們自己！"自己"這個概念只是屬於三維肉體，而二維甚至四維精神上其實天下我們都某程度是一體的，這就有點似國家近來提出的"人類命運共同體"！且慢，我們的肉體精血甚至 DNA 不是繼承父母而遺傳給子女的嗎？那麼，我們的肉體心血不是跟父母子女甚至同床恩愛配偶很大程度上為一體嗎？所以，圓學強調每人每家甚至每族每國都應著一個圓上的半徑一樣，根根同樣平均的長，這樣根根都能到達同一個圓上同舟共濟等待有一天實現命運共同天下為公的宏願！自私和零和遊戲看似短期有益，確似乎是不太智慧，最終也會反噬自己！我們身後還以精神靈魂之形式延續著自己和大家的傳奇！科學維度和圓學哲理重覆告戒我們佛道思想是真確而且遠見大智慧，現世當然要顧，但千萬不要抱零和心態，非此即彼，而應該盡力照顧身邊人，由近及遠，別人好間接來說也是自己好！圓學告訴我們大家好才能組成一個圓輪勇往直前，若貧富極化，零和互鬥，組成出來的就是長短不一的多邊形甚至不規則而刺人的亂角！邊角形可以前進嗎？能達半里之地嗎！

記得陰陽圓方圓運動裡推論出的圓乃方之眼嗎？我們人肉身自古以來就是土就是方，內中的"圓眼"就是我們的肉眼，就是我們的精華！至於鬼上身的問題，首先我認同鬼上身的其中一個講法就是鬼是從人的雙眼進入到人體內的！這一點不言而喻！而且，假設所謂"鬼"就是四維之物，那麼鬼上三維人類肉身就好比人走入一間房內拍照一樣道理！如果一個好的有人正常作息居住的房子就好比一個身心健全的人類肉體裡面住了一個或若干個健全有力的靈魂一樣，這些有人氣又有合法契約的房子我們肯定不可能擅自闖入拍照，同樣身心健全的肉體也不會有鬼魂入侵！然而，當房子年久失修時，那麼就自然會有人擅自闖入據為己用，當然這些也不會是善男信女了！同理，若一個精神不健全的人尤其是"失魂"的呆子，就容易讓外界靈魂入侵，這些入侵的外靈自然也不會是甚麼"善男信女"了！噫，這跟精神心理學的解釋如此雷同！精神分裂就彷如鬼上身了！萬物萬事同源同理，都是可以互聯互通的！這裡不是講佛家輪迴共業明心見性無常相續嗎？諸君只要細味上文就明白一切盡在其中了！

22. 綠色植物

記得許多哲人甚至科學家精神分析師都認為人的靈魂是綠色的，比如榮格之綠色基督，這正好合乎圓學之三維立體陰陽五行方圓運動，翻閱圓學之前十篇文章，便能找到此義！一陰一陽兩個圓，各開45度角（這45度角與金字塔52度頂角有淵源，請翻看第六篇金字塔的奧秘），缺了的一部份圓弧似波浪五行水，兩個三角形好比火合在一起又成方形土，圓形就是金，這兩個圓上下相互做螺旋運動就成了圓柱形亦即長方形五行木，這個五行木於全球古文明甚至現代社會裡清一色幾乎都由綠色去表示出來！而圓學內這個螺旋運動長形五行木正是由二維平面轉化為三維立體之關鍵！這也暗喻我們由陰陽二圓螺旋運動造出的長形圓柱內裡其實暗藏綠色五行木，這也代表了其實我們人類三維肉體裡也暗藏綠色的靈魂！

由圓乃方之眼理論裡可以得出，我們肉眼精華是包在我們這身由泥土而成的臭皮囊裡，同理我國自古易學玄學哲學也提倡人類仍五行之土實集天地五行之正氣乃大地之精！綠色植物由土而出與我們人類份屬同源，我們體內之靈魂精華恰巧也是綠色，這種關聯諸君大可自行猜想！記得圓學 14 篇夢一文，我曾提出人體就如同大樹，鼻嘴就是雌雄蟬相互交配，又或者說鼻為蟬背法令為後腿雙權為肥翼兩眉為觸角相眼對蟬之兩眼，最後嘴蟬就是金蟬脫殼中的"殼"！兩蟬交配代表肉慾，蟬脫殼重新亦代表靈！而雙耳就是代表靈魂的蝴蝶棲息樹上。然而，蝶隱背後為求生，登高又代表想交配，這裡真是靈肉交熾，難分難解！靈與肉的課題，古往今來一直縈繞我們身邊，又好比日月陰陽！記得偉大文學家白先勇先生一生所寫的小說，幾乎都是圍繞著這課題！又記得自古以來的苦行僧似乎都是留長髮不剪（何其似樹），入森林而未歸，這何嘗不是靈肉掙扎！不相信？這根本純粹苦修？記得聖雄甘地嗎？他老人家亦似苦修的一種，老人家是如何磨練意志去對抗食慾色慾的？絕食和與年輕貌美女人赤身同睡，不管今時此地的人對他此法應同與否？他老人家總算是一定程度上的成功了，這也合乎印度宗教修行傳統，在世界范圍內甘地之魅力實在令人傾倒，大家知道他老人家之聖名到今時今日仍為印度的軟實力在添色增彩嗎！

記得遺傳學 AAaa 嗎？記得富不過三代之古訓嗎？記得火土金水和木火嗎？記得榮格之父嗎？以下內容我們將以雜談形式去作一一探討！

這裡先談談榮格老先生夢到自己去世父親的夢境！如果稍懂玄學易學心理哲學之人就不難發現榮格老先生之父已經在冥府得超升為"仙"了！首先，從榮格先生之面相居住地玄學資料和作品甚至夢來看，其父之造詣遠在榮格先生估計之上，至少身後在冥府之地位！又或者至少也應是雖然榮格先生可能從下意識或夢中察覺到一點點關於其父死後地位之事，只是難而承認而已！眾所周知，榮格先生有弒父情意結，至少是某程度上的仇父！記得榮格先生其中一個夢便是父親是一名科學家或宗教家，正為基督做關於魚的實驗，魚類比為雙魚座，在西方古老文明裡被視為聖物！夢是做了，榮格先生也似乎感覺到一點端倪，但他隨即立馬想起父親生前的卑微與微不足道，這似乎說明他處於半信半疑的狀態！

23. 交滙意識 中層意識 灰色意識 靈肉意識

意識，亦稱顯意識，亙古為人知之；潛意識到近世才為西方科學醫學精神學界逐步接受；然而，在白色的意識與黑色的潛意識之間有層灰色地帶，本人是首個發現並以中層意識交滙意識甚至灰色意識去稱呼它！這又好比串佛珠或者方圓運學中的圓圈可分為虛實兩部份，這點本人在之前的圓學文章已經提及過，但在這虛與實之間亦即黑與白之間真的就沒有一層臨界狀態？真的就這麼非黑即白的二元論嗎？

稍為有學養的人馬上就會對本人以上的論點提出質疑，而且可以舉出一個非有力的證據：近代西方精神學界早在很多年前已經提出了個人無意識！這是怎麼一回事？意識大致分為三類：最上層屬於個人的顯意識，這有點似是佛家所講的六根；最下層的潛意識是屬於集體的，亦即集體無意識；然而還有一層游離於這二者之外的我們稱之為個人無意識！不錯，中層意識交滙意識有點像個人無意識不假，但也有甚大相異之處！

首先，個人無意識這個概念並沒有強調與集體無意識和顯意識的一體性和連貫性，甚至個人無意識也並沒有被放置在以上二者之間，亦沒有被貫輸以臨界狀態之特性！然而，我圓學理論裡，交滙意識是處於意識和集體無意識中間，是灰色地帶，更並不一定就是屬於個人的，也有可能是屬於一群人的比如孖生兄弟姊妹或者血親或心靈相通之若干人，這有點像唐詩裡的心有靈犀一點通。

怎麼說呢？試想想串佛珠理論，記得虛與實的交滙處為零維和最高維度嗎？這個零維和最高維度也甚可能是我們宇宙與其它平行宇宙之交滙處，以甚麼形式相交呢？我會說以第六至七維的暗物質相交！之前的圓學文章曾提到暗物質掌管將來，這也就是我們的未來。所以，這界怎樣發展？將來會怎樣？甚至我們如何在未來去進步？這統統都與交滙意識中層意識有關！

人們常認為熟能生巧的巧字，下筆如有神的神字就是潛意識，我認為其實不然，這其實是意識與潛意識之間的中層意識作祟！潛意識黑漆空洞一片有如海洋夜空甚至大空，潛意識由於太虛無，所以經常該人認為潛意識即是甚麼也沒有空無一物，亦即是說無意識就是潛意識就是沒有意識！這個概念對了一半，潛意識其中一半實在就是空空如也空無一物，亦即佛家所言本來無一物何處惹塵埃！但是，潛意識的另外一面是屬於集體的，即是說潛意識既不屬於任何人的亦同時屬於所有人的，亦即是潛意識等如集體無意識加上"完全沒有任何意識"！

潛意識，意識和交滙意識是一個有機整體，環環相扣，不是分離的個體獨立物，又可以用圓圈和串佛珠去完美演繹的！講到這裡，又可將潛意識比作靈魂，靈魂不只屬於一個個體人的，而是同時屬於很多的人生物的；而意識就像肉體是屬於我們個人的，交滙意識就是靈魂那些與我們個體人有緣從而進入我們人體或者影響我們肉體的部份，所以說一個人的品德個性天賦學養等等準確來說都不是潛意識確定的，而是中間這層交滙意識去確定的，這又像佛家所說的緣！再細看，意識就像是陸地上的一個個獨立的個體人，而無意識好比大海，大海裡藏有更大更豐富的陸地，只不過沉沒了，前人有過足跡的而現在被淹沒了而已！那麼，交滙意識呢？交滙意識在這裡就像佛家所講的岸！我們投胎輪迴來到現世之前，就是在那潛意識茫茫大海靈魂體裡通過登上岸這個地方來到我們現世的，而當我們在世為人時每每也在岸邊遙望大海而思考，終歸有一天我們還會從岸這個地方回歸到大海潛意識靈魂體裡去的，正所謂自裡來就往那裡去！當然，初生天性未泯的嬰兒和垂死老人離岸最近，一上一落一進一出，正所謂有人辭官歸故里有人漏夜趕科場！

那麼，潛意識到底是屬於集體無意識呢？還是真的如有些人所言根本是甚麼也沒有呢？這涉及到一個角度的問題，我們既為現世人類，那麼與我們有所討論的也只有同樣人類，這樣我們的角度就只有一個——人類的角度！這樣一切就變得簡單明白了，凡是那些沒有進入我們交滙意識的潛意識，那麼對我們來說這些潛意識便可以暫定為無有。以這個角度來說，潛意識稱之為無意識沒有意識也有一定道理的。然而，那些進入了我們交滙意識的潛意識，我們便可以確實肯定存在的了，要知道幻想也是潛意識的一種，而夢更具權威！

我們都知道，不同人很多時候會造不同的夢。當然，相似情節的夢套進每個人身上也確實會得出不同結論，但我們必須清楚了解到世間上沒有情節完全相同的兩個夢，總有細微差別處！比如夢見佛祖或上帝，這就只是屬於一少部份人的夢。既然我們造了這樣的夢，那便可斷言我們就有這樣的潛意識。而以上我們也有談到相似情節的夢發身在不同人身上便有不同結論，比如好人或惡人夢見被人歌頌就有大分別了！所以說，"跑到我們身上的"潛意識還是與我們個體人的顯意識有著千絲萬縷之關係，那麼，我們可不可以說交滙意識和中間意識就是我們個體意識與虛無的集體無意識之間的關係作用所產生的事物嗎？這也有一定道理。

這個世上有很多人，當然也包括我自己也是自卑一族，我們用甚麼方法去克服自卑呢？至少克服獨處時的自卑感呢？相信潛意識和交滙意識給予我們的力量！潛意識是博大的靈魂海洋，同時也幾乎可能是屬於每一個人的，但前提就是你去相信！潛意識除了有補償意識的作用使生活失意的人用思考參悟去克服種種困難，我還觀察到潛意識的信仰屬性，即是俗語所講，信則有不信則無！我精心地去書寫圓學已近十萬字，將來還要繼續寫出數以十萬計甚至上百萬的字！懷有的是一個目標一個信念，相信自己，從而相信一切從心底發出的聲音，這把聲音可以治瘉百病，使人頓悟！在自卑這一途，我已稍有進益驅除了一點又一點的自卑感，不然我不可能以這麼不卑不亢的口吻來書寫可能很可能讓讀者世人嘲笑吐糟的金書圓學！看看我的照片，如果像我這般懦弱膽怯自卑的人都可以逐漸病愈，那麼比我智慧得多的大家肯定也能藥到病除，請相信這句說話發自乎我內心！

我們都知道夢發生在臨睡醒前的快速眼球運動期間，亦即意識與潛意識的臨界處，那麼夢不正是我們所講的交滙意識中間意識灰色意識嗎？

再重申一次，我是第一個觀察出交滙意識中間意識與顯意識和潛意識之間的整個關係和作用的！而是甚麼使我得出此種觀察結果的呢？圓學與夢！

24. 根葉因果

人們都知道根先花葉後，卻總忽略了花葉凋謝逝去落地後又化作春泥滋養根莖！更不要說根莖枝葉花都同時"流淌"著天上雨水和地下暗水組成的"生命之液"！

　　這是為甚麼呢？人類文明的其中一大根本法則就是因果，所以先有雞還是先有蛋這個問題恒古之來就困擾著無數的文明人！為甚麼我要強調文明人呢？原始人是不會這樣想的，又或者說他們根本不會想到這個點子上去！原始人強調信仰，中世紀亦然如此但也產生了所啟蒙運動，所以他們算是一個過渡階段之產物吧！而我們近代的文明人則強調理據和體驗！

　　好吧，先談回因果這個話題，我們從圓學解密維度宇宙的過程之中參悟得出一個道理，就是無因無果因即是果果即是因因果互混！或者換句話說，如果我們三維世界人類仍然執迷不悔的囿於因果先後之關係，就會一葉障目不見森林和以外之無窮無盡森林！葉即是我們三維世界的六根紅塵，森林和以外之無窮盡森林也可以暫時理解成宇宙和無數個平行宇宙！

　　這樣講，是不是要我們捨下眼前這片"葉"，即是業，亦是孽，也就是這個聲色犬馬的花花三維世界，而一條心的去追捨那更高維度的極樂世界？非也！要知道這片三維世界之"葉"雖小，但卻是離我們最近與我們最切身更是我們最迫切的課題！不明所以的人都一股盲勁的去割捨這個三維世界，莽求與之完全切割！然而，這又淪為過猶不及，倒不如做過普通世俗人好了，又所謂盡信書不如無書！

　　反過頭來，擺在我們眼前的三維世界即這片障目之葉就是因就是根，而那高維度或更低維度的世界就是葉就是果！為甚麼說更高和更低維度，有時候我們要通向高維度世界反而不得不低下頭去向更低維度世界裡去尋覓！比如一維和二維可以反映五維和四維，零維可以"某程度上"包括所有維度！

　　那另一個問題又來了，到底是一維先還是二維先還是三四五六七維先抑還是零維先呢？往小裡看，維度世界確實有點一先一後的因果關係，可往大裡看衪們又是共生共存永不滅無因無果就如道之物！聽過道生一一生二二生三三生萬物，可我們卻未聽過道生道道又生道道再生道道又為道所生，更甚者為道生一一又生道一生二二又生道道又生二又生一！以上錯綜複雜之關係，皆因我們執著於一顆因果之心，若我們閉上眼沉畎靜思與天地混然一體，那麼我們心即是眼眼亦通心心眼天人皆為一，這樣的境界又那裡會有錯綜複雜之關係？何謂最高境界，就是它往往有著通往更高一層之心梯！達到了這種佛系運動之化境，我們"眼裡"又那裡會有甚麼因果先後錯綜複雜呢？亦即是說，達到了這種境界，我們"眼"裡，道就是一也是二亦是三四五六七，更是無有！同理，一亦即二二亦即三三亦即無有無有亦即三亦即二亦即一亦即道！

　　還記得先前提過的佛系運動，大乘佛系運動和串佛珠理論嗎？那來又這麼多這麼亂的因果關係，我們亦是天地宇宙亦即造物者的一部份，天地宇宙造物主亦即我們自己！那麼，我們凡人為何那麼渺少軟弱易受傷呢？因為我們被束縛了，被甚麼束縛呢？三維世界之肉身，也可以說是被因果觀念束縛住了！圓學維度已經證明了，沒有甚麼可以毀滅我們，因為天地宇宙萬物維度世界皆混然一體！再一次強調，沒有甚麼可以毀滅我們，只用束縛可以將我們永身鎖入牢籠囚室之內，只有束縛是最可怕的！它們使我們永身鎖於六度輪迴之內，而不能達到更高維度！

　　行文至此，我想嗤鼻之聲經已四起了吧，人們總會質疑"你既然這樣說，為甚麼不快了結自己三維肉身，快點早登四五六極樂世界呢！"我相信他們口中四五六指的並不是葡京四五六餐斤，而是四五六維甚至更高維度世界之極樂！

　　雖然對於世間上的每一個問題，最好的答案總是無答案！但我亦想說，我們必須先經歷找尋答案這一關卡，才能達到無答案這層化境！所以，我對以上這個問題的答案是，我們如慾通往"本來屬於自己"的四五六維甚至更高維度世界，首先得在三維世界裡披上三維肉體，一步一步的去好好經歷這個世界的聲色犬馬七情六慾悲歡離合甚至專屬這個三維世界的劫難與極樂！以八字論命角度去看，我們就必須至至少活到八十歲以上！

　　上古和近代哲人智慧永遠閃耀，都說夢是人類恒古祖先生命積累沉澱下來的語言或圖片，信之有也！君不見大凡是束縛牢龍之夢的意境？！但既然我們身處三維，這個世道的東西無論如何都是最當時得令的，夢雖然往往屬於更高智慧更久遠歷史更上層次維度世界之事物，但仍以我們平日所作所行的一切現實為主，以夢為輔！輔雖位居次要，卻是無窮偉大；主雖渺少，卻是當時得令之物！從層層矛盾裡得見圓美無暇，從層層因果裡得見混然一體無分物我天人合人無因無果！

25. 怎樣轉換維度

　　關於轉換維度這一課題，雖然於前面各章也有零碎的討論，但感覺應該獨立用一章來探討，畢竟這是個大課題而且對於科學門外漢的我確實費煞思量！我明白要解決這個問題就非得要有極深厚的宇宙物理科學知識亦或者有超乎常人的哲學宗教精神領悟能力，而且還要有百折不撓的實驗精神或者孜孜不倦的求知推理慾。可惜的是，以上各種可貴的品質本人顯然都暫時未能具備！本人只是懷著一腔信念和熱忱，與芸芸眾生一樣也於苦海中載浮載沉，稍有不同的只是本人對佛學圓學有著近乎偏執的信念，不計代價的隨著圓學這盞苦海明燈的指引一直浮游過去……

　　當圓學文章寫到第十幾篇的時候，我常常在想低維度生物怎樣提昇到高維度去，卻怎麼也想不出半點頭緒！我開始著急，如果連這個至關緊要不能迴避的問題也找不出半個貼近真理的答案，那麼我的圓學文章還寫來作甚麼！因為如果連這個問題也解答不了的話，我的圓學文章就是散沙一盤，成不了體系，也必然會淹沒於重重矛盾和疑問當中。

　　於是我嘗試用佛系運動和大乘佛系串佛珠理論，也試著用陰陽圓方圓運動加上五行法則去推論，也曾試過用親身體驗加推理去推論，一開始仍然茫茫無所得，而且越是細思越是苦惱！

　　我對著一面鏡子，凝望鏡中的我，試著想著鏡裡的二維平面世界！大家都知道我們的肉眼視覺也是二維平面的，並不是三維立體穿透的視覺，那麼如果同時有數千雙眼睛和數百塊鏡面對著我，那麼該又生出無窮盡的二維平面吧！而同時間，我們的精神，或者叫潛意識或交滙意識甚至是意識，又同時指揮著我們去做出無限個連貫動作和神態表情。我又想，如果一個三維生物在不同環境配搭不同行為表現甚至只是被以稍為輕微差異的角度去觀察時就已經生出無數億個二維平面生物，那麼"一個"四維靈魂又將會通個精神意識潛意識或者交滙意識的浮現而在瞬間影響了多少三維世界生物呢？

　　而串佛珠恰巧告訴我們，每個維度都同生同存，而且各不能互相"直接"影響，關於這點我已在先前的文章花大篇幅詳細冗氣的講解過了，在這裡就不再贅述了。既然這樣，而父母在三維世界的陰陽相交而產生了我們，難道我們是從二維乃至一維世界進化過來的嗎？那中間又有甚麼聯繫？而如果我們是從四五維等更高維度之上"退化"下來三維世界又如何？如果按這個思路，那麼這個問題我將永遠找不出答案！最近，女兒問我"爸，如果真有更高維度世界，那麼，在那個世界，我們有父母的嗎？"這個問題問的好，但越往裡深挖，人就會陷得越深，就是一條死胡同！必須跳出去，我又回想我學過的關於解夢的知識，我明白束縛是甚麼，夢陷圈圈又是甚麼，而圓學佛系運動又告訴我們要虛懷若谷涅槃重生然後才可以引領大眾，這一切又意味著呢？靈魂意識夢圓學佛系運動鏡裡二維平面仍至宇宙背景暗黑的一維世界，甚至相似於一維掌管著過去世界的第五維度的暗能量和將管將來六七維度的暗物質，加上各種宗教比如基督天主和佛道的哲理，在層層帶領和指引之下，我又回想起一句話，我們即是上帝的一部份，又一句話明心見性，又一句是盤古初開以己之肉身創造人類，又一句去六根紅塵自見極樂！

那麼多錯綜複雜的頭緒，只能導向一個非常簡單明確的結論：我們被束縛了，然而原來我們確是天地萬物甚至造物主的一部份而無分彼此，這樣的圓學佛系運動理論可以引證出愛的力量，只有愛可以讓我們沖破層層六根紅塵之牢籠，使我們明心見性，使我們達到天人合一之境界！當愛字的光芒越發光輝之時，人們心中的我字自然就會消融於其間而與愛字化為一體，記住，我們並沒有刪去了"我"字，而是使之融化於"愛"字的光茫萬丈之下！

串佛珠理論引證出層層維度同生同存似有若無，我們既然是天地間之一部份精華，而與天地同在，永遠同在而且不滅，好比物理之能量守恆定律。那麼，我們現在必定就是被三維六根紅塵包圍著了而致動彈不得，不得參悟！試想，他人眼中的二維我們與我們自己的三維肉身和四維甚至更高維的意識確實是同時並存，嚴重執迷的人困自己於這個花花世界的肉體之內；嚴重妄想的甚至沒有思維的植物人某程上更是被二維等更低維度所困；越超然於天地之間的得道之人再不執著於三維肉身和二維一維虛妄，而時心神馳騁於四維甚至更高維度的天地之間，他們自然歸位極樂！一切就是這樣，而不必執著於能量如何轉化，二維怎樣上三維，三維又怎樣上四維！很多道理，不能言傳，只能體悟，諸君只要順著次序逐篇看，必然對鄙人劣作自有一番見解，觀點角度見解當然可以不同，正所謂求同存異，只要達到彼岸，對自己身心能有切實之助益，一切也就足矣！

怎樣進一步論證我們即是天地之一部份呢？從物理上講，水亦是天地之一部份，亦即大海好比潛意識，試問我們從江湖河海裡抽一百桶水出來，這些水還有分你我？沒有，這些水滴你即是我我即是你，氣態化的水汽更是如此！只有當我們將之制成冰粒後才有分此冰粒或是彼冰粒，但冰粒融化水或水汽後仍然回復原本之水滴，仍然無分你我，混然一體！我們人類肉身好比制成冰塊之水滴，瞬間消融，仍然回歸本初之無分你我之狀！我們人與人之間本來從物理上來講都是水造的，本來情感都可互通，只是之間生了太多形式與隔核！

再一個問題，出世重要或還是入世重要？當時得令的三維立體世界重要還是虛無飄渺但更廣博偉大的更高維度重要？意識重要還是潛意識重要？虛圓重要還是實圓重要？這些問題都膚淺而且無聊，但我們總是執迷於此！比如心臟和頭腦哪個更重要？母親太太落水先救誰等等諸如此類的問題就是一個側面映射！

我們的重點該放在如何在出世入世之間虛與實之間互換自如，又或者當我們在入世中遇到難題解決不了或想不通時，如何借助出世思想解決我們入世之中遇到之困惑！同理，當我們實行虛無的出世思想時總會找不著邊際，有點自個唱戲無人看的窘態，此時我們又當如何利用入世之手段來實現出世普渡之宏願！這二者互為表裡互為唇齒互為左右，不能偏執而要中和二者兼顧甚至是二者輪轉為用，所謂孤陰不生獨陽不長，獨貴水火既濟陰陽調和，此即理也！

最後，既然各維並存而且天地萬物為一體，那麼我們又何苦修道養性，何不靜待三維身消逝後而循序入四五六維即可？又或者既然各維並存那麼四維我亦即三維我亦即二維我，反正"我"既存於天地之間各維之中，修道養性又豈非多餘？這問題問的到點，答案是有，但只有意會神交而不能言傳，可我也不吝拋幾個問題出來，讓諸君自行思考，何謂天地人魂？何謂生覺靈魂？何謂潛意識中意識和顯意識？何謂串佛珠之虛弧實弧和虛實交滙弧？何謂"我"？我是誰？

26. 生活態度

　　在談論圓學與生活態度這個話題時，我們必須重溫一下這句名言：Simple is the best ！同時還應該記得陰陽圓方圓運動的實綫虛綫和虛實交滙處的兩點，這兩點我暫命名為虛實交滙點，類似於浮游在意識和潛意識之間的交滙意識或灰意識，亦類似於現實和睡眠交界處的往往發生於快速眼球運動時期的被人們銘記的夢！形象來說，它就像一個阿拉伯數目字 "8" 擦除了中間交集部份之後的呈現，亦即類似於用筆劃出一粒花生！

　　先談論一下Simple is the best ！它就像道教的 "人法地，地法天，天法道，道法自然"！簡單就是最好的，因為簡單最近乎自然，最為和諧，就像萬物的四季生長一樣，與大自然融為一體，天人合一，毫無違和！試著舉個例子，使這句話更具體化，我們平時所看的悲劇和喜劇。先談談悲劇，影評人常說使我們哭得最厲害的並不是真正偉大的悲劇！這就奇了，那麼真正偉大的悲劇該又給予我們甚麼樣的感受呢？答案是真正的悲劇看過後我們甚至也不會哭，更誇張但貼切的形容是真正的悲劇即使我們看過後甚至也感覺不了我們到底看過甚麼！乍看這句十足無厘頭，但細想一下，這不正是道家的道法自然嗎？！即萬物自有她的常態，我們描寫一齣劇本即是 "把真正的生活用自己的表達方式最坦白的將之呈現出來"！亦即是把生活最簡單自然的表達出來，這就為之最簡單，凡是任何做作或修飾都是划蛇添足般的多餘！又好比植物作物自然而然的成長為天地間最自然純樸的事，人們若果急功好利拔苗助長那就不得作久。又比如小孩有她們自然成長的過程，若果在她們十歲時家長就施加以二十歲成人該有的壓力和重任，那麼對這小孩成長一定產生不利的影響，稍懂心理學的人也該明白我的意思。又好比煎一帖藥要用 40 分鐘，那麼我們無論用 15 分鐘還是 2 小時都不能把藥煎好，凡事多了少了也會適得其反。儒家的中庸也師法於道家的陰陽平常心，陰陽執中，冷了就運動鍛練自然暖，熱了燥了就心靜自然涼，孤陰不生獨陽不長，陰陽相輔相資負陰抱陽就能凡事執中，執中就能得自然之道天人合一，這樣必能長久，跟中庸之道也是一個道理。同理，喜劇亦作如是觀！最恒久偉大的東西就是不加修飾不造作自自然然樸樸素素的道，我們只要依道而為，與道即是與自然萬物天地宇宙融為一體，那麼就叫得道，就會得長久！

再談回悲喜劇，戲如人生人生如戲，無論甚麼戲劇都應該最簡單自然的貼近生活貼近平凡，清水出芙蓉，天然去雕琢！悲或喜不過是一個名稱，跟"我"字一樣，不能為之執迷，否則必自我限制，不得真道！就正因為編劇導演或者觀眾們執迷於悲或喜這個名詞，從而產生出種種扭曲做作，他們不是沒有熱忱，也不是不好，這更像是好人好心做壞事！凡事過了頭就是不好，不得中庸，陰陽不得執中！就像圓一劃而過，無邊無角，一弧勝多邊；無角勝多角！以靜制動，以不爭對鬥爭，俗語有云：有心栽花花不發，無心插柳柳成蔭！此至理也！

再談陰陽圓方圓運動，五行三維世界由此而生！陰陽圓交滙之兩點為交滙點交滙意識中意識，一個實圓是死圓，真正的生圓就是陰陽圓，何謂陰陽圓？陰陽二圓又作一，似是實圓又似虛，實圓圓心在中點，虛圓圓心兩交點，陰陽二圓合為一，圓心在中又在交！

我們應該怎樣面對生活，生活為了甚麼？為了得道得昇華，這是對的！為了解脫世間自我縛，這也是對的！為了破舊圓存舊圓創新圓，一面自然而然大道至簡如流水不發力造作如舊圓自脫，一面奮發有為創新圓，都是對的！這不是矛盾嗎？對，世間至簡至樸至大道之事往往就是從最尖銳的矛盾之中取得最和諧的平諧，看似千迴萬轉，又似談笑之間！具體一點說，佛系運動和方圓陰陽圓運動是彼此一體對應的，當我們虛懷若谷接納萬物自我不斷涅槃重生使萬眾歸心之時，實則我們就是在做陰陽圓方圓運動，即一邊圓圓相交脫去舊圓同時建立新圓，那麼舊圓棄之廢履嗎？絕不！舊圓養分在圓心，但圓心不能直接納入新圓，圓心只能寄託於新舊二圓交滙之兩點，亦即以交滙意識中意識形式被納入新圓，這也可解讀為我們各人為大家之同共造化！同時緊記，不必拘泥陰陽新舊，新圓亦舊舊圓亦新，陰可作陽陽亦陰！這樣看似曲折的方式，卻是至簡至持久之大道！

我們人生在世亦是如此，破舊同時立新，存舊於新又寄新於舊，新亦即舊舊亦即新，天地陰陽遁環往返唯在變通永無涯際不自縛！同時，又是依附於自然，甚或與自然天人合一，自然不作我亦不作，自然不作即是作無功即是功，我亦如是！自然默默無聲看似無做功之間卻催生出天地之外最偉大之造化，我亦如是，我若如是，我亦即"我"，我亦非"我"，我亦即陰，我亦即陽，這樣便與造化為一體矣！

太玄虛了？具體比如，我若畏危牆，得道並不能使我立於危牆下而不畏，得道卻是我自自然然君子不立危牆之下而且心安理得無挑戰心無得失心無計較心更無執著心！執著甚麼？執著我之"畏"於危牆矣！如何去這"畏"字，去面對去挑戰嗎？此止中道！何謂大道？無執著心便無"畏"字，危牆害我肉體，我卻要使我肉體以自然之方法得道成長，從而推己及人，即只如此，別無掛罣和他心，此即大道也矣！這樣，我們的觀點便是最直接的置肉體於安然之地去靜心求道昇華，而不是執著於畏與不畏！不信乎？你們會問"上帝畏不畏危牆否"這樣的問題嗎？不會！大家分明知道上帝不知"畏"字所以無畏，上帝只會自然而然的不斷昇華！上帝也雖要昇華，不會昇華沒有上升空間的上帝便不是"真正的上帝"！可見，上帝與我們一樣，都雖要不斷精進，而圓學和其它科哲學也大致趨向我們就是上帝之一部份這個結論！唯一不同的是，祂與"我"們的階段不同，而且祂最會自然而然的成長昇華，帶著"我"們大家萬物一同昇華，"專心"致志，"心"無旁鶩！

行文至此，我們用圓學推導出一條近乎上帝的"生活態度"之"生活方式"，無畏無懼自然而然，這不就是大家夢寐而求的嗎？但緊記，這是"求"之不得的，不求反而於自然之間或可有得！最後，更讓大家困惑的是，若果我們作為戰地災難之子，又如何保持一個平常心？既然是人，就必然有他自己作為人的德業課題，我們沒有親身體驗他人之苦，那麼我們就不屬這個課題之人！凡事多想無益，只是作繭自縛，杞人憂天！以陰陽理論之，親身體驗為陽，純猜想假設為陰，我們以純幻想推斷之陰妄潛人家親身體驗之陽，那既不是陰陽倒置，自我束縛嗎？

27. 圓學本身

老子的道德之音從內心悄悄告訴我們"任何努力的建立都不過是徒勞，因為任何個體個人刻意的建立都是有違集體自然之道，都是轉瞬即逝，經不起任何考驗的幻像！」那麼，我們又該如何建立某種東西甚至學說呢，抽象來講就是乘自然之勢聚眾之力乃至無為而為；具體來說，也即是我所獨說，我對前句之推斷甚至領悟，就是首先建立它，然後推倒它，然後再在瓦礫之中亮把火試著尋找它中之“她”，接下來周邊有思考有領悟之人慢慢聚攏過來，尋找他們心中的“她”，這樣我要尋找的“一個她”就自然而然的成為眾人要尋找的“無數個她”，他們也許會繼續尋求，也許會轉而建立或索性摧毀它或者她！也許他們會興致索然一哄再哄而散，也許他們會自然而然的尋找下去！若是後者，我們便可從中得知“她”真確無誤，但無論是“它”還是“她”，最終都似乎與“我”無干！

“我”認為，圓學的幽微處在於“它或她”本身就是阿拉伯數目字的零！零在我們眼中似乎總是白白的奔波白白的繞圈，似乎總是在做無用功；那比真綫的“1”，那個1總是意味直接功成而且完滿，滿滿的功業！一又好比橋樑道路整個過程終點甚至世間“一”切，那0又似乎是虛空無物，俗稱得個桔！當我初“立”圓學之時，滿腦是不自覺都是“一”這條直綫，想用直綫成圓肯定碰釘！然後，我轉而嘗試用“0”之思維方式，用圓划圓，神緒之至吧，怎知仍然若得若失！最後，我希望圓與直綫並用，有無相生，陰陽互補互攻之中得大道。怎知道，自己生不了它或她，卻隨之而行，正如天下人一樣隨之而行……

來點具體的，講講意識與潛意識之實例，生活上我們自己或他人總會在事後靜坐之時發出這樣的唱歎“如果讓我再碰上某某情況或機會，我這次一定會怎樣怎樣！”其實，差之毫厘謬之千里正是其最好寫照，因為當我們事後理智時講的假設話，都是我們能掌控的意識，講大話吹牛就如我們掌控自己意識一樣，輕而易舉！然而，當我們情急當下，做了當局者又十萬火急之時，我們的瞬間反應其實就是潛意識，這個潛意識有人稱之為命運。講到命運，大家自然會有體悟，命運弄人，人卻不能掌控之！那麼，潛意識同命運是一體，由豈能由我們掌控講大話吹牛的！我們只能努力的，用道用自然用心靈之力量默默努力行動而不是說話，看看事情將會是怎樣的。

以上這個道理，好比一門學問，不是我們舉一人或眾人之“筆”，就能真確坦誠的造就出來的，一門學問好比自然，永遠是自然而然生成的，我們人類只能用行動隨之而行，將之呈現出來，那應就是我們所能做到的最好的情節了！表面上，我們是在用行動做無用功，因為一切自然而然，那即是說我們甚麼也沒有做，但確實在做了，而且很偉大！我們划了直綫一，然後又划出零圓，然後使之相合，想操控之運用之，怎知我們卻隨之而行，都是自自然然的，正因為情節如此，膚淺的人總是認為我們在做無用功！

大直若屈即零一有無至陽亦陰至陰亦陽，但如戌亥天門地戶盡頭之處總產生震動命學入世之學不喜之，此與道教不同！但執中和之道陰陽既濟兼顧而中和，此命道二者又為一矣！屈為曲為圓，屈圓實乃大直，不是破了圓學而成了直綫學嗎？一划直線卻不成形，委曲卻成形且全矣！

不同而同，同而不同！處世為人，以己比作圓心，至親距離至近一厘米，好友遠親二厘米，外人三厘米，外國人四厘米，自古聖人所謂之天下大同是怎樣的？是把這幾個不同的點連在一起，成為一個不規則的邊角形嗎？非也，這叫同而不同，我們要真這樣呆板的去做就會落入圈套，不能自拔！那麼，退一步海闊大空又何如？即以一厘米為半徑划一個圓，名為“至親圓”；二厘米半徑的圓名為“好友遠親圓”；三厘米的稱作“國人圓”，四厘米的稱作“世界圓”！這叫不同而同，表面上四個圓各不相干，實則都有同個圓心，而且皆為整圓而不互相傾軋，透過樹輪漣漪運動亦有趨一之性！況且，既通圓心，就通了陰陽圓的兩個交滙點，也就是共同造著佛系運動！不同而同，也有點和而不同的意味，普天之下，能夠不同而同的就只有圓之一形而已！

沒有學問涵養未得道的人，話就自然顯得越多，所以我自己有信心，只要自己願意寫，一篇文章一動筆就可以有數萬字，這足見自己是多麼淺薄寡聞的人！我國古人確實智慧，一向貴精不貴多，在下不才，也試著用圓之一形來限制自己的滿嘴胡言！

28. 神鬼報應

報應之有無！有人說天網恢恢疏而不漏，不是不報，時候未到；有人卻對此嗤之以鼻！我確乎比較傾向疏而不漏，天網之疏，正合吾心；若果天網是密的，就肯定會漏，既然會漏，報應一說，就自然站不住腳！

　　啐，這些都是中世紀啟蒙運動之前的迷信而已！可現代的心理正宗卻視潛意識為至理，這又該怎樣講呢！潛意識，意識和我所提倡的交滙意識之結構就好比受西方宗教影響甚深的天地人三魂學說！插上一句，很多人仍然以為潛意識不過是我們心底的一小撮飄忽不定觸摸不到甚至不確定是有是無的"小"東西而已！但他們不知道不知佛不知天主基督不知可蘭經亦不知印度教，他們甚至不知甚至叫大直若屈，大智若愚，大巧若拙，至小而大，至大而小之簡單道理！其實，內心那一"小"撮的潛意識不正好是個無邊宇宙的縮影甚至是她本身嗎？她無限法相，與潛意識構造有微妙相似處。再想想，西方一直用王牌冰山理論去比喻潛意識和意識之別，其實潛意識看似虛無飄渺的東西，實在是由無限多個無窮大或大小不等的意識之物經過時光經過心理反應和"化學"反應轉型而成的，潛意識看似無限而歸一，好比汪洋雖則一片，卻是無數億點水組成同一道理！這道理與圓與道，何其相近，卻又奇妙的何啻天淵！

　　在西方乃至全球，關於一個精神病患的描述就是如同常人一樣，他都有潛意識而且潛意識也一樣與意識有矛盾；但不同的是他的中間阻隔機制組止不了潛意識的突襲，或者說不能與之形成良好化學反應又或者不能使之軟著陸在意識區域！潛意識又是甚麼，像極乎靈魂了，許多世前的靈魂亦可包括其中，若這些前世靈魂或潛意識確實犯個過錯，那肯定產生了不良影響，冥冥之中潛意識肯定扭曲有病，而我們那麼多世包含今生的修為造化，亦即交滙意識或者阻隔機制不能產生相應之力作抵消，那病人不單自己會受身心折磨，更會將自身痛暗示或轉移到自己身邊人之身心，這不是報應是甚麼！很多人犯罪了都想忘了，將之丟入潛意識，這叫逃避，後果只能是心理陰影和後頭更大更廣泛的反筮！

　　當然，潛意識不盡是壞事也不盡是好事，而是不分好壞，只是一道氣流或"道"或"圓"或"真理"在充滿苦困束縛的環境中前行而已！比如世界所有的不平滑平面上的缺憾處，世上幾乎所有東西的質理束縛使我們不能達到光速而行之四五維！西方醫師用昇華意識之道來抗衡潛意識使之平行良好，這與宗教提倡的今生到世間來修行自己，使靈魂迎接更美好的境界何其相似！

　　不管西方中方，不管古代現代，報應所指從來都不是意識中的法典牢獄，而潛意識底下的冥冥主宰！這就講明了為甚麼可憐之人必有可恨之處。但又有一句，大任將降斯人又必須臨之以大難，這又何解！這就說明最重要或者講偉大的人物先知聖人也好，他們干至善之事同時也是至惡之事，至惡之事亦是至善之事，後果如何視乎中間如何運用轉旋，西方人講魔鬼在細節之中，不無道理！這與道家的道德亦相通之，與圓學佛學亦相通之，圓學佛系運動明講大破大立！謹守道的無為而無不為，道法自然；或佛系運動的幾個要素，可得窺之中妙理！

語言是糟粕不假，可金礦的道理亦一樣，我們要提煉出天下至寶亦不能不先面對雜質！所以，讀書不是吸收書中文字，而是將書中文字吸收之後再將其中九成的廢料排出"思想"之外，領會當中至少至貴的精華！

神強調自由，鬼強調輪迴束縛，神強調光，鬼強調無光之暗，這就與我們先前的圓學維度有莫大之關連性了！可根據我們的圓學得知，暗能量之五維反而比光華滿載之四維更高一維，這不又是說明要成仙佛必須先歷輪迴之苦嗎！暗能量統治五維過去世界，暗物質又統治將來世界，可暗物質最大重大無法再大再重了，若果有無數平行宇宙，根據串佛珠理論，必然藏於暗物質之中，至偉大無遠弗屆的暗物質何嘗不縮成一點光華又藏於我們星光日光之中呢？君不見宇宙也由一粒芥子芝麻引爆而來嗎！

29. 生活雜談

大家在日常生活中或者夢裡，當見到某個情景或者自己在做某個動作甚至走到某個地方，有時候是否會有一種似曾相識的感覺，比如夢中見到或者現實上經過某地方，腦海裡不期然會閃出一個念頭"這個到方怎麼這麼眼熟，好像之前來過似的！"人生總是這樣，兜兜轉轉又一圈，又來到原點似的，中老年人最有這種感概！原來，我們路走的不多眼光也淺，所以就將人生誤認為是一條直綫，有始有終，沒有其餘！但當我們路走多了，經驗豐富了，眼光放長了，就會漸漸發現人生路其實好像一個圓，輾轉往返，沒有起點，更沒有終點！

我們一生中總會常常碰到一些人說的很好很動聽，有時甚至我們自己也舌燦蓮花起來，可是說的比做的易這句話一點不假！說的太好聽的人總是靠不住的，美言尤如寒冬之厚衣！試想想，美言好比厚衣，體溫好比內涵，總是身體凍亦即沒有內涵的人才會拼命的穿上越來越多的好比美言的衣服，不是嗎！身體暖比作有內涵，那麼身體暖的人只需要兩三件衣服就夠了，話也一樣不多，只需要兩三句也就夠了！最偉大的大地和天空一向也話不多，只有在罕有的狂風雷暴或地動山搖時才爆發巨響，所謂不鳴則已，一鳴驚人，廢話不多也！應注意的是，在短暫的狂暴之後天地又將回歸久長而永恒的寂靜，所謂默運造化，萬物之功，莫大於"默默無聲"的造化也！此時，我們得想起句千古名句：隨風潛入夜，潤物細無聲！同理，有角之物比如刀劍都錚錚不已，聲大得很，尤其碰撞之時！而偉大的圓比如輪和雨點甚至大地本身，總是默默承載著世間一切，幾乎不哼聲，半桶水噹噹響之言猶在耳！

"律己以嚴，待人以寬！"這句至理名言，從來都被世人拋諸腦後，但它不僅散發著永恒的智慧光輝，而且永遠貼地氣不過時，總不會"堅離地"！同理，我們得出對人要求多多的人，最終肯定待己以"寬"，只會盲目的發號施令！英文單詞"bossy"一詞，至為傳神，而且這些人永遠只會"堅離地"！怎麼說呢？以上幾點其實互相配合互相體現的，比如說一個不斷要求他人的人，起初他可能會以同樣的標準要求自己，比如要求別人一天背30個單詞，但由於他律人以嚴，喜歡命令，隔天就可能要求人們背50個單詞，這時他還會對自己說勉強可以！最後，當他瘋狂的要求別人一天背300個單詞的時候，他本人當然清楚自己也做不到，但當觸到這點痛處時他就駝鳥政策干脆不去想了，轉而就會不斷用美好的話來為自己開脫，比如說也是為人好而已，望子成龍望女成鳳望學生學業進步望打工仔有出頭天諸如此類！此時，他不僅開始律己以"寬"，而且還像寒天的病人一樣不斷穿上有如美言的外衣，不斷用這些美言為自己開脫！這又好比陰陽二圓，一但是一虛一實，當我們用嚴厲的實的要求去要求別人，同時一定會虛了自己，用虛的寬的要求來對待自己，並且不斷用美言粉飾開脫！然而，如果我們能用實的要求來律己以嚴，這樣我們就會清楚看到自己不足，當我們清楚自己陰暗面時，就不會再胡亂的將本來是自己的陰暗面投射到他人身上！這樣，我們本身就是一個實圓，有內涵的造著佛系運動的實圓，周圍的相對虛圓很可能會四海歸心的來依附我們！

人之間的最美好的關係叫放手，放開所有！所謂天下無不散之筵席，好聚好散也，要清楚測量一個人的水平，不是看相聚時甚麼態度，而是看分散之後他持甚麼樣的態度對待別人！最大的愛就是捨己為人，就是放手，就是祝福，夫妻也好，子女也好，無不如此！試問，又有幾人能夠做到？假設，我們站在圓心之上，周圍有四方八面，子女在我們前面，但我們就用繩索將之扯住，不讓他們遠離身邊，這樣他們要不站在原地荒廢自己，要不就成為一條叛逆的毫不回頭的直線，沖出去了就再也不會回來！然而，如果我們放手，他們就會四方八面的不斷闖，其實他們只不過是在轉圓圈，而且永遠圍著父母的圓心在轉！這個道理告訴我們，不放反而失去，放開反而獲得，而且雙贏！

假設我們世間有個起初點，這是假設！這時，勢不兩立的科學與信仰似乎永遠相抗永遠要壓倒對方，甚至消滅對方而後快！這理論對，但這只不過是邊角形的理論，這世界不是以邊角形的方式運行的，而是無時無刻無處不蘊含著圓的哲理。試想想，比如科學距離圓心 3 厘米，而宗教信仰 2 厘米，這時我們要講求中庸之道亦即道法自然陰陽法則，或去有餘或補不足，這裡將宗教信仰補到 3 厘米，這樣，我們便可以以起始點為圓心，以 3 厘米為半徑，將科學和信仰盡量和諧的置於同一圓周之上，而這也是人生世事甚至各門學問的最合乎自然天理的發展態勢！當然，意識和潛意識也可以藉此理論去達致和諧融合，以消弭人間災難痛苦！

讀了前幾章的讀者都知道，維度宇宙裡最可怕的不是消亡，因為萬事萬物根本不會真的消亡；而是速縛和限制所產生的種種窒障！怎麼解釋，很簡單，根據陰陽圓定論，單個獨圓就是假圓死圓沒有增長，只有陰陽圓才是真的活圓有生長，單個獨圓就是一切束縛的原型體現！所以，我們成也在圓陰陽圓，敗也在圓單一獨個死圓也！大凡陰陽交滙，必有一個交滙處，除了用串佛珠、金書背後 logo 和陰陽圓定理去解釋之外，我們的八卦圖也蘊含了其中哲理，諸君自細玩味之！

遠近大小！其實，古人只不過是用遠近大小物我這六字觀盡天下幽微，包括易經和道教哲理無不如是，只不過是這六字，因為這六字很好的體現了天人合一，天人為一！試想，我們在廣濶礦野席地而坐，閉著眼，這時我們似乎只能體會一己之身，又或者說將一己之身完全融入天地之間！腦補一下，如果這時泰山距離我們三千公里，它將會是何大小？將會是無影無形，連我們身上一根毫毛也不如！太陽多大？不及我們眼睛大！到了晚上，甚至跟泰山一樣消失無有，連我們一根毫毛也不如！還敢說我們身體比不上天地萬物嗎？！這時，我們閉眼，運用潛意識，撫平了潛意識才能會真正得到內心平靜，內心平靜了天地萬物不是有聲妨如無聲嗎？又或者說萬籟之音又如何見得不正是從我們一己軀體裡發放出來的呢？！天地造化本靜，我們只要達到內心真正平靜就能真正如造化為一，返樸歸真！這些道理又怎麼去以圓體會呢？只能意會，不能言傳了！

30. 圓等如道

　　先談談生活，所謂物輕情義重，任何人送的任何禮，只要是善心善意的，我們都應該感謝和歡喜！那麼，我們的生活是造物主（某程度上亦即我們自己）賜予的，身體是父母賜予的，我們怎麼又能不感恩和歡喜反而整天抱怨和嫌棄呢！抱怨不會為我們帶來更多更美好的東西，永遠不會，只會損耗自己的身心。

　　承上文，某位古代哲人全身心融入大自然，他自然而然會天人合一，從而領悟到遠近大小甚至內外彼此陰陽；然而，我們別忘了他是日復一日月復一月年復一年的坐著的，那麼，日夜四季之更替他自然是了然於胸了！四季與圓又有甚麼關係呢？又身維度有甚麼關係？四季不都是囿於三維世界五行中之物嗎？

　　若果大家有用一定命理易學造詣，這個問題其實不難解釋，還是先從圓學說起吧！偉大的愛恩斯坦們和弗洛依德們已經向世人證明不同維度和潛意識確實存在，那麼既然維度有不同而意識相對應又有潛意識和交滙意識，而我在圓學中也指出圓有陰陽圓和中間的交滙處，參考串佛珠理論和陰陽圓運動；另外，子平八字干支學和易學先哲們千百年來不斷向我們證明就是一年四季和一天晨暮也可以以這樣三元劃分，比如現在冬天，那麼當令之水和退氣之金共同組成現在為"陽"的三維世界，而將進之木火之氣亦即春夏二季為未來的"陰"的更高維度世界，當然四季月辰未戌丑就是中間的交滙處，好比交滙意識或本人之陰陽圓理論二圓中間之交滙處，往深裡講就只能意會神領而不可言傳！

既然以上各種事物都有三元論，那麼我們人的肉身又為何不可呢！古時的天地人三魂之譬喻真的恰到好處，我們人的肉身為當時得令但相對渺少的"陽"，那麼對應著一定是將進而來進的更偉大但不當時得令的靈魂之"陰"，並且靈肉之間必然會有一個交滙之處，因為靈魂屬集體的，就好比天是屬於地球萬物一樣，只有這個交滙處即地才是我們自己的功業，至於人這個肉身意識雖然幾乎完全屬於我們自己，但力量始終有限！這又所謂人法地地法天天法道道法自然也！天干地支中藏人元與天地人三魂亦與以上理論有異曲同工之妙，反正條條大路通羅馬，只在乎你信與不信，行與不行！

記得易經八卦圖？一圓分左右黑白而各自中間又蘊藏一個異色之小圓，試比如白的半邊為陽，那麼黑的半邊就是陰，中間的波浪交集綫條就是交滙處，而各自中間的異色小圓就是陰中有陽陽中有陰無窮無盡生生不息之意，這與金書背後的圖騰有異曲同工之處，前之實圓為陽後之空圓為陰，一前一後又代表了陰中有陽陽中有陰之哲理，筆劃更簡少，不需太陽圖的四劃，只要兩劃即可！

了解過西方的鍊金術嗎？鍊金術的過程其實就是一個解除束縛的過程，而且還是鍊條式的束縛，在這個程度上，它與陰陽圓串佛珠和單個獨圓為束縛之哲理其實並無二致！了解過曼陀羅嗎？曼陀羅可以算是圓的其中一個原型。記得西方有句老話，上帝其實就是一個圓，圓心在任何地方，而半徑則無限大！

最後，把話題回到某個獨坐荒野冥想試圖達致身心天人合一的古代賢哲身上，他的內心肯定會感覺到萬物喧囂之中蘊藏著一種特殊的"靜"，或者叫"和諧"，萬物萬籟之聲善聽者還可以用耳去聽，至於這種和諧的靜用耳是根本聽不著的，用心也只能夠聽到一點點，只有真正的用氣用道天人合一物我一體，才能真正"聽"的到這種和諧的靜，而這種力量既俏無聲息又永不停息的滋養著世間萬物，生成世間的晝夜和四季，轉成為萬物生長生存的能量，這個世上最大的能量使天地生萬物生，卻又是肉耳聽不到的，這就是我們所講的"道"，而德就是遵守這個道，從而得到最大力量！道即陰陽二圓，德即二圓中間交滙之處，毋用贅言！

大直而屈，世人只懂用最自私短視的直綫去做人做事，卻不懂最直的綫反而是弧是圓，而且圓包羅萬象，一劃而獨自成一個形！這道理好比一個導彈攻打敵國，如果導彈只會直綫的飛，無論多快敵方還是很容易攔截的！只有導彈會弧形轉向，即使慢一點人家還是很難很難去攔截的！看到沒有，弧形比戰場上最要命的速度還更緊要！這就是圓的偉大之處，有時先敗了才有可能會勝，你的失敗恰恰就是因為你目光短視的短暫勝利！不爭反而得，因得人心，力爭反而又失去了，不自恃為大反而自然為大！

31. 答案

寫了那麼多圓學文章了，無非都是在尋求一些問題的答案，比如有沒有更高維度的生物或者神佛造物主之存在？如果有的話，祂們跟我們人類是否就有紐帶關係？如果有，那麼我們應該怎樣做才能昇華到祂們的層次？更具體的是，我們應該對現世生活抱有甚麼態度或者乾脆講我們應該怎樣去生活呢？又或者說，我們生活的意義又何在呢？以上看似很多問題，其實問題只有一個或者沒有！

若果大家讀了前 30 篇圓學文章，應該記得我一直藉著圓學來尋求以上問題的答案的！最初我抱有懷疑態度，認為這些問題未必就有答案，甚至連問題本身也不能立；然而，在圓學的啟示下，我似乎又隱約見到這些問題成立的可能性，又滿心歡喜的以為自己不斷接近答案，一個最終的答案！接著，當這個所謂答案在圓學署光的照射下越發清晰的時候，才漸漸發現它根本若有似無，一場辛苦似乎是撲了個空！凡是說話，都是糟粕！但我認為，這世上真正的真理好比金子，它不會一下就自然而然的"一出生"就是純金模樣；相反，它起初總是混雜著許多礦土雜質，髒兮兮的，是經過我們後天非常多的加工之後它才會成為金子，而且幾乎無一例外！而語言就是附在真理金子上之雜質，我們起初總是有很多雜質般的語言，鍊金跟做人一樣，都需要我們不斷打磨，去蕪存菁，從錯誤中學習成長，在嘈雜喧囂之中一步步回歸內心之寧靜，才能真正達到天人合一！

言歸正傳，我一開始也迷失於維度謎宮裡面，不斷推想維度之間是怎樣進化的呢？又是怎麼形式般的存在呢？在方圓學運和佛系運動的啟示之下，我才醒悟原來維度是共存的，中間不會斷列，是一條無限延展的佛珠紐帶，而我們根本不需要去修甚麼仙或者依靠甚麼神佛之引領從而實現提昇的！其實，天人合一物我為一，我們本身也是上帝神佛之一部份，用維度用圓學可以推出，用唯心論一樣可以推導出來！既然，我們都是一部份，那麼還修甚麼還煩惱甚麼？安安靜靜等一世走完了就自動"升職"不就妥妥當當了嗎？這可不行！因為根據圓學啟示，我們是被肉身束縛住了，而這個肉身束縛好比一圓死圓孤陰獨陽的束縛！要解除束縛才能實現昇華，那問題是我們應該怎樣做才可以解除這層束縛呢？正如二維平面世界就是被平面束縛住一樣道理！

於是我想到了並開創了圓學上的佛系運動，串佛珠理論和大乘佛系運動；又想到圓學跟道法自然有點異曲同工之妙，道告訴我們，要自然而然，無用而用，無為而有為，最大的作為就是無為，即是有點著俗語講的"咁講完咪等如無講，做完咪等如無做"；又想到意識與潛意識，並根據串佛珠理論和西方的集體潛意識和個人潛意識理論開創了中間意識亦即交滙意識；又根據易學干支五行學想到了比如我們現世三維世界就是夏季的旺火衰木兩個五行實為渺小卻又當時得令當我們影響最深最貼身之物，而更高維度世界即等如夏季中將進之金水二氣，此實為陰為偉大卻又離我們遠甚至虛無飄渺且又見不到摸不著之物，甚至很多人因此甚至不願相信它們之存在稱它們為玄虛玄學，講到此處，真是應了一句夏蟲不可語冰也！當然，中間辰戌丑未四季月又似交滙意識或陰陽二圓中間之交滙處；又想到天地人三魂，此三魂又著意識三分法和圓學三分法，更形象的說更著天地人本身，比如天為潛意識為集體世界共同資產沒有人可以獨佔，而人肯定代表個體之意識，地即土地就是天人交界處，即意識潛意識中間的交滙意識，實際上講天降甘霖對我們個體人也未有甚麼太實際的好處，可是甘霖若落到屬於我們的土地上 (好比交滙意識)，那麼我們便自然而然能收成"屬於自己"的甘美作物，這好比交滙意識才是我們個體的天賦！

道教中的道德實則就是八字學上的造化之功！大道沉默，無為而為，卻又生成萬物，另一個角度解釋，這其實根本就是晝夜四季萬物生老病死之過程，所謂造化就是天地合德而成的晝夜四季兼萬物隨之的生老病死，亦即我們剛才提到的旺氣退氣之火木和將進之金水二氣，亦即可以等同於圓學的佛系運動和道法自然，都是強調大用無用無為而為大直而屈，胸懷四海為圓就是不爭之意，涅槃就是有捨才有得，最後四海依附一起做佛系運動就是無為而有大為！對，昇華之法就是如此，做了好像沒有做過，看似沒有做過卻是做了最大最多，好比造化之功！

可以具體一點？陰陽之功好比自然和人工，也好比語言，陰陽，意識和潛意識！即是說，我們對於生活的態度就少說話多做事，學習天地造化，跟最偉大之自然之力一樣模式的做事，這叫最天然，返樸歸真！難道就不說話嗎？要！語言是現世之人工，又是三維世界特有產物，我們既然正在經歷三維世界，那為甚麼要迴歸語言呢？但說話要有方法，因為語言為人工不合乎自然之理，所以要點到即止，說了要等如無說，即說話時情緒不得已會有波動，但話過之後，目的達成後，我們又要立即用平靜的心情去撫平剛才又說話引起的情緒起伏！兵者乃凶器，聖人不得已而為之！說話也一樣，話為廢物糟粕，世人不得已而講之！好比鍊金除去雜質，吃食物排糞一樣，都是一個自然而必經的過程。講講戰爭，大自然造化之功首推建設，但春夏不可能無止境的生長，也要有秋冬的肅殺才能平行一下世間萬物，秋冬的漸漸肅殺已為人所不喜，更何況腥風雨血之戰爭耶，但有時不得已而為之，要點到即止，而即要默哀做喪事而化解撕殺時之戾氣。建築也一樣，建之前之後也要環評和善後，因為人工之建築不可以傷及自然之環境，可見傷及自然就是傷及後代最終威脅人類自身！既然世事萬物造化都同如此理，那麼我們去除束縛昇華維度之過程又豈會二致呢！用圓學解釋之，即圓學需分陰陽，但定然有個主次，這裡來講，自然為主人工為次，生長為主肅殺為次，沉默做事為主說話為次，己身圓心為主外部紅塵世界束縛為次！說白了，又是基督道佛心哲之淡泊自然六根紅塵本我自性而已！

32. 答案二

記得我們在之前文章從圓學的啟示裡得到重要結論，就是這世界宇宙甚至大千宇宙從來無始無終，圓不同普通直綫，圓是沒有終始的，維度世界也是沒有始終，並且各維度並存，維度的串佛珠就不會斷烈嗎？不會，皆只因為"陰陽"！認想想，陰陽運行是相反而又相成的，你放大時我縮小，你衰退時我成長，你方唱罷我登場！甚至我們可以說五行有窮而陰陽無盡！既然陰陽貫穿了串佛珠各珠之維度，這就是陰陽在宇宙大千世界無處不在無遠弗屆之明證！

稍有易學知識的人都知道，當然我們也用陰陽圓方圓運動衍生五行法則來證明了這個道理，就是五行很可能只屬於受制於重力不能超越光速之三維世界！試想想，陰陽為大千宇宙之道以圓的形式運行，當人受氣而生時，就落入三維世界五行之網，被網住了，所以先賢們外觀於天與諸物內觀己身以制定干支紀年和之後的八字命理，試著以這方式來道明窮通，給人們一給處世做人的指引。

那麼我們究竟怎樣"修道或禪修"而達至更高維度呢？這也是上文所屢屢述及的，記得上文提及的四季四時五行法則嗎？記得中古時代的鍊金術嗎？這跟道法自然和我們圓學的佛系運動甚至干支八字命理都有點相關！每個有使命感的人來到這世上總是追求自己所追求的，完成認為是上天賦予我們的使命，有時這個使命看似困難，有時又看似簡單，比如尋求一個答案，比如我們從何而來將往何處去！但我想告訴大家的時，有時候問題看上去簡單甚示無聊，但要尋求答案卻比天淵更渺茫，有時候我們以為自己睿智非常，可偏偏就是這時最易犯上愚蠢的錯誤而不自知；有時以為自己愚不可及，卻又無心插柳柳成蔭，這句話有點近乎潛意識的東西，我們又怎麼知道這個無心插柳就不是我們潛意識的傑作呢？又或者只是一派胡言，滿嘴火車炮！但做人凡事都不要看的太重，最好以曲作圓處世！

原來，我們可以想像有股超越三維維度的力量，可能是老子所指的道，一直滋養萬物，使萬物在無聲無息不能擦覺之間都在生生不息的生長著，由於這股力量無遠弗屆，太大所以若無，至為彷似無為，我們竟毫未能察覺之，以為一切都是自然而然的，這是何等荒唐愚昧！父母無微不至的愛是自然而然應該的嗎？親人之間無時無刻的關懷就是本應如此也本來如此？我們港澳地方幸福富裕就是應該的，我們港澳地就是"天生"不會打仗不會有天災人禍的？這正正是夏蟲不可以語冰，至偉大的反而就是看不見的，多麼生動的諷刺！這股又稱為道的力量是有的而且至為偉大，人得到最多所以"生命力"至強，動物次之，植物又次之，死物最未！

再深入講，我們由洪荒之無陰陽之氣投入凡間三維五行，都我們出世之一刻出生地點父母家世時晨八字身體幾何這一大系列性的問題，就已經得到很大程度的定格！但過去不變（只要還在這宇宙內來講，就是不變而且唯一的），將來卻是可變的，將來是暗物質和至重重力所主宰的，也就是這宇宙至偉大之力！

既然易學命理學甚至我們的圓學都已明證五行之存在，而且五行就是四季晝夜之氣，亦代表了萬物造化，也就是道法自然，而且我們要在三維世界修五行而通陰陽，從而回到本屬於我們一部份的更高維度之中去！所謂生命生活就一個被賦予五行之氣人，通過一天晝夜一年四季一生生老病死之"氣"，感受心靈之氣，不斷去除外部雜物之"質"的，八字十天干也正好強調五陽甲丙戊庚壬為氣五陰乙丁己辛癸為質！這不正是一個鍊金術的過程嗎？金子是心靈靈魂，附隨的雜質則是肉身世界！所以我們經常強調要境隨心轉，不要被外物所引，不以物喜不以己悲也！

甚麼鬼？！回歸更高維度的"本我"，引領更低維度那個"我"，竟不用鍊金術也不用所謂修仙，更不用算命學法術做生意賺錢唸佛學道信教，而是樸樸素素簡簡單單的生活，只是不以物喜不以己悲平常心的生活下去，不太執著痴迷外部世界的引誘而已！就這麼簡單！對，最簡單的也就是最難的，無為而至有為也！我們心得此法，自己必然能以平常安靜輕微愉悅的心情或多或少察覺到一點點！

講講交滙意識和陰陽圓交滙處甚至是天地人的地，為甚麼我如此強調，因為萬事萬物都與之有關，試想本初之時意識潛意識科玄學共處於一個圓心原點，為無有！之後，隨著大家各自不斷發展，越行越遠，西方主流心理學認為一切心理病根幾乎是潛意識與意識之不協調，即是這兩點走偏了，那怎麼辦？我們有交滙意識，屆乎意識和潛意識之間的中間意識，它就是一個"圓力"，將偏離之潛意識和意識之二點去有餘而補不足，緊納到一個圓周上去，當然，這裡本切同源之圓心點也居功至偉。注意，這裡我們第一次提到"圓力"，圓力就是中間交滙意識，就是陰陽圓交滙處，就是天地人之中的地，就是一個圓之所以成圓的那種看不見摸不到靜俏俏的力量！另外，陰陽二氣若脫離了大家就不會存在了，換句話說陰陽是唇齒關係，誰也離不開誰，所以這裡溝通陰陽二氣使揉成一物的"圓力"至關重要！再講一次，圓之中有股"圓力"，它就是溝通陰陽的關鍵所在！

又記得過去為第五維度之暗力量所掌控，它所對應的就是第一維度的暗黑世界，所以，凡是太過於沉溺過去之人精神上都會被第一維度暗黑世界束縛住！而四維光子所對應的是二維由光照射出的平面，亦代表現在，過於沉溺當下淫樂之人就被二維世界"封鎖"著，至少某程度上如此。將來是代表了暗物質的無窮重力，是六維甚至更高維度，我們一心攀附將來恐怕可望而不可即！這三物又好比陰陽與中間之"圓力"，我們三不可偏廢！沒有現在，何溯過去，忘了過去，談何展望將來，都是相輔而相成的！

33. 答案三

外在集體心靈大自然和內在自己心靈即使單獨其一也足以讓我們凡間的至智無為的哲者窮其一生上下求索也感到枉枉然力不從心，所以至哲之士以無為而應對之，爽性尋求靈肉上的和諧的天人合一而不是再為文字思緒苦苦而求索；更何況我們真要面對的除此二者之外還有還有中間層的交滙力量，亦稱圓力！

既然每人各自都是對應天地的一個既獨立互又與其它個體某意義上交滙並在的宇宙，當然以獨立為主導力量為一切的前提！上一章已然告訴我們人生的課題就是要活下去，好好的有意義的活著；那麼，當我們活著時遇到困難時又應該從那裡去尋找答案，父母哲人抑或上帝神靈？答案是要首在也要在最終向自己身上尋求答案！要知道我們自己就是自己的宇宙，而它物包括父母哲人或上帝也只不過是與我們相交滙的宇宙，祂們只有某個特定維度與我們相通而已！圓學串佛珠理論已向我們證明此理。

所以，生活上的答案必需聽從自己內心的聲音，他者的意見或啟示當然也是寶貴的，但只能在中間部份起某程度上的作用，不可否認的是這些作用有時十分關鍵，但主次要分，主次關係就像陰陽一樣！

現今社會，以唯物論主義為主導，金錢物質科學知識和政府等機構權威雖然都是阻礙我們好好活著心無罣礙的東西，但這也是我們現代人必需要面臨的共同課題；正如古代的人都要面臨帝皇大盜刀兵火災自然人禍之威脅一樣！不能說澳港地方相對繁榮安定，所以我們的課題比不上戰禍連連的非洲，只能說大家課題不一樣，互相比較毫無意義，城市有城市的病，富裕有富裕的苦惱，能在窮禍之地生存紮根之人未必就能適應港澳地方的生活！他們的課題無用贅言，而我們的今天由於社會的繁榮安定科技進步和人道意識的提昇，幫助戰禍災禍之地脫離困難也是我們的責任和課題！

談談夢，夢者對於一個夢的理解和啟發意義除了向解夢師尋求一點意見之外，最後還得直面己心，向自己內心尋求答案，好的解夢師必須要客觀地有序地建設性地誘導夢者一步步步入自己內心最幽微處，並鼓勵其直面之，這一切就基本上功德圓滿。

論述一下說話，話多的人看似比不擅詞令的人聰明反應快，這確是有幾分道理，但他們喧囂的話語似乎會阻礙了內心智慧心靈的聲音，使他們得了芝麻丟了西瓜，反而聽不下周圍人的話和更重要的內心智慧之靈的訊息！人人也會有罪過，雄辯的人當然知道自己的過失，但通常他們不是改過自身，而是更向雄辯試圖丟掉自己的責任和罪感。

在現世取得某種成功沾沾自喜更沉迷如此的人，現世成功快樂好而忽視掉潛意識甚至更高維至靈之物，這好比沉浸於一個獨孤閉圓之中已不肯與其它圓做陰陽相交運動！無可否認，圓是美麗而美好的，尤其是因成功而划出的順滑弧度和更要命的閉關鎖國般的單個閉合獨圓，所謂躺在功勞簿沉醉於聲色犬馬功名利祿，而且閉圓又有著肥水不流別人田的好比保護主義的好處，但最終只會孤獨的枯萎消逝，終老似井底蛙和不可以語冰之夏蟲！

知道圓學的都知道一維暗黑代表被封閉的某個過去，所對應的是宇宙極速統攝宇宙過去的五維暗能量；而我們平日的子虛烏有天馬行空的幻想比如卡通世界等為何就不是零維和至高維度延伸出去的其它平行宇宙世界呢！要知虛與實陰與陽大與小遠與近都是一一相對的，我們只認為自己真實存在而卡通世界純屬虛有對嗎？那我想說卡通世界既然存在於我們腦海之中就是與我們有陰陽圓之關係，以平行宇宙論，在我們所處之這個宇宙我們三維人類世界屬陽，它們卡通世界自然屬陰，而且幾乎是至虛至陰至完美主義之物，因為與我們這個宇宙一維二維三四五六維甚至各個維度也扯不上甚麼親緣關係！可是，大家別忘了圓學具有大直為屈至虛反實之理，我們怎知道另一平行宇宙存在形式怎麼就不會來個反轉，反而變成它們卡通乃是陽實我們人類反而是陰虛呢！要切記，凡與我們有相關聯的一切都可以用圓學陰陽宇宙維度去引伸出來，即使是我們的虛幻浮想也是佛家六根紅塵乃至世俗所云緣份！記得莊周的夢蝶文章嗎？他提出這樣一個疑問：怎知是我在夢蝶而不是蝶在夢我呢？那我們亦可以圓學發問：怎知是我在虛構卡通人物而不是它們在虛構我呢！

以上有些地方只能以神會未能以理喻之，但我們不妨再多論幾句，記得根據圓學和科學六七維乃代表宇宙至高無上之引力暗物質嗎？引力大處連光也不能逃逸，至極之速暗能量也不能逃逸，我們這個宇宙還有甚麼是不受引力制約的嗎？答案是應該沒有，但其它平行宇宙就有呀！怎樣推導出其它宇宙呢？根據圓學串佛珠理論推導之，至高維度與零維實乃與其它平行宇宙之交滙點！那我們又怎麼證明卡通幻像等屬於其它平行宇宙的呢？因為據圓學推論幻想幻像比一維過去更底，屬於零維范疇，既屬於零維就自然也會與其它宇宙交滙交融而存有其它平行宇宙之性！還有實在一點的科學理論嗎？所謂圓學不過是你一人杜撰出來的廢話不行嗎？還有科學理論，因為幻像既不受光也不受重力法則所限制，完全不受，而我們宇宙至偉之力都不過是引力，那麼這樣便可明證幻像就是零維之處從其它平行宇引來的。那麼我們三維物之幻像既然屬其它平行宇宙，那麼四五維甚至更高生命至少也應該有諸如此類甚至更高端的幻像吧，否則此理便不成立？子非魚安知魚之樂，我們不可能揣測更高維度生物之思維模式，正如二維生物不能揣測我們一樣，但我個人相知高維生物是有更高維幻像的，比如四維，袖們也有袖們的不完滿處，袖們也有陰陽也受引力約束，袖們"內心"也需要對"不公"現實的補償，這樣補償有時向更高維度靈性索求，有時向低維度惰性索求，有時在自己維度內索求，有時也定然從平行宇宙索求，而向下索至零維與向上至高維索初似不同，最後又同是一理，不同而同，零維就是至高維度也！如果說袖們沒有向平行宇宙索取的能力的話，不是連我們也不如嗎？而這麼多維度其實就共存於我們身邊，就好像暗夜影子之過去一維直綫暗黑世界光明世界的平面視覺二維世界，我們三維世界和光子般的四維世界，科學家們也觀察到了第五第六維之過去世界統和的暗能量與將來無限世界的暗物質其實每時每刻無不如我們察身而過，又如宗教經典的神佛就在我們心裡我們身邊等等！對於存於我們腦海裡的其它平行宇宙的幻像就更不用贅言了吧，要切記，萬物萬事皆有因由，不會無端的來無端的去，幻像當然也一樣！

另外，談回圓力，既然陰陽之間有中間點交滙處為黏合力即圓力，是因為陰陽之間都是共生共源的，共生共源就是共同圓心，就自然擁有圓力！某程度上，宇宙萬物都由大爆炸前小於芥末的一點圓心爆發而來的！而根據圓學鐘擺理論陰陽理論，大爆炸之前定然不會虛空無有的，或者說我們所理解的虛空無有反而是包羅萬有，於理至一，不要沉溺於虛實有無而不能自拔，要知道虛實都是相對的，所謂色即是空空即是色也！當然，對於我們三維人類來說，至關重要的世界還是我們這個當時得令的三維世界，要知道我雖渺小，但於我身來說我卻是至高無上的主比其祂哲人聖賢甚至神聖更重要，自己亦具神聖，也就是自己的神聖，這是普世哲理，而不是理睬的超人主義，請大家不要誤入歧義！易學八字也有論述，當時得令的雖然代表暫之現世，將進之氣代表更為偉大的高維神聖世界，但此時此地將進之氣還是要屈服於當時得令之氣的，好比夏天荷花當然開的比菊花更燦爛！

又談談現世苦難，怎樣用哲學思想學圓學解釋？既然陰陽與意識潛意識理想現實一樣都有共生同源之圓心，大家所走之方向長短亦有相當不同，而中間交滙層一股冥冥中之圓力在將這幾對矛盾物納入同一圓周之時少不免要取長補短，易學上講去有餘而補不足，那麼在這個割捨吸納的情況下，陣痛自然產生，這就是世間苦之根源！圓力深厚挺的過去的終成天降任於斯人必勞苦其身心也；挺不過的就此沉淪消逝了。當然，天材與瘋子矛質程度其實差不多深厚，至成至敗之命造也是一字半字之差，簡中道理請諸君自己細味！

本人自知不材，但總對圓學有股抹不去的熱忱，希望拙作能起到拋磚引玉之效，吸引真正有識之士大雅君子為中華民族填補歷史以來關於"圓學"這一片空白！

34. 答案四

圓無定型無常態，可以沿半徑收縮為點，點乃無有，這點尤為重要，阿拉伯數字似乎巧妙地以橢圓形為零！另外，圓亦可以呈波浪狀，半圓，任何弧度的弧狀。就以上幾種形狀已經幾乎說明了圓放諸萬物宇宙皆準之理，更何況還未算上我們三十多篇圓學文章裡羅列的各種公式，比如證明了五行組成立體世界的陰陽二圓方圓五行運動！而且以上我們所講的還只是零至三維的形狀，還未包括圓在更高維度的形態！為何高維度內其它形狀難以存在而獨厚於圓呢？因為道、易與陰陽貫穿所有維度，而我們亦明證了圓即等如道、易與陰陽！以上內容無非是表達出圓是如何變化無窮博大精深的，本人這幾十篇文章還不及滄海一粟冰山一角！

這裡再講一下幻像比如卡通故事，既然我們確知這個宇宙裡任何事物最終皆可以找到其物理相對性，我們人體又為與宇宙相對應的"小宇宙"，即在極遠處自然會有另外星體或事物甚至其它平行宇宙與我們之身體相對應，那麼我們身體上任何的東西包括幻像和訊息定然也可以在某個極遠處找到某程度相對應的物理現像出來，當然這些幻像包括人類的卡通人物比如白雪冰主小丸子甚至喜洋洋！還有，我們記得圓學和道學啟示的大直而屈極虛反實極實而虛無為大為之至理，那麼我們腦海裡極虛之物莫過於甚至不受這個宇宙上四種作用力制約的卡通人物了吧，極虛之物反為實，據此我們可想而知在某個平行宇宙"它們"將會以某種真實形式存在著，我們講不清到底是人類把它們創造出來的抑或是它們把人類創造出來的，這好比莊周夢蝶醒後就說道：不知是蝶在我夢中抑還是我在蝶夢中，這是圓學陰陽學之至理！

我們一再強調當時得令的問題，即是說縱使高維大神要對三維世界施加影響，祂們還是得以三維生物或物理現像的形式才得以暢通無阻！比如耶和華為何使自己之子耶穌以人類肉身出現並打救世人，至於釋加牟利佛的故現更無用我贅言了，伊斯蘭教真主阿拉還是要通過使者穆罕默德將自己訊息傳達世人，道教老莊更是活生生有史可載的人類了！以上種種，絕不是巧合，而是宗教確是通向神聖的莊嚴之途。而至於其它宇宙的卡通人物，就只能貶低到以虛無飄渺的卡通形式出現了。所以，人們生活在亂世就自然會有活在亂世的模樣，比如飢餓貧病等，這不是甚麼可恥的事，我們心中宇宙中的道法自然平常心也不會因為潦倒而被打破，只要活得瀟脫一點並從中吸取教訓努力做好自己就足夠了；同理，活在太平盛世的人亦不可安於逸樂甚至淫逸，而是要謙虛樸實做人，力有餘則助一些貧病飢老之人，也要活得瀟脫一點！至理往往就是生活最顯淺的小事，大道明最易行最難！

最後，我們的終極答案在哪？或者說根不存在甚麼所謂終極答案呢？我們最初從何而來，最後到哪裡去，何處歸根？七維世界大神只要轉一個陰陽到了另一個平行宇宙可以馬上化成虛無一物，或者貶底到以卡通形式出現，然而平行宇宙外又有更多的無數的平行宇宙，甚至更浩大的不知名之物！圓學的答案是變幻才是永恆，這個道理難以一言一語的去言傳，大家盡管可以參考我前 20 篇的圓學文章裡到的平行宇宙曼陀羅現象。太極無極無有不變，所有事物都在變，包括上帝們，祂們都雖要"無日無之"的去進步修行，大概以串佛珠理論的模式做著佛系運動和大乘佛系運動，即使假如有一天我們自己真成為了又一個上帝，我們還是停不下來也不會停！我們的過去就如同我們的將來一樣，是無止盡的，而且愈走這兩越近然後又更遠之後又近乎更近，不存在"真正哲學意義"上的落到歸根！所謂根不過是一條封鎖我們心靈思維自由的一條鎖鏈而已，這鏈最初是以愛織成的，但任何事物過多就會變質，包括愛，最後最強大的愛就會轉變成最強大的枷鎖！我們尋路，冀求答案，卻總是無盡的路無盡的答案，這樣似乎又變成沒有答案，看不通的人，就會被鎖在重重迷霧！這個世上最大的不幸莫過於永世封鎖著圓和愛組成的幸福囚籠裡。

既然沒有最終意義上的根，那大家也總得有點聯繫吧，有是有的！就是圓力！我們到知道對立的東西都是同源同圓心而衍生出來的，我們使之和諧一致的方法不是將它們合而為一，而是用圓力拉上補下將它們吸到同一個圓周上去，這是至理，未能言傳！那麼人們會問，這個同源圓心不就是它們的根嗎？可是根據串佛珠理論，每個圓心同時也是另一個圓，這樣自然會有屬於自己的另一個圓心，所以這圓心以下又有無數圓心，根以下又通往更深，沒有止盡！當然，沒有止盡的因由就是這十個字：陰陽相對虛實遠近大小！

　　我們的過去即五維或一維通通是不能變更的，具體的講即是昨天你吃了一碗麵就是一個過去式，這就是一個不能改變的事實，即使我們現在運用想像，試圖幻想昨天自己未曾吃麵，不要說我們區區人類，即使高維度的大羅金仙也不能改變我們昨天吃了一碗麵的小小事實！箇中詳細道理，我已經在較早前的圓學文章裡詳盡講述過了，這裡就不再贅言了！那麼問題來了，為甚麼好像卡通故事這般虛無遙遠的位處平行宇宙另一端的維度的事物都可以"轉成真實"；而同個宇宙的第五維度的過去的那麼一件小事我們都更改不得呢？還記得這一句嗎？至虛反為實！卡通其它宇宙的至虛之物反而可以成為事實，但昨天的一件小事建基於我們同個宇宙的第五維度，有一定的"真實性"，因為是同宇宙內的事，並不屬於"至虛"，所以我們想讓自己昨天沒有吃麵的願望成為事實的念頭，就只能永遠落空了，因為事不至虛反無以為實也！

35. 答案五

　　西洋占星第八宮對應天蠍座講生死性慾遺產等！為甚麼要是第8宮？為甚麼要是生死性慾一起講？這性慾與生死又有何關係呢？純粹一個巧合嗎？性愛自然通過陰陽交合孕育生命，這個維度或者講今生的生正好等如另一維度或者前生之結束死亡！況且，陰陽二體交合本身就意味著生死交滙等如慾望，比如說關於性愛的慾仙慾死生不如死，甚至英語在高潮上時喊出的 killing me 等，這些都不是巧合的！所以又有人認為未經歷徹底的性愛就談不上經歷了大生大死。再者，性愛與生死同樣地也蒙上了一份神秘色彩。陰陽交滙之處都常就是所有私密曝光最易之時，不宜直觀也！以上文字，諸君請細玩味之！

　　那麼甚麼又是 8 呢？阿拉伯數目字的 8 等如兩個 0 之交融交滙或者說交溝亦無妨，那麼 0 又代表甚麼？代表虛與無！而兩個 0 呢？虛中之虛無中之無反而為至實大有，所以阿拉伯數目字 8 就是至實大有之處！記得我們的陰陽二圓方圓運動嗎？每個圓都要划出一份 45 度之三角形，這四十五度剛好又為 360 度之 8 份之 1！而陰陽二圓交滙本身經已代表了一層交媾之意，而方圓互融互成又有一層交溝之意，要知西方跟東方一樣圓皆代表男比如乾金屬圓為老父，西方之天屬圓又有父親之意，至於陰坤屬為方屬母跟西方地為方為母之意如出一徹，這又是第二層交媾之意。

以上文字又轉過來反證不同維度之圓皆為開圓而不是閉圓，跟圓學串佛珠理論一致。何解呢？若果各維度真的封閉而不互通，那麼便肯定不會有因男女陰陽交媾而誕生新生命之現像！各維度之共存並相互交織看似遠在天邊實則就在身邊，這與我們圓學串佛珠的理論不是一致嗎？日常生活上的二維光平面和一維綫之黑暗不是無日無之不在我們身邊嗎？而科學界不也證明了圓學認為的五六維暗能量與暗物質無時無刻都不與我們擦身而過嗎？另外，這也側面證明了不要安於逸樂或閉門造車或閉關鎖國保護主義，這些非常手段都只得在非常時期才能用！因為以上種種有於將自己封於一個自滿的閉圓，但閉圓沒有與外界形成遁環或者叫陰陽交滙，久而久之便被邊緣虛無化了，這樣講本身屬於一個自為實在的我們三維人類世界亦可以因某些心靈不肯承認與接納其它維度而反被孤立虛無化了，最後至實反成至虛！

那麼這於我們的生活或者講昇華境界維度又有甚麼好處呢？有的，叮嚀我們好好享受生活自然而然的生活，即虛實維合，而達致一個和諧的平諧！即是以圓力將虛實這對原先共源共圓心之兩點拉上補下的引到一同一個圓周上融滙一起。具體的講，以己為主以外界為輔，比如不要盲從外界而信，而是要經過自己思考再吸取外界有益的建議而融為己物！在生活上要好好生活亦即是使這個世界更美好和諧，意識上科技上發展了，潛意識和良心上也要跟得上並且相互輔助相互制約，比如現在世界文明一點有錢和高科技一點了，一百年前想也不敢想的全球扶貧就必須擺上日程便自發努力完成之，否則世界必生禍患！這些一切都需要愛與捨，心態上也要拿得起放得下。

不同維度怎樣提昇過渡，又怎樣免除所謂輪迴呢？其實極虛反而極實，我們認為身邊周圍跟夜空一樣虛空，但卻蘊藏極深，只是維度所限我們看不見摸不著感覺不到而已！既然一切俱備，那肯定只欠東風了！這是對的，就像一場盛宴已經擺在眼前一泉甘露在君腳下，只差閣下參加不參加喝還是不喝而已！佛家所謂明明白白一條路，萬萬千千不肯修！我從何肯定？從圓學陰陽對立中而明證之。即是說，只要我們開悟，明白道法自然，並不執著於三維世界，那麼圓寂後就不會被圍鎖束縛在這個世界，我們能感受到甚麼境界維度自然就能去到甚麼境界和維度！

那麼，我們現實的小小三維世界重要還是其它各維度與各平行宇宙之無限總和重要！由於我們身處現在"當時得令"的第三維度，我們甚至可以說對人類自身來說這個小小三維堆比面限維度無限宇宙之總和更重要，因為三維此時為陽而彼為陰虛故也！我們既然處身這個世界，那麼首先的課題當然是這個世界本身，這亦稱為陽實也；至於其它無限宇宙維度之陰虛，當我們在三維陽實世界無時無之所遇到的矛盾平行不了時，就要自然而然的運用大宇宙陰虛之理去平行之，這里真確乎有個一先一後的次序！

由先前文章的圓學模型推導出第四維度為圓平面，五維度之過去為立體圓球，六七維度之將來為無數個相交之立體圓球！那麼，我們便明白到要到將來，首先要先到過去，跨過過去才可能邁可將來，這明明白白是一層因果關係，好比我們十年前種了這棵樹，現在它才有可能長到十歲那麼大，再過五年它才有可能十五歲，這就是因果關係，因果生善惡，這再都由引力主宰！這理論與道家無為而至與佛家無法相契合也！

36. 答案六

道佛經典告訴我們凡事要自然而然隨緣不要強求天地造化自然有功，而造化沉靜卻默運天地，任何歷史上人事或是自然上的大潮流幾乎無不是造化自然默運之果！

以上當然是至理，但世上隨佛道之外就別無它理嗎？非也！天主教督東正猶太印度錫克甚至穆斯林等都有其理，所以延續千百年至今。你也可以說以上同是宗教，只要是正派宗教必然有相同之處，即使有差異也幾本上是異工而同工，真正的矛盾倒反少，除非一神論宗教或者派系之宗等……但以上矛盾雖確真實也並不是至理，所以大體上各宗教間教義還是相似性強的。那麼，儒墨法家又如何？這些都不是宗教，可卻一樣流存千年！我們要相信，事物既然存在就一定有其價值原因。

不錯，佛道指出的造化之功確可信是天地至偉之力，關乎萬物陰陽生長！可根據圓學之完美圓率定論，任何事物即使至偉之物也不會是完美的，因為一有陰陽制約，二來圓是沒有完的圓率的，每個圓多少有點缺點，比如幾條曲率不完美甚至小穿小破！大自然造化是至偉之力不假，如果以圓類比那造化這個圓一定是極其偉大而且近乎完美！但請注意，是極偉大而沒有最偉大；是近乎完美並沒有絕對完美。當不完美處就如破網爛牆的小孔一樣，我們不修不補，根據陰陽定律和串佛珠理論，事物因沒有停頓永恆不息所以沒有止盡，既然沒有止盡沒有終點，當然也沒有起點，所謂無始無終者也！無始無終表然導向終極的沒有因果所以無善惡，這是無限平行宇宙和上帝之部份，且按下後表。

既然即使造化無聲自然無功而至功為而不恃生而不有這股至偉之力仍然會遇到矛盾，所謂所有的建設都會導致破壞，同理可推大自然之偉大之建設亦必致破壞，只是破壞小一點慢一點而已，而我們三維現世甚至四五六七高維這宇宙內必然都會遇到這個相似的問題，大家的課題都是怎樣去及時修補這個破孔，使千里之堤不致崩於蟻穴。不然的話，我們都這個三維世界來走一趟又是為何物？真的只為了到此一遊嗎！

那麼，具體的情況會是如何呢？人類努力觀察自然造化之功簡中之理，而隨這一道理處世為人，這便是至偉之成就，但凡事都有陰陽虛實對立矛盾，大千平行宇宙也逃不出此理，更何況我們"小小的"三維世界！再比如自然之力能長作豐富的農作物和金光閃閃的金子，但農作物依然要靠人去種植和收成，金子依然要靠人去煉，煉金術亦是宇宙至理，自然並不能代替"人工"去種植和收成甚至練金！又比如偉大造化自然給了我們各種各樣的建屋材料，但我們不可能穴居山洞雙手合甚就可祈求自然"變"一間房屋出來給我們，房屋依然得"人工"去建設！另一方面，自然孕育了萬物，但同樣地自然也會生天災，當天災這種特殊情況來襲時，動人救人的仍然是我們"人類的人工行為"！當然，自然建設之力至偉，我們必須從中參悟，但矛盾破壞亦因此而出，我們也要學習如何去修補這個矛盾，這是人類乃是多維生物的共同課題！當然，若果我們能馭自然之力無為而為，那麼修補隨之而成的破壞也是或遲或早的事。正如道家所言：兵者乃凶器，聖人"不得已"而用之。又比如國家需然專心建設，但有時仍然無可奈何的要"一戰"以求和平！試想在六十年代初的非常時候若果我們不去出擊應戰，現在怕是整個西藏甚至西部江山也不保了！同理，沉默是我們必須之課，話多當然不好，但必要時不得不說，再者言語也是三維世界的"特產"，生為三維世界人類而永遠不說話的，怕且只有啞巴或心理極不健全之人了！當然，沉默的至人自有心寸何時該說話，不鳴則已，一鳴驚人即是此理。

　　總的來說，我們先要排除外部雜音，靜靜傾聽內心聲音，讀懂自己理解自己，然後就自然會沉默做事話不多了，而沉默之人才不致於被自己噪音遮蔽而聽不到別人聲音和自己內心思考的聲音。即是說，我們只要能夠心靜靜聽了解自己，才可以以沉默的態度傾聽他人的重要訊息，最後掌控局面！就像稱職的聽人告解的神父一樣。

　　很多人也認為上帝至善的，但根據圓學上帝必然是掌管無數平行宇宙的幾乎至高之生命！記得平行宇宙因為與我們虛陽逆陽而反可使至虛之想像成為現實的可能，還有第一層的平行宇宙可能只是主宰將來而受引力和因果制約的；然而第二層甚至更外層平行宇宙必不受引力約束了，零維本身就有不受引力約束的部份。既然上帝掌控這種種，我們可以推導出上帝幾乎是無善無惡不受因果引力制約的。何謂至善，有善就會有惡，儒家仁義之說衍生善惡，道家莊子因此批評之，說出有了道德自然就不存在所謂仁義善惡，所謂聖人生而大盜起已！但是，若果不先有仁義，我們又何來破除引義之念而無仁義呢？不先有聖人大盜，我們又怎麼去追求無聖人和大盜之世界呢？凡事都有一個過程。過程存在之全部意義只有兩個：生出矛盾和解決矛盾！卡通之物亦是這個道理，對於我們幻想出的卡通人物我應為是有的，在遙遠又極近之平行宇宙處，或者直白的說就在我們自己腦海的幻虛世界裡！大虛至實，所以我認為卡通人物確有，但我們將自己世界之"真實"法則加諸於卡通人物身上，比如蠟筆小生有父母生出日本國而且也和我們一樣要吃飯，平行宇宙或者說虛幻空間裡的小生是不會吃飯的也無甚麼所謂父母六親的，因為這些都不是至虛，所以反成不了至實！而小生的故事真是由我們而寫嗎？我們又怎麼知道不是小生在編我們現世人類的故事呢？要知道大家都是各屬各自的平行宇宙，並沒有從屬關係，若有從屬關係，小生就顯得不虛所以又不實了！正如莊子所說怎知道是蝴蝶夢見我還是我夢見蝶呢？真是至理名言！再者，小生的外表真的是這麼可愛嗎？圓學告訴大家，我們必須破除外表法相這個觀念，比如說你認為四五維生物"眼中的"我們，真的跟我們家人朋友等人類眼中的我們"一個模樣"嗎？肯定不一樣，那麼平行宇宙的卡通小生"眼中的"我們，或者說我們眼中的小生們會跟電視上的一樣嗎？不一樣，電視上書本上的小生已經被我們人為的拉入本不屬於他們的二維平面世界，而真正虛幻世界平行宇宙中的他們我們人類肉眼是"看不見的"，我們能"看很見的"只有腦裡一沫泡影而已！我們肉眼是承受不了他們"赤裸顯現的"，承受不了的原因很多，其中一兩條就是邪惡性和飄忽幻性，致使我們必須將他們"披上美麗的三維世界善意法則比如語言倫理六親和可愛個性"和"色彩繽紛的二維世界平面"，使"小生們"成為童話故事一般的美好，我們人眼才能直視！好比我們不能直視太陽光除非隔數以億計的公里和大氣層必要時還要加上太陽眼鏡！

當然，以現世三維去觀四維已經比較"虛"了，更不消說更高的五六七維甚至平行宇宙的"風土人情物種形態"，只有駕馭著這些宇宙群的上帝們或者瘋子們才敢說自己的推算有一半以上的把握，所以任何時候都不要心頭虛高，或者說若果有人堅稱自己等如上帝的話，如果他再不迷途知返，那麼他離瘋子就不遠了！作為一個渴望擁有平常心的平凡人，我當然不敢斷定以上推想，再者，誇張一點說，誰又知道掌控著一批平行宇宙的上帝們興許"興之所致"又創造了一個全新宇宙，它包含了我們人類所幻想出的卡通人物的所有特質例如悟空的超級撒亞人狀態龜波氣功、叮噹的百寶袋隨意門、甚至蠟筆小新的可愛卡通外表等，在此之上又"可愛地"加上二維平面世界之視角甚至是我們三維世界的人情世故生物特徵比如吃喝拉撒等……總之，就是既不受光與重力的制約又具有受光與重力制約之生命的"特徵"！然而，這只是童話故事式的善良版本的平行宇宙，上帝們太高太遠，祂們"高大"到甚至不可能細察到我們這些渺小生物所謂的善惡問題，就如可我們不會理解細菌們的"心情"一樣！

那麼，於我們三維人類來說，善的對面就是惡，上帝所創造的或者說是祂"身體上其中一部份"的平行宇宙對於祂來說沒有甚麼異樣，可對我們渺少一類來說可能就是窮兇極惡之物了，比如血猩屠殺奸淫虐待敗壞綱常甚至變態邪惡的"上帝臉面"等等……只要你想得出甚乎你想像不出的也可以隨時奉上！怪不得古往今來很多書本談及一些人間智者與高靈生物見了面或者說有了接觸以後，立馬就瘋掉了！正常有一點點榮慾心得失心畏懼心廉恥心的人，誰經得起這般折磨！我讀的書少，更遑論博覽群書，自知才疏學淺，這些情節道理自然不是依我智慧推想出來的，而是圓形這個符號學問給世人之警示而已！任誰只要用心去了解圓學，思索的都應該比我更深更多。

再思想以上問題，這世上除了高維上帝以外，又有誰可以既有意識潛意識又完全抹去榮慾心得失心畏懼心廉恥心甚至喪心和良心的呢？大抵可能只有徹徹底底的瘋子了！怪不得那些接受挑戰的智者哲人們一個個都命喪黃泉或者落得個瘋子下場了！那麼，又一個問題來了，瘋子豈不是超凡入仙近似上帝？自然不是！據圓學道學至實反虛大直而屈，瘋子是不僅不超凡入聖，而簡直淪為惡魔的玩物，從來至尊與至卑都只是一綫之差！再者，圓學亦告訴我們，沒有失就沒有得反之亦然，沒有實也就連虛也會丟了，瘋子從精神上來解釋就是不計代價的逃避現實而不是經歷它領悟它，甚至他們還一頭沖進虛幻世界裡，最後淪為玩物，虛實皆不可得！再者，道教提倡的破除對立解立，亦即最終的破除陰陽之速縛，佛教則提倡一切皆空，同為至理，圓學則說圓縮為點，點則無有，無有自然包羅萬有無不有也，前提是你要經歷並"體悟"一切東西，那麼你自然會明白零維無有怎樣去包羅無數億兆世界！

亦即是說，當你真的"領悟"所有的時候，也就是無有領悟之境，無有而無不有，無不有亦即無有！圓下可作點為零，上可達無上複雜之無數盡平行宇宙多維體曼陀羅若有似無模式。當你體悟到無有之時，就是真正去除所有束縛包括陰陽而感悟到自身之無遠弗屆"胸懷"所有，這就是最接近上帝之狀態！然而，面對現實，這不是三維人類應該追求之境，我們應該簡單的自然而然的活著抱有一顆平常心即可！

無知者無畏，我胸中真的有千萬言十萬篇可以再寫出來，可這非但不能證明我的智慧；反而證明了我的無知而已！言乃糟糠，又比如金子身上附著的礦土，當然越少越好，但是我們學習領悟的時候也就是積累糟糠的時候，我寫的多當然證明我學的多更證明了我的無知！自然如斯偉大，億萬字也不能盡其盡述，想像一下卻有一個黃毛小子不知好歹的走出來宣稱自己學會兩萬個字而沾沾自喜，這樣只是證明了他不懂的字比億萬更多而已！而且，道盡自然不只億萬言，他卻偏偏坐在被這渺少的兩萬言作成的圓井之底而自傲，這無異井蛙觀天！虛實之思考間，使我想起近幾天作的一個比較有趣的夢，夢中我在高處望到地下小山頭或者土崗，夢裡指出是南韓的土地，上面居住了數百戶原住民，卻被上千名猶太人搬來的一幅巨型基督畫像"佔領了"，畫像面積比足球場更大！不錯，是猶太人搬出"耶穌像"，因為我夢中只有一個閃念，這是耶穌像嗎？醒來我又想著，總不可能是上帝耶和華吧！反正，這就是一副基督天主教聖像。解夢至少應該循幾個原則，第一是從夢者個人尊屬角度出發去思考，第二 simple is the best，用解單的方法就能使夢者滿意並能幫助到他心理健康成長的，就絕不用複雜方法，第三以幫助夢者了解心底自己並改善其心態為目的，第四無限可能不對任何理論和方法學問有任何成見！解的雖然是夢，但我們不能直接潛入去，否則只要淪入無底深淵，反而我們應該一心一意幫助夢者了解並打開自己心鎖，這樣夢反而就解出來了！我造的這個夢雖涉及宗教之大夢，但這並不顯示我有任何過人之處，做過這種夢的人不在少數，反而我認為這個夢對我的做人心理態度是一個及時且有功效的警示，僅此而已！一如金書圓學，我寫出來就是生產垃圾的過程，這偉大之處也不過是一定程度上的舒緩個人內心繃緊的情緒而已！當然，我希望有三五十個人不妨可以抽空一看，看一看可不可以從這垃圾堆裡找出一些錯誤的范例，作反面教材，而使自己人生或心理上少走一點歧路，這樣就於願足矣！

37. 答案七

　　上一篇我們談到了關於平行宇宙的問題，由於平行宇宙或者至少是更外圍"距我們更遠"的平行宇宙群確實不受引力制約，無引力自然無過去現在將來之次序，更談不上甚麼道德和因果，也遑論那些於建基於我們"小小的"三維人類文明世界而確立的善惡！在這裡要補充一下，本人無意貶低現在法律，但凡是存在的都必有其原因；或者這樣說，如果我們不經歷善惡法律的束縛制約，最終又怎麼有可能談得上超越它們呢！至於以上所談及的引力與過去將來的問題在之前的圓學文章就詳細地論證過它們之間的關聯性了。

眾所周知，上帝們必然"掌控著"平行宇宙，我們現世所提倡的善惡雖然對我們至為實在，但一旦上升到平行宇宙或者上帝的概念，這又有點微不足道了，好比世界各國的元首們是無可能知道我們在睡覺中講了一句粗口的，他們也不會在乎這些。另外，我本人亦相信上帝是至善的，因為至善所以同時亦至惡，這也並不是說祂故意"玩弄情感"，而是說祂超然物外，"眼中"跟本沒有善惡之分！再者，根據串佛珠理論和陰陽理論，如果我們這個宇宙為實為陽的；那麼必然至少有個相對應為虛的陰的跟我們完全不一樣的別個宇宙，好比金書背後一實一虛兩個圓交滙交融一樣！

這樣說，我們凡人當然不可能直面上帝或者直面祂的至喻！這好比肉眼不能真視太陽一樣，太陽光本身亦無善無惡無建設無破壞，但經過數以億計的距離和大氣層甚至太陽眼鏡遮陽傘的"洗滌"後，才能成為於我們"有益"的陽光！正如先篇所提到的屬於平行宇宙幻像卡通亦是"添加了"二維三維之世俗之物比如圖畫平面和風俗人情甚至佻皮可愛和禮義道德，這樣才成為我們人類眼中的"有益可喜之物"！然而，凡事皆有正反兩面，以上這些於我們"有益"的元素，也正是我們的執迷與偏見甚至說有色眼鏡，不少至聖至理都提倡我們最後必須去除之！但這得講求法度和過程，不是一蹴而就的。傾聽內心和自然而然天人合一無法相等亦可謂殊途而同歸，而上文也有圓學之辯證法！

跳過我們現世宇宙中各個維度直面上帝，直接破除陰陽對立是多麼偉大的成就！但正如上文所言，這同時又是非常危除的事，而致於世上敢於挑戰之人最後不是死就是失常了，無一倖免！這用圓學形像來講又該怎麼去形容呢？這恰恰好比將我們三維度的這粒佛珠直接從我們這裡宇宙佛珠串中抽離出來，然後任它在平行宇宙中橫飛直撞，並試圖與上帝平視之，這就是圓圈脫離自身鍊狀循環之危險，好比將一瘋子從精神病院抽出直接推進核彈發射室一樣道理。

上帝是造物主？上帝創造了自然，還是自然造就了上帝？陰陽學圓學告訴我們兩者同時皆可，至大至小至遠至近至實至虛本身就是互相連通的，好比圓圈正面和背面沒有絕對，只視乎你站在甚麼方向角度觀看而已！然而，萬能論是不存在的，因為萬能論本身就存在終極終點，並不適合於最高陰陽原則，而且圓學也推導出任憑誰也不能改變我們的過去，包括上帝們！既然祂們不能改變我們過去，又或者說在祂們"眼中"我們宇宙本身就雖實又虛，既然虛無了又何來"改造"呢？又或者這樣講，上帝們真確乎"創造"出了不同宇宙，包括我們的大自然，但凡事皆冥冥中服從於陰陽，大自然被上帝創造後，就自己走自己的路了，因為自然造化也有其矛盾處雖要解決！而且，若果完全一切都死板的由上帝"所造"，那麼我們人類的"過去"也理論上一樣可以被"改造"！

究竟有沒有上帝呢？兩個人站在大海前，一個無神論一個信仰者，無神論者對著虛空大呼"並沒有神！"，而信仰者亦同時大呼"確有乎神"！根據圓學陰陽凡事沒有絕對對錯，兩個都是對的，必須都同是對的，並且因為大家都對所以對方也就都錯了！至實至虛本同一物，虛空中有上帝或者虛空中無一物，對於我們人類來說確實兩者都可以並存，但同一樣的問題高維生物並不會用低維方式這樣去思考，祂們可能自然自得的當起神來！然而，倒有一點我可以肯定的，就是對於祂們自己來說，自己並無所謂有無，既有且無既無且有，有時候用起這個態度對待人生，難道不起神奇的效果嗎？我們需要的就是這二者並存的精神狀態，人若有這有無同存的精神狀態，就已經實現了無盡的昇華！不論有神無神甚至有我無我，大家能忽視這股至偉之力嗎？

38. 答案八

我已寫了將近十萬言四十篇的圓學，這並不證明我的學問和參悟有多高；反而證明了自己是多麼材疏學淺，多麼執迷不悟！那麼大家不禁會疑惑，既然你認為寫作不但沒有幫助，反而越寫越糟，為何閣下還要作此無病呻吟，還反因呻吟而惹禍咎呢！當然，於至人而言，任何寫作語言幾乎也是多餘的，因為他們的參悟真正發自心底，並且發諸行為，乃至無為而大有為！但是，這世界畢竟真人少而偽人多，我自然也是其中一名，偽人乃是要依賴寫作文字等東西治愈釋除內心之煩惱與困惑，就好比煉金程序一樣排除雜質，又好比吃飯一樣我們只吸收小量精華同時以糞尿汗等形式排出巨量廢物，至於這些雜質和廢物就是寫本文字或者言語。大家若有閑情餘時看一看圓學文章，請不要只顧字面意思，要一篇一篇順序的看，看其中的過程和意義。正如我們不會去吃人家排下的糞便，但我們卻可以觀察他們吃甚麼東西，吸收消化怎樣，身體狀況怎樣，排便狀況又怎樣反映出他的健康等⋯⋯

上幾篇我們已經論述了上帝之至虛為實之物，我認為上帝不能被證明，祂之不可證明性恰恰是因為祂所具有之至虛之性，至虛反而實至偉，若果一些可以被我們較簡便"偵察"出來的靈，祂們便又是相對層次低一點了，因為這些靈未達至虛之境，用串佛珠理論更可以具體參悟之！再者，何為至虛？至虛者至遠也至大也至無束縛也！為何我們所或許能"解察"到的靈反而不那麼"實"或者說不那麼偉大呢？因為離我們不夠遠自然不夠大而且還受一些束縛！

承上篇，上帝或者平行宇宙有至善亦自然有至惡之版本，但要注意，所謂至善至惡都是我們人類的成見而已，好比我們幾乎每個人都會帶成一只名叫善惡的有色眼鏡，高維度生物或者上帝都是沒有這副眼鏡的，那這樣明白嗎？上帝不會伸張正義去為善；更不會為虎作倀去為惡，所以至佛道都要我們無相無己，既然無己就自然沒有善惡，而且活得自然而自得！比如上帝，這裡先假定有上帝，我堅信之，但卻不能用現世知識去驗證之，祂肯定活得自然而自得，而且超然於一切，與道圓和陰陽並存，重點在于祂肯定比這世上的人更沒有善惡之辨！

那為甚麼上帝一定要不斷某意義上的涅槃而重生而且還在不斷進步，祂或祂們不是已經處於至高之界了嗎？因為陰陽法則，上帝就是陰陽本身，有人稱之為佛，有人稱為耶和華，甚至有人稱之為道，更荒唐的是我稱之為圓！甚麼？圓！對，圓有別於道的概念就是圓具有形像性，是一個符號，還可以因應這個圖型符號造出各種各類定理運動法則和公式！還有，圓有偽裝性，它可以不斷調整弧度成為橢圓或蛋型，它甚至可以縮成一點而化於無形，也可以幻化出最複雜之曼陀羅立體平行宇宙模型似動非動似有若無之模型！另外，加上時間它就變成方，分開兩半成了半圓波浪，還有因陰陽二圓五行方圓運動等等而化出的其它圖形包括圓柱形。還有，圓本身亦是陰陽二字的"具像化"。

關於方才物理上的至遠至近至大至小至虛至實之論，其實同樣適用於心理，人們普遍認為理性物理與感性之心理完全對立！可別忘了，完全對立亦代表了互補相通！試舉一例，人們經常眼紅身邊的發財朋友，其實他身邊朋友可能至只是發了一兩千萬財；可面對真正之超級富豪人們卻沒有眼紅之心，幾乎完全沒有！這不像我們能偵察到靈並認為祂們是真實存在的，還可能寄藏於我們的潛意識之間！可當真正談論起上帝的當兒，他們又反而對上帝毫無感受，認為根本是宗教經典上子虛烏有之事！不錯，第四五維度生物反而人類更有機會去"偵察其之存在"；反而上帝乃至虛反實之物，倒不能被人類以理性科學物理等手段去偵察，至虛反實之物反而只能用感性心理去信仰之！

上幾篇談及平行宇宙，比如說卡通故事就是我們腦海裡虛構之物，此等事物反而有可能存在平行宇宙，然而人類卻不能"直視"之，不得不"粉飾"上二維平面視覺，三維人類特有之風土人情道德倫理科學知性見解比如小新和小丸子都生於三維世界日本這一國度，而且分別是童男童女，與其它日本小孩生活沒有甚麼分別都有家人都要上學都愛玩，可能還有屬於四五維生物之精神和潛意識，小新小丸子都會造夢和發白日夢！我們心理上不能"直視"自己之虛覺，因為我們不具有其它平行宇宙"生物"之"視覺"，有點像小新永遠不會見到和認識小丸子一樣，也有點像我們肉眼不能直視陽光，必須"加上大氣層幾億公里之距離甚至有時還需要太陽眼鏡"！然而，幻像平面宇宙沒有仁義善惡之分，一如陽光可以破壞也可以建樹一樣！我們之所以不能直視大千平行宇宙，與其說我們沒有它們生物的"視覺感覺"，還不如說我們心裡意念上實在有太多的鎖鏈！所以，關於上幾篇所提及的，上帝會不會混用各種宇宙的束縛或者"特質"去創造一個全新的宇宙出來？這個問題毫無意義，雖然我個人傾向於否定的答案，但哲理佛道圓學告戒我們，不要懷有是非對錯有無可否之心，這高明的哲理，在這條問題上便大派用場了。

關於上帝，我們說是至虛反實大虛大實之物，有點太虛的感覺！這樣說來，上帝與虛想中的卡通世界都是虛物，那兩者有甚麼分別哩？分別在於束縛！我們凡人的視角觀點是擁有，比如擁有身體美顏金錢名利等；然而至高之至理的"眼中"這些都是束縛，屬於三維世界的束縛！當你去除所有宇宙的束縛之時，你便真正的擁有所有宇宙了！平行宇宙的幻像是確實而有束縛的，所以未必比我們高等，亦未必比我們低等，只不過是我們並不知道它們所受之束縛為何物而已！然而，我們知道自己宇宙的束縛之物，比如平面立體光明黑暗等，又或者說四理上的四種作用力，又或者說七情六慾六根！上帝就是完全沒有束縛之物，完全沒有便是完全擁有！

做個譬如，假設只存在 26 個平行宇宙，將它們名為 A 至 Z。假設我們這個宇宙為 G，現在這 26 個宇宙都均勻分佈在一個平面上，將大家分隔之以高牆築成的邊界，26 個宇宙大家都不能確切在物理科學上證明大家的存在，因為大家都被不同的束縛或者說是作用力制約著，比如說在我們這個宇宙 G 上有效的四種或五種作用力，在其它宇宙就未必有效甚至無效了。或者比如說每個宇宙都被四至五種作用力束縛著，總共有一百多種作用力束縛著這廿六個宇宙，這樣來說，由於宇宙 B 與我們所受的作用力完全不同，那麼它對我們這個宇宙 G 上的生物來說，便是幻想之虛物。然而，上帝是超然的，無我無己無念的概念，完全不受這假設上的百多種作用力的束縛，那麼祂便可以逍遙自在的"遊走在這 26 個宇宙之間而達致無所大在大虛大實至虛反實"之境界！此乃無有而無不有。

至於，人們經常懊惱的，為甚麼我過去這麼選擇這麼做，如果可以再來一次就好了這些我們所執迷的甚至自欺欺人的認為真的可以重來一遍的念頭，真是至虛至妄之物，同一宇宙內，或者說我們這個宇宙內統領過去的一維世界和五維世界是完全不同能逆轉和改變的，執著於此等虛念，倒不如去幻想卡通漫畫有天會"成真"，那還真的還有點可能！你怎麼知道卡通人物們就不會存在於於某一個或遠或近的宇宙呢？

至於造人，我們都記得之前的文章裡提及過圓的年輪，年輪好比國界和世俗規則，我們生來有之，畢竟我們不是神！那麼，在現實生活上既生來有之就算了，要自然而然，不要再在此等"界綫"上築起高牆，比如國界邊的高牆只可能是戰亂時期非常之物，平時就真的不要修了！大道之簡，只要我們心裡的界綫淡化了，實際上的國界或者社會各種分界，還愁不自然而然的一一淡化嗎！這就是我們應該的處世之道，不要一味沉浸於"現實"世界中，以為除了我們就"別無它物或祂物"！但也不要妄想如上帝般超脫，那至少是人類死後之事！我們只能如圓如道如上帝般去行事，而不能將自己與以上之物等而視之！不要陷入超人聖人脫離現世之陷阱，古語有云聖人生而大盜起，現世也知超人生而怪獸起，善念生而惡念起，對立之物本是同源，唯有在源頭亦即圓點上就消弭之，就能做到擁有之，逍遙之，自在之，捨即是大得！

關於以上之點，我們又可以起一個理論，世事有如滾動之球，球在滾動就可能會破裂，所有的破裂都是由小而大由點到綫的，這些破裂就是俗世之道立矛盾在心中生根萌芽之標識。我們要做的不是如上帝般完全不出裂點，而是要在裂點生出未長大之際，就消弭之補之以圓，所謂點到即止是也！對，要用一個圓去應對一點，用點去應對點似乎不妥，好比我們衣服破了一小孔，補丁總會用比小孔處面積更大的布一樣！所以，我們首先承認自己有俗念，但只要念頭一生，就要以更大的自在平常心去消弭之一樣！這叫做球點圓補破定理。

至於圓力，我們記得對立之物比如意識潛意識都是由一圓心點同源而生的，又比如這個世界先有不公，不公就是圓心點，不公義到一定的程度，聖人和大盜這兩個本來"沒有之點"便自然而然的遊了走來，但當兩著距離圓心的長度差距過大時，災難便爆發或加劇，而能統一這兩點，使它們與圓心距離趨向相等之物便正是這個圓心，這個稱之為不公義的圓心，所謂解鈴還需繫鈴人也！但是，最完美的情況並不只於將聖人大盜或意識潛意識這些對立之物納於同一個圓的圓周上，也不是要這兩點走到同一處即重叠，而是要將這兩點的距離同時調到與半徑相等之直綫距離，這樣同源圓心與對立兩點共三點之間便組成了一個等邊三角形，在西方占星學上的和諧大三角。然而，我們也可以將之視為半圓裡的一個等邊三角，等邊三角屬火，半圓屬水，在我們易經卦爻中一個幾乎最和諧的水火既濟之卦，這便是最完美之圓力！

39. 答案九

我們可以學習上帝的行事方式，但萬不能幻想真以祂的方式去行事！我們也可以揣摩上帝的"心思"，可別妄想自己就真的擁有祂那顆"神之心"！如果沒有神之信使或先知，那麼祂亦不復存在！

承上文的 26 個宇宙和百多種力，上帝皆不受其任何束縛！其實，我們今天所擁有的都是虛幻，皆因受了三維立體世界約束而所衍生出來的一切孽障！試想，這個世界最偉之力是甚麼？上蒼給予我們的最美好的禮物又是甚麼？可以這樣說，最偉之力定然是最美好的禮物，這就是生命，就是造化，純天然自然而然的造化！而我們要做的是，只是順應造化而已；順應造化也就是我們能夠禮尚往來，回饋上蒼的最好的禮物。當然，我們既然是造物主的一部份，那麼我即是祂，祂亦即是我！造化和順應造化當然也是混而為一不能切分了。這好比陰陽，亦好比陰陽二圓，缺一不成。

順應造化又是甚麼呢？不吃不喝不性交衍生後代嗎？非也！我們既要吃亦要喝亦要性愛去衍生後代，自古以來食色性也！但當我們吃喝之時，難免就傷害了各類動物和植物之生靈；而當我們性交之時，往往熱情高脹，而打破了社會倫常或者規條，至少是破壞了心靈寧靜平行，因為私情往往站在大愛無私的愛的對立面，這點無需贅述！那麼，我們為了生存下去繁衍後代，真的是無日無之的在創造罪孽！但我也想告戒大家，不要因此而過於戚戚然，就把它看作是一陰一陽的自然矛盾對立物好了，這好比要生存就必然某程度上犯了罪咎。當然，要我們犯罪肯定不是上蒼的目的，祂的目的應該是要我們這一生去學習如何從罪咎中去學習和反醒；而學習反省之後最終極完滿的結果必須是放下是非矛盾之心，放下聖人大盜超人怪獸英雄惡魔之心，也就是放下物我彼此陰陽之心，無為而為，無極反而極樂之故！要知道上帝也是無是非善惡之心，那麼我們作奸犯科也就不算甚麼了嗎？！非也，要知道人之初性本無善無惡同時亦有善有惡，可是我們既然擁有造化賜矛之生命，那麼這一生就必然要去面對和學習人生的課題。我們最終之所以可以放下善惡之心是因為自己經歷了一些東西而從中學習，人生課題本來就是從虛與實陽與陰喜與悲愛與恨能性與感性靈與肉之間的重重矛盾之中，去學習如何掌控自己內心無諸乎內去消弭以上種種矛盾於無形，這又就是所謂圓力！要知道陰與陽都誕生於無極無有，如何可以將之和諧融滙於一圓之內是人生的課題，可能造物主本身某程度上也面對著與之類此的但是更高端的課題而已！因為，根據佛系運動和串佛珠理論，無有最高只有更高，連上蒼也不例外！而且，陰陽矛盾是不斷發生的，即使我們如何消弭，亦復重生，不在此一生此一維度的話，就可能在若干世或更高維度之上重演，永無止境，這也是世事變幻原是永恆的課題，也就是易！

以上談的 26 個宇宙只是假設大家同等級的，誰也不隸屬於大家。也可以這樣想，我們由於暫時不受其它宇宙的力約束，所以我們不會執迷其中亦不會受之束縛，並且能夠天空行空的自由聯想，但卻不能名之只有迷迷糊糊的感覺，更不要說直接呈現，因為我們還是要受這個宇宙的力和維度制約，所以連帶我們也只能"通過"二維平面和三維世界道德倫理經歷等東西去將平行宇宙之無窮迷處表達出來，而不能像上帝一樣處於無窮極樂，可以自由地以任何身份將之呈現！當然，入鄉要隨俗，上帝到訪我們的小小第三世界也不能直接為之，而只能通過先知以人類身份降臨其中以授神旨，亦即是我們內心本我潛意識的真意。神即宇宙，我們人類亦是，並且串佛珠理論之珠珠相關珠珠為一，那麼我們也就是上帝的一部份，根據圓學推出維度世界真義，上帝由於是無影無形無物無極之存在，祂到達到甚麼宇宙甚麼維度，也只能入鄉除俗的以當地生命形式去體現。上帝近乎虛無無有，但凡俗之人不懂無有即是大有，空杯可以容無限物等道理，而只盯著杯中有沒有水這個現象，一葉障目不見森林，三維世界障目，不見無窮宇宙！我們三維世界今天的各妙處，除了人工以外，所有天然美妙之物無不是造化之恩！那麼四維甚至更高維有甚麼造化之恩真的天知道它的極限囉！另外，其它平行宇宙生命也不受我們這個宇宙的四至五種力之作用和維度之限制，所以它們亦可以自由的去暢想我們的世界，當然其呈現亦要受制於它們宇宙的表達方式，所以就如莊周所說不知他在夢蝴還是蝴在夢他，我亦說不知人類創造卡通故事還是卡通人物在創造我們世界！

假如 26 個平行宇宙之間的各種力和制約在彼此之間和自身都築起面面高牆，大家隔著牆相互不見所以視對方為虛，好比夜郎自大坐井觀天寒蟬不可以語冰！這個時候，只有以無極無形式不受任何力制約而無處不在的上帝才能穿梭大家之間，或者說擁有了各平行宇宙之一切！為甚麼講不清是穿梭還是擁有？因為穿梭也好擁有也罷，都是三維人類想像出來的虛的字眼概念，這些字眼之準確概念並未真正的存在於大自然造化之中，造化總是無聲沉默無影無形無功無字甚至無語的。這又好比各宇宙為水杯或電池等物，水杯只能裝液體，電亦只能存在電池內，就好比在安卓的程式不能存在於 IOS 一個道理。好永遠是"更好"的敵人，你可以視上帝為子虛烏有，亦可以視之為全含所有，"具體"一點的例子是如果去除三維肉體束縛我們才有機會感受四五維無生老病死柴米油鹽之極樂，然而四五維對於我們世俗人來說，不亦是子虛烏有嗎？這一切全在乎感受信仰和頓悟！如果你感悟了，立馬就是先知了；如果你大徹大悟了，也就能見到自己心靈最底亦是最高處的本心，亦即上帝，精神學家喜歡稱之為本我！與本我合而為一，理論上就是歸位了，成為上帝！但這一切文字都終研是概念和推理，沒有體會頓悟，都是一文不值的垃圾！

關於夢與陰陽圓一個圓的陰陽和交匯部份甚至珠佛串圖之間的種種哲學式的比喻，在之前的編幅裡我已經提的足夠多了，在這裡就談談一點更"具體而實在"的東西吧！大家都知道夢與現實世界經常是沒有因果邏輯可言，類似於文學小說常用的意識流手法，可在這之外又包括了現實世界的視角圖像和聽覺甚至感覺！本人在書寫圓學文章的日子裡，就曾做過一個夢，夢裡夢境自我手捧著一個未知性別（好像是女）的嬰兒胎盤，亦步亦趨的走堆一間華麗而寬敞的臥室，裡面有一位正在臨盤的孕婦，我不知怎的就一手把胎盤"放"進她肚內，然後她就立馬生產了，最後自己則坐在她跟前摸著一把長大精美的未打開的傘，那磨砂的質感，簡直現實世界的感覺直接呈現！

無因果邏輯！記得我們之前的圓學文章一直探討的宇宙維度嗎？我們用圓學陰陽二圓方圓運動甚至串佛珠理論推出暗能量就是掌管過去的能量，她就是這個宇宙的最大速度，極限值就是光速平方，因為如果只是跟高速差不多，我們至多如一般意義上的低級靈魂般在"現在"的地球上無限走動，也可以從眼睛等地方某程度上進入某些人類的肉體，只有接近最大速度即光平方的物質比如量子，才有資格回到過去。至於將來，即由主宰宇宙的最大重力暗物質所掌管！所以說，我們宇宙都離不開重力的管轄，受到重力限制（當然人類太渺少而感覺不到近在身邊的至偉重力暗物質，這好比我們心理上一般只會嫉妒身邊有錢一點的富貴友人而對真正首富卻毫無感覺一樣），而重力和光速時間的直接體現就是過去現在和將來，所有一切善惡因果甚至科學上的邏輯也因此而生！而根據串佛珠理論，夢可以涉及零維和最高維，亦即是和甚它宇宙交滙交流的地方，無獨有偶的是主流科學上也承認夢與幻想是不受重力限速的，這在幻想和夢的無邏輯因果性飄忽性上得到幾近完美的驗證！由此,我們得出平行宇宙的其中一個(可能是人類能得知的唯一一個)特點就是無邏輯因果可言,至於夢或卡通的其它視像音像甚至感覺味覺就是我們這個宇宙各個維度的痕跡!從這一方面看,夢與虛想的無邏輯因果性才是涉乎平行宇宙的也是夢本身的"精華",而以上所有本宇宙的人類的所有感覺痕跡即是如肉身般的塵埃!

不要對哲理戴上有色眼鏡,科學解釋不到重力以外的平行宇宙和上帝,因上帝至虛反實之性,科學邏輯真的無能為力!然而,人類還有一條不那麼科學的階梯可以一聞上帝那股"虛無之音"和一聽那股"虛無之容",那就是哲理哲學!我從何而知?陰陽太極無極!如果沒有陰陽二圓之說,不好意思,實在沒有這樣的如果!

我們一切從無而有,已經證明了無自生有,無極自生太極!可謂人類三維世界的有和無?三維立體世界的所有六根能直接體驗的一切為有,而四維靈魂掌管現在和生長衰滅之力,五維暗能量掌管過去,六七維將來掌管過去現在的總和即將來,甚至平行宇宙的無邏輯隨機性等等一切即為"無"!當然,我們可以說是無生有,也可以說是有是在無的基礎上體現出來的!文字邏輯只是刻板式的表像,永遠體現不出事物的真理,所以有時候真的不畏執著於文字的表達。

還有,記得將來都是可變的有時甚至某程度的隨機性的嗎?圓學證明了就是零維和至高維處的暗物質受到其它平行宇宙的無因果邏輯性的影響吧!

記得一句說話嗎?仿形而不能仿神,我們試將形神想像成一粒圓球,形是外在的,為我們肉眼現在見到的他人或事物的表征;而神即為圓球體內裡的圓心,亦即偉大的人的過去的不為人知的奮鬥歷程,也可以視之為可口可樂背後的配方,我們又怎能仿到呢!

40. 小結

以下是書圓學文章時為了方便起見以胡亂捏造的所謂公式定理,完全無稽且不值一談,大家也不必較真!可是,既然有小丑的心去寫出這些東西來，那麼自己就要有當"大丑"的膽，去將它們一一羅列出來，人生如夢般滑稽浮誇甚至聒躁，若碰巧得以博君一笑，當足矣！

佛系運動理論首先要符合三要素：無法相如虛懷若谷不受這某特定維階宇由裡的生老病死的法則制約、不斷自新自滅又復生的積極的運動着（自我涅槃復生是進化的極高階運動）和藉以上兩點去吸引周邊的由近而遠的同階同維或較低維階的事物，使大家各展所長集結為一個沒有最高只有更高維階的整體！而以上三步曲皆由我以發以我為主！多麼絕妙的法理呀！

我說圓可以生出無限個等邊形，以圓心為中點，半徑為用，輕輕一掃，便得出一個底部為圓弧狀的 X 邊形，然後將之 180 度對角展開，生出另一個同等大小的 X 邊形，兩個 X 形的底部圓弧互根，一個具有適時功用的多邊形便出來了，那兩個圓弧為根部養份，使這個新的多邊形更壯實！這個運動一陰一陽，一表一里，超時與適時共存，我們姑且將之命名為方圓運動吧！圓為體為陰，方形為用為陽。

我在圓圈學首篇文中開創了兩個運動公式：佛系運動和方圓運動！一宏觀一為微觀，佛系運動有三要素：無法相即虛懷若谷開放互通、自我不斷涅槃復生從而不斷提昇進步如耶穌之復生進步和萬物歸心且帶領她們不斷共同進步不斷向上達到更高階維宇宙且沒有崖際終點永不停息！而方圓運則是以圓心為中心半徑為柄，任意划出雪糕筒狀體，然後再橫向水平衍生出一個相等的雪糕狀體，兩個雪糕狀體一陽一陰一有一無一虛一實，水平合併頭部重疊兩個圓弧互根，組成一個方形，方為用圓為體，千變萬化隨時應用！

方形 ＝ 圓形 減去 時間

總結一下我們兩篇文章共開創出四個公式定理，即佛系運動定理、方圓運動、陰陽圓定理和方圓等式！

從方圓運動可以得出一個圓隨時可以劃出一個直角三角形，不過一邊是由虛弧而非直綫所組成，而陰陽圓定理可以推出陰陽孖圓可以生出一個正方形！最後，試用立體圖像觀之，想像一支可口可樂汽水罐，上下各一圓，即陰陽兩圓者也！中間是一個方形，即陰陽孖圓肚裡誕出的那個方形，這二圓一方圍出一個汽水罐之圓筒狀！圓為金，半圓為弧似波浪作水，三角尖為火，二個三角成一方形為土，汽水罐上下二圓加中間一個拉長了的正方為長形為木（因為陰陽二圓水平上下拉出一個立體，所以自然它們肚裡的那個正方形也被上下兩端面積更大質量更大的圓拉長了！一對富有生命力的陰陽孖圓，五行自然盡在其中矣！五行缺一不可，缺一即為形殘缺而不足也！

火土金水都在同一平面上的兩個圓裡很好解釋，唯獨有木則涉及到立體圖案，陰陽二圓一上一水水平平行，而且完全重疊，二圓之間隔了一道長方形，假設二圓直徑均為 10 厘米，則二圓之間距大約 15 厘米，所以為一長 15 厘米濶 10 厘米的長方形，二圓加長方組成一個圓柱體，圓柱體非常有力量，火箭導彈子彈屋柱水桶汽水罐主體也是圓柱體的。而且，由兩個 180 度同平面左右對圓，拉成同一立體空間裡上下重疊的兩個圓，這不是一個簡單的直綫上升運動，而是一個圓靜止另一個則造螺旋上升運動！螺旋運動比直綫運動更有力量，更能代表自然界植物之生長運動，也更合乎五行中之木為風為氣騰上而無所升的情況。最後，陰陽二圓一上一下完全重疊，可各自的 45 度三角形卻並不形成一個正方形，而是兩個 45 度之頂角交接的三角形，成一交叉狀，這意味了陰陽二者有所缺有所錯位的情況了，這本身也就表達了陰陽之同中有異也！再談談五行之木，五行火土金水均基本表示地球上之死物如岩漿地殼礦物質海水水汽等，唯有木則基本可表示為有生長力有"氣"的動植萬物，死物作平面沒有氣動，生物作立面有氣動而上升騰，沒有木即沒有生物沒有生氣，陰陽二圓圓沒有木就自然組不成立面，不成立體就不能稱作三為世界宇宙，所以金木水火土五行共同組成三維世界，缺一不可！

講到這裡，我們又以圓圈學創出一個理論了：極高維度歸零維度串佛珠理論！首先，極高歸零符合大道至簡的圓圈學概念，即所有維度實乃一串佛珠，循環往返，只是極高維度至零維度這段佛珠不斷變化運動難以追摸而已！這樣理解，如果現在這串佛珠有 N 個維度，那麼第一粒與最後一粒即第 N 粒佛珠之間不斷有不知名的佛珠增生，這些不知名的佛珠，你可以稱之為第零粒、第 N+1 粒，甚至第 N+X 粒！其二，正是剛才所說的，維度越高，能力越大，慾望就自然越小，自然越入化境，這第 N+X 粒佛珠世界的無慾無求與第零粒幾乎無存在之佛珠維度的無意識慾求何其相近，大道至簡反撲歸真！其三，佛系運動和圓圈學理論指出，所有事物發展，不管處在甚麼維度，都必須不斷發展無有涯際不進則退！而且事物軌跡不該以直線無終之奔，而該以圓循環往返，周而不息！這合乎我們地球四季日月更替的道理，而我們三維地球又像佛珠串中其中一粒，與其它維度的佛珠緊緊相扣互相影響，那麼我們的大道某程度也應該能應用到幾乎所有維度上去！

再深一個層次，上文跟圓圈學有甚麼深度關係呢？陰陽圓定理，佛系運動和大乘佛系運動！佛系運動至境係通過自身無法相涅槃和引領其它等圓或小圓一起更上一層樓，而大乘佛系運動不同之處在於它吸引的不是相等圓或小圓，而是直接吸引其它可能更高維階的大圓，在自身被大圓大力量扯過去同時，又不忘初衷的深融自己的圓心點，使自己圓心點和點裡面的法界與周邊大圓圓心點和裡面法界於無形無聲無息之中融化一體而又同時相互獨立！對，當自身本圓假設 A 圓被周邊巨大 B 圓吸過去時，A 圓圓心與 B 圓圓心內之法界可以互通為一！甚麼話？圓心點內竟還有無窮天地！自己想想，宇宙大爆炸之奇點即圓心點之前是否還有無窮平行宇宙之可能性？對的！不單如此，大乘佛系運動還指出，尋找外部力量隨了從圓周外去找更大圓之外，還可在附上圓從反過來從圓心點裡與更大圓之圓心點實現心連心的互通，這樣平等互通互融，可免去被其吞噬之難！總而言之，榮格之從圓心點裡即自己內心尋找一切意義與其他試圖從圓周外廣袤世界去找意義的大師，二種方法既然異曲同工，為何不能互聯互通以達更高化境！這正是大乘佛系運動之顯義，至於隱義，無邊無涯無息無形，只有多少代人至無止境的努力探求下去可能仍無法盡得！簡而言之，大乘佛系運動之隱意，尤如方才提及那串又不同維度世界組成的佛珠一樣，看似循環一理，實則在循環中無窮生長！

總結一下，陰陽圓定理、方圓運動、方圓等式、佛系運動、極高維度歸零維度串佛珠理論和大乘佛系運動之顯義和隱義（隱義又即串佛珠理論）。另外遇有圓力，圓規腳第一重點，為甚麼我的串佛珠理論認為不同維度是一環緊扣一緊的有機體，而不是互相分割的獨立體呢？由以上文內容就可以簡單的確認串佛珠理論的正確性！三維木星永連系着更高維的歲陰，我們肉體也永遠有個高維度而且與我們自身肉體相對應的靈魂守護神，即是假設說靈魂為四五維，但凡是 N 維度的生物，假設這個 N 是四維，那這個四維生物就有零維、一維、二維、三維和四維共五個分身合成的！零維不用解釋為無極，四維為靈魂本身，三維為我們人類現在自己肉身，而二維有好多個分身如我們死前死後在親人朋友或認識自己的人的腦海裡的印象，或者我們某年某月曾接受過電視採訪，在電視屏幕上不斷重播的平面虛擬畫像！我們自己身體當然是三維有感知思維的生物，而屏幕裡那個不斷重播的虛擬的我們則是無感知思維的二維虛擬事物！不錯，一個三維的我的肉身，可以產生無數個二維的我，不論何時何地死前死後以何株種形式！那麼照推斷四維的不受時間限制的靈魂就有着無數我們三維肉身？對！對！對！比如這一秒的我下一秒的我上一秒的我，這一微秒的我下一微秒的我上一微秒的我，甚至今天的我昨天的我明天的我今年的我上年的我下年的我……這就是較高維同時包含所有相對低維度形態之金字塔理論！（塔頂是高維生命，越是搭低，越是相對無窮多的低維度生命）

從以上我們得出結論：任何 N 維的生物對於 N-1 維的生物來說，都是一個圓圈，而那個 N-1 維的小生物，就是這個圓圈上的無限個點！為甚麼不是直線而是圓圈，因為任何維度之間和自身都有關聯性和循環性，例如零和極高維度極一致而不是漸行漸遠，五行火土金水木火而不是火土金水木，我們世上萬物的生老病死再生老病死，不要單看個體的人或生物，要以整個人類或生物種的大角度去思考問題，上一代與下一代是一種延續，DNA 上的血肉上的關聯性已經是明證。這公式叫做高低維度圓圈無限點公式，當然是我開創！

此外，串佛珠理論更以陰陽圓定理和方圓運動去展示不同維度之佛珠既獨立又相交！而由於這串佛珠無始無終好像缺了一段（這也好像方圓運動中從圓中切出一個 45 度帶弧三角形），所以這時中心圓點便處若穩若現虛虛實實之狀態，這是因為沒有完整圓周？但串佛珠鏈並不是一個殘破圓周，而是一個半實半虛半陰半陽的圓周（無始無終的那一點為虛的為陰的為冥冥中更高維度之空間和零維空間），這又稱為破圓圓心一分為二之陰陽圓心現象！何解？這時這個陰陽佛珠串已有兩個圓心，一個在原本圓心為實為陽，另一個移到那段無始無終的虛線上為陰為虛，這個陰虛圓心代表更高維度向零維之間的不斷永恆前進，不斷永恆創造更高維度空間！吓，怎麼創造？以佛系運動和大乘佛系運動之多圓圓心交感互融方式去創造！這下明白為何我在之前章節不斷強調圓心的重要性了吧！這個大佛珠串半陽實半陰虛，陽實佔八分之七長，陰虛只佔八分之一，可以參考陰陽圓定理和方圓運動。然而，只佔八分之一長的陰虛段卻做長高維度至零維度的最偉大運動！

　　還有一個問題，其實我們三維不只是與二四維有交集，即使一五維甚至零維更高維與我們三維空間也是有交集的，歐州大陸上的粒子對撞機是解釋我們與五維甚至更高維之間的有力例證，零維甚至是無處不在。那我們串佛珠理論怎樣去表達這個偉大複雜而又大道至簡的理論呢？既然稱之為大一統哲學理論，總不能表達不了如此重要的現像吧！答案是這樣的，佛珠串上的佛珠一粒比一粒大，這個大不單純代表體積面積，更是代表結構複雜性多維性。所以得出，代表二維空間那粒佛珠不單與我們三維佛珠相交，其實對於二維佛珠我們三維不珠就是一個大佛珠鏈而不是單純一粒更大佛珠，這樣二維佛珠就只不過是我們三維佛珠鏈之大圓圈上的任意一個點而已！那麼我們三維又是四維大佛珠鏈圓圈上任意一點，二維就是四維大圓圈上的其中任意一個佛珠點上的一個任意點而已！通過二三四維之間關係，其它維度也就迎刃而解了，每粒佛珠對於高一維度來看就是珠，而對於低一維度來看就是一條圓圈佛珠鏈，二維有無限個一維，三維有無限個二維，四維有無限個三維，依此類推……這叫做珠中有鏈鏈中有珠層層疊叠理論。

陰陽二圓方圓運動推出金字塔頂角 52 度自然塌落的極限

　　續上段，一維直線如神香在"視覺"上是以零維點的方式儲存或限制起來的；那麼，二維平面的方式就是以線的方式儲存或限制起來的，比如我們書本上的一頁頁平面紙從側面看來就是好多條平行線緊偃一起。既然二維平面隨時可以被儲存或限制成一維線，那麼一維線就肯定具備組成二維平面的"有機"成份。想像激光橫看成二維線，直望就是刺眼的零維點！這又有如橫看成嶺側成峰，遠近高低各不同！我們不敢排除零維一維之差別就可能是觀點與角度的問題之差異而矣！但要轉換這個所謂觀點與角度，就可能得轉換維度了，比如我們三維人觀察到的一維直線，在二維平面生物眼中，這條一維線不過是一個零維點而已！對，低一維度生物自然會把同一維度的事物看低一維，假使它們具備

"觀察"能力的話！這叫做維度正比觀察定理！而以上文提到的串佛珠理論的倒立圓錐模型來看，得出的結論又成反比，即以站在二維圓圈上去觀察一維圓圈，會比站在三維圓圈上去觀察到的那個一維圓圈更大！那麼，依此理推，在我們眼中的這些平面，在二維生物的世界裡就是以線的形式出現的！我們三維世界用二維視角去看三維世界，而二維生物當是以一維視角去"看"二維世界的！甚麼？我們人類亦可以立體視覺去觀看？首先，你站在一間大屋前原地不動，請問你肉眼能看的見屋後有多少人嗎？不能！還有，如果科技足夠先進，你眼前所看到的所有事物，保證電腦系統亦可以幾乎一模一樣的在屏幕裡給你顯示出來。對！你肉眼看到的立體世界，其實就是一副副平面！同理，二維世界裡的所謂平面，都必定可以以線劃出來，不過二維生物"看"的清這些綫，而我們三維生物看不清而已！所以它們的平面世界比如卡通插圖甚至新聞畫面，總給我們一個三維立體的錯覺！為甚麼我肯定是錯覺，諸君不妨想像一下自己被人封印入去屏幕世界，那麼到時我們的"觀點"和情況就好比從牆縫裡看世界一樣！怎麼看都是一條直線！坐在屏幕前的三維世界生物看到的秀山碧水大江大河，不好意思，被封印進裡面的你是看不到的，你會就像從屏幕側邊看過去一樣，關於屏幕內容你甚麼也看不到，只看到一條線！正因為如此，我們可以簡單想像的到二維世平面都是以線的形式儲存封印起來的！

至於私事，比如選擇朋友甚至伴侶，對家人至親和朋友應該有區別嗎？對家人朋友應該有區別！選擇朋友甚至伴侶都應該有所選擇！因為這些都屬於小一點"簡單"一點的私事，對於簡單的事，圓圈學又應該以複雜一點的結構來描述之！即是第三圖的樹心年輪水裡漣漪多圓定理，至親屬於最內圓，親友又外一圓 B，普通朋友 C，國人外國人 DEF 等……

總體來說，這些無數宇宙可以分做一組組不同的陰陽團隊，有時陰隊收縮陽隊擴張，有時陰隊相對靜止不作公轉只作自轉，有時陽隊相對圍繞陰隊公轉並且自轉，而收縮得餘下其點質量卻無限大的相對看起來不公轉也不自轉，因為自轉太慢可以忽略不計！有時候奇點比較集中在內圈，這樣很好！有時卻相對集中在外圈，那麼到了某些臨界點，內圈體積在收縮的較小的宇宙反而被抽出去，圍著原本在外圈的宇宙群，繞它們做公轉運動！有時候所有這些比如體積質量甚至陰陽也隨時顛倒互換！如果，如果，我說三次如果！想像我們從對面看過去，這個無數宇宙大球體仿有一半明一半暗或者一半黑點一半白點，又或者明的白的往內收縮，由圓收做點時；暗的黑的就往外擴張成圓再成方再散逸，未了又反往裡收縮！有的黑在相對公轉有的黑又在相對靜止相對大相對小相對重相對輕相對明確清晰相對糢糊！反之亦然，陰陽黑白顛顛倒！且慢，宇宙還有自轉公轉的？！試問，在偉大的兆億宇宙運動下，我們宇宙的自轉公轉對於我們這些無限可憐微小簡單的科學儀器來說，能觀察到個屁？！那麼，我又為何如此肯定？答案是：圓學佛系運動串佛珠之理論而已！天地宇宙太極無極之真理，往往就在那麼簡單的一圈之中！當然，我們需要相當多的理論和已知事實去高度提練！試以名之？這就叫做平行宇宙多層立體曼陀羅似轉非轉運動！

怎樣去理解這個，認想想串佛珠為一個中空的圓平面，另外再加一個垂直相交的中空圓平面的串佛珠，兩兩相融結合為一，大約得出一個中空的圓球體像皮球！然後再想像旁邊多加一個大小一樣的但是實心的球，一陰一陽互補！這個是平方串佛珠陰陽模型，一虛一實而又部份相交之球好像陰陽圓運動一樣相交，這個模型千變萬化卻又融為一圓，可以最直接又精密的表達無數億兆宇宙所同組的這個大球宇宙體！要注意，我所提出的宇宙自轉公轉概念，未必可以跟地球自轉公轉方式一樣，以是以宇宙們自己特定方式去"運動和轉動"！不能簡單的將之想當然的想像為地球的轉動！

關於以上之點，我們又可以起一個理論，世事有如滾動之球，球在滾動就可能會破裂，所有的破裂都是由小而大由點到綫的，這些破裂就是俗世之道立矛盾在心中生根萌芽之標識。我們要做的不是如上帝般完全不出裂點，而是要在裂點生出未長大之際，就消弭之補之以圓，所謂點到即止是也！對，要用一個圓去應對一點，用點去應對點似乎不妥，好比我們衣服破了一小孔，補丁總會用比小孔處面積更大的布一樣！所以，我們首先承認自己有俗念，但只要念頭一生，就要以更大的自在平常心去消弭之一樣！這叫做球點圓補破定理。

至於圓力，我們記得對立之物比如意識潛意識都是由一圓心點同源而生的，又比如這個世界先有不公，不公就是圓心點，不公義到一定的程度，聖人和大盜這兩個本來"沒有之點"便自然而然的遊了走來，但當兩著距離圓心的長度差距過大時，災難便爆發或加劇，而能統一這兩點，使它們與圓心距離趨向相等之物便正是這個圓心，這個稱之為不公義的圓心，所謂解鈴還需系鈴人也！但是，最完美的情況並不只於將聖人大盜或意識潛意識這些對立之物納於同一個圓的圓周上，也不是要這兩點走到同一處即重疊，而是要將這兩點的距離同時調到與半徑相等之直綫距離，這樣同源圓心與對立兩點共三點之間便組成了一個等邊三角形，在西方占星學上的和諧大三角。然而，我們也可以將之視為半圓裡的一個等邊三角，等邊三角屬火，半圓屬水，在我們易經卦爻中一個幾乎最和諧的水火既濟之卦，這便是最完美之圓力！

大家回想一下自己有用過圓規嗎？相信每一個接受過基本教育的人都有用過。那麼，我們用圓規時是不是將腳定在圓心點上，然後把筆拉開使中心腳和筆形成一段距離，這距離就是這個圓的半徑，再者，我將筆的"第一落點"設想為這個圓周上的最重要點，這個最重要點當然是自然靈魂和潛意識了！所以，誰說圓周是沒有重點的？我們姑且將這點稱之為圓力圓規圓周之上的第一重點！總的來說，我們當然要以靈魂自然潛意識聖上為圓周的第一重點，相對應的將肉體人工意識大盜等次要點納入第一重點組成的圓周之內；而不是說要先消滅聖人自然甚至潛意識神靈等！

41. 慾與生死錯誤

慾有幾種，食慾色慾與權慾。食慾不滿足比如說餓荒挨餓就會死，所以食慾是維生之基本慾望；至於色慾，俗語所謂飽暖思淫慾，意即食慾滿足了人就會掂記住色慾；權力慾亦即雄性慾望，某種意義上就是色慾的另一種表現。

食慾通生死，色慾亦然。人們常說的愛死你了，慾仙慾死，又或者在性高潮時講的快死了，killing me！以上的話都不是巧合，而是一種定律。邏輯上來說，男女色慾使雙方交合而繁衍後代，新生命的出生就是生死的生，然而新生命在間的出生同時亦意味著"前世前生"的消亡，又或者說是暫告一段落！記住，自古以來哲學上神學上的生並不是起始死亦不是結束；只不過時新一階段的開始和舊一階段的暫告一段落而已！這個思想非常重要，與圓學亦完美契合，也證明了另外維度神鬼之存在！這與慾望有甚麼關係？記得圓等如彎等如大直反屈？這個道理在生死慾望之中亦一樣得到完美體現！

還記得一些人生過得"得意"的人經常會講一句"我並沒有犯過甚麼錯"嗎？其實，講這句的時候他就已經犯下天大過錯了！怎麼講？記得前幾篇我們從圓學推導出其實人生就是一個不段犯錯和自我反省然後謙卑感恩的過程嗎？又或者記得一句老話好就是更好的敵人嗎？又或者記得我們圓學文章之前提過的生活順意的人好比活在一個比較完美但是封閉而且隔離的死圓之內嗎？現在我們用串佛珠的角度試解釋之，比如測驗考試小學的更易得一百分，然而到了大學甚至碩士博士我們漸漸明白由於涉及的範圍更真更深更廣闊了，所以論文和人生一樣基本沒有甚麼可能得滿分一百分的！對，只有幼稚圓小學生才經常有一百分，這又好比串佛珠內每粒佛珠代表每個科目，如果你想最大可能的機會上得到滿分，那麼你必須死盯一粒佛珠一個學科而且是最簡單的那一科，那麼意味著如果你執迷於滿分就必須做到"一葉障目，不見森林"！為了一粒佛珠而放棄了整條佛珠鏈，這完美的演釋了何謂好是更好的敵人這句話。

設想靈魂潛意識為一整個圈，對應意識肉體個人的一個點！亦即是說，每個人自己的一生也只不過是世界魂潛意識這個大圓圈上的無數點中的其中一點而已！所以，所有的修行提昇維度等等方面的方式都只不過是要求我們盡量以最完美的方式體驗自己的人生而已；絕不必要要求自己去經歷其它人的歷練，比如非洲難民孤兒苦行僧又或者挑戰各種高危的特技人甚至得道高僧！要知道，我們肉眼能看得見的別人的人生經歷或生活狀態都不過是他們自己內裡心靈的一點顯現浮現而已，切忌捨本逐末，丟棄自己最寶貴的心靈感受而去盲目追逐別人外出浮現的人生經歷或狀態。我們本人自己的靈魂潛意識足足有一整個圓那麼偉大，即使讓你得到十個偉人外顯浮現出來生歷練，都只不過是十個點而已！又假設一串佛珠，裡面串著無數個的圓，亦即是無數人的心靈靈魂，那我們重中之重的工作也是夯實自己的本圓，斷不能捨棄自己本圓而去盲目追求他圓，世上的瘋狂政治浪潮或大屠殺甚至個人意義上的瘋子都是由此而生。最次強調，我們的工作就是如何使自己個人意識上的人生這個小點去完美的契合感應上靈魂潛意識這個大圓周，僅此而已！所以，專注自己內心，活在當下緬懷過去期待將來即可！

　　莊子弟子們的聖人生大盜起逐聖人釋大盜對否？這個不好講，我們也未必盡然理解。然而，圓學宗旨之一是異曲同工和而不同，怎麼講呢？其實大道對應小道，靈對肉，自然對人為，潛意識對意識等等一對對矛盾之物都可以納入同一個圓的圓周上！就比如自然對人為這兩點都由無有無極原始點而生成，先是長短不一不均，之後在圓力和諧作用之下，雖然方向位置有所不同，但都被納入同一個圓周上去！講到這裡，問題又來了，我們都知道自然之力肯定重於人為之力，肯定要強調自然之力，但圓學似乎滿足不了這個要求！非也，大家回想一下自己有用過圓規嗎？相信每一個接受過基本教育的人都有用過。那麼，我們用圓規時是不是將腳定在圓心點上，然後把筆拉開使中心腳和筆形成一段距離，這距離就是這個圓的半徑，再者，我將筆的"第一落點"設想為這個圓周上的最重要點，這個最重要點當然是自然靈魂和潛意識了！所以，誰說圓周是沒有重點的？我們姑且將這點稱之為圓力圓規圓周之上的第一重點！總的來說，我們當然要以靈魂自然潛意識聖上為圓周的第一重點，相對應的將肉體人工意識大盜等次要點納入第一重點組成的圓周之內；而不是說要先消滅聖人自然甚至潛意識神靈等！當然，這個過程肯定是痛苦漫長甚至永無涯際的，那麼對應我們的世事人生何嘗不是一步步有血有汗的痛苦修正呢！難道我們的社會世界甚至人生是因一時之消滅而重生而來的嗎？消滅只是世上重覆不斷的大圓上的其中一個或很多個點而已，消滅既不是始也不是終，而是中間痛苦血淚汗修正過程的必經之途！我們人類有史以來數千年甚至上萬年的歷史，甚至抬頭仰望星空宇宙的發展運行也無不對應著這種規律！既然出現，並且主宰，那一定有它的原因。

　　所以，在常人眼中只能夠看得見聖人對大盜靈與肉等的一對對陰陽矛盾對立物之消滅；而在於圓學的"眼中"，看到的是更微細幽玄的部份，即是一對對矛盾對立物都被圓力和諧於同一個圓周之上，從而結成了一個整圓！然而，根據圓學，圓等如點，點又等如無極無有，這正正是常人忽略了的一個至關重要之過程！總的來說，圓學圓力完美的辯證了這個問題，當然任何真理比如圓學都是默默無聲無言的，發言的就只不過是我們這些認知不全又急著名聲功名的凡夫俗子而已！

再談慾望，其實衣食住行金錢的慾望都可以對應食慾，都是實際具體所需；而權力性慾甚至名譽都是精神上的慾望；又或者大家都是由肉體和精神所組成的慾望，只不過比例有所消長而已！然而，所有慾望都被包括在這三維世界的六根紅塵之內，沒有本質上之區別。從這點上講，世俗上的聖人不比盜賊高明多少，這個不假！但是，我想強調的是對於青中壯年追求各種慾望名利的一群人來說聖人與盜賊可謂天淵之別，只是在老人和嬰兒眼中聖人和盜賊無甚區別而已，尤其是應當看破紅塵的垂死老人！那麼，為甚麼青中壯年人就不能抱有垂死老人的超然思想？若這樣講，我又想問為何各級造物主會使三維生物有幼青中壯老這幾個階段之區別，一生來就是老人不就行了？既然造物主們使萬物都有這些階段要去經歷，那就自有造化巧妙的安排！講到這裡，無非想說青中壯年的人不必強求有垂死老人應有的參悟，即使有了，也未必就完全是好事，又比如我們會希望自己 5 歲的孩子像 30 歲一樣成熟？這不現實，也不健康，更沒有甚麼值得可喜可賀的！順應時序，自然而然，坦然一生才是最合適的。

現實生活上我們總會遇到難相處又讓人頭痛的親人朋友，我們會感到非常不適和頭痛，但切記不要將眼光注意力全放在他們的缺點上，這無助於事，反而拖了自己後腿！為何？假設一般人的人生大約有一百種罪過過錯，那些極難相處的人哲學意義上來講就只不過多出了第一百零一種而已！如果我們太過將注意力放到此種罪過身上，那麼同時我們肯定也會忽略了自己身上的一百種罪過而自以為是，這其實只不過是在划一個暗暗的光環鴕鳥自欺式的遮住了自己罪過的做法而已！當然，如果我們能對他們這種本身讓我們頭痛的第一百零一種過錯"處之泰然"，此時我們的眼界心境便豁然開朗，因為呈現在我們眼前的再不單這種微小的過錯，而是基乎涵蓋全人類的百多種甚至更多的過錯！那樣，我們便會更謙兼更平常心更乎合道和禪甚至是愛與圓的至境！

最後，愛是道是禪更是圓，是靈魂和肉體最完美的互動！

42. 四十二章大雜燴

我們在較早前的圓學文章裡都提到暗物質暗能量,早在 1932 年左右,人類開始推算出或者意識到在宇宙大尺度結構上應該存在著一樣比可見物質重的多的暗物質,而附帶上的還有暗能量,這個推想經過近百年的不斷深入探索,也符合了各種科學驗證比如宇宙微波背景輻射等,已經成為了主流科學的認知!

更深一層的還有,宇宙開始之初時暗物質佔了宇宙六成三左右,然而時至今日暗物質比例已經下降至二成七左右,除而代之的是接近七成的暗能量!我們較早前圓學文章中也已經推斷過,暗能量代表五維主宰過去,而暗物質代表的是更高六甚至七維主宰將來!而宇宙之始至今暗物質一直減少而暗能量一直增加的客觀科學事實也佐證了圓學哲學所推導出來的斷語之可靠性!

科學家的暗物質暗能量不僅在我們星系中自由穿梭往來,甚至就在我們大家身邊來回往返,這不與神學的上帝佛祖就在我們身邊左右異曲同工嗎?由圓學得出暗物質暗能量主宰五六甚至七維空間掌控過去將來,那不是神又是甚麼!

然而,一個切實的問題來了,我們大家都受地心吸力的影響,所謂西瓜往大邊靠,甚至帶有負面性質又抽象一點的羊群效應等等……那麼,引力大的多的暗物質就在我們身邊穿來插去,不會輕易把我們扯成萬千碎條嗎?為甚麼我們還完好無缺?其實,這問題在之前圓學文章也已經講述過了,暗物質引力太偉大而至我們三維人類肉身感應不上,就好比我們會眼紅身邊暴富朋友而卻對遠在他方的世界富豪無甚感覺。那麼,地球引力影響我們三維肉身,而偉大的暗物質又影響了甚麼呢?答案是影響我們人類宏觀命運和將來!如何得知?渺小的地心引力影響三維肉體;那麼,相對應的主宰將來的暗物質不是影響我們將來命運還有甚麼呢?然而,將來命運是由六七維暗物質"操控"我們人類萬物一步步走過去的!我們人類還呆呆然不知所以,還以為命運在我們手,在我們三維肉身手上!更好一點的哲學家思想家以為命運掌握在靈魂潛意識手上,但靈魂潛意識是一個非常籠統概念,一切肉身以外的精神就如靈魂,意識以外的意識就叫潛意識,這確實有欠精微!圓學指導我們推導出四五六維之界限分別！不多說了，觀看我們之前的圓學文章吧！看看 $E=MC^2$ 之公式圓面積體積的公式和宇宙之四種作用力，有可能是五種作用力與圓學之間的關係吧！

另外，我們談不談性慾，很多偉大的聖哲對性慾有過多次描述，當然大多都不得其要領，更遑論我這個不學無術的人！我既不是這方面的專家，坦白講也幾乎無甚體驗，而且更加腹無半點墨，所以在這裡我就帶出幾個問題好了！不要認為我是在取巧，在如此複雜無比的原慾課題上，我們必須承認自己的渺少無知，所以提問題比答出答案更合宜一點，並且個人認為對於這個大問題的答案的提供人的人選來說，最好這"個"人選就是全人類，大家心中自有一把尺！

這幾篇圓學文章我提及過所有慾望就像串佛珠一樣一環扣一環的，是連體的而不是中斷的，既然是連體的一體的，那麼在討論性慾之時必須與其它慾望連帶一起思考討論，很多偉大哲學家思想家不得其要領之處便在於把性慾單一個挑出來談論！俗語說飽暖思淫慾，我們在映畫電影上看到的情節都是逃犯跑出來竄入一個陌生家中大吃一頓之後，就對剛回在家的女主人施以祿山之爪！這情節在現實生活中屢屢有之，可見有它的道理在，就是飽暖思淫慾！吃食物是維持生命，但人的貪性經常導致自己吃的過多，吃的多了點穿的太暖了點能量就多了，能量多了人屈著忍著就辛苦，自然會通過性慾去排解，可見食色性也這二者是連著來的孿生兒，某程度可以說是一陰一陽，而且孤陰不生獨陽不長！

然而，食慾會有變體，比如衣食住行；而性慾也會有相應的權慾名利慾作為變體，有時候我們甚至不可以強行區分各種慾望，因為"她們都是有機一體的"，至少某種程度上來說。大家都知道食慾性肉慾都是百分百肉體上的肉慾，但圓學哲學告訴我們大直為屈大假反真，同理至純之肉慾在高智慧的人類身上確乎可以轉化為至聖潔的東西的可能，比如說柏拉圓式戀愛，更甚者是圓學佛學道學耶教上的道人類的大愛！所以我們不必要一味追求聖潔，因為至極之聖潔反生淫穢；同樣也不必一味排斥淫慾，因為大自然巧奪天工的會將我們淫慾自然而然的過濾為付出貢獻的聖潔精神，這有點著發財立品，又或者說一個受眾人歡近的品行不佳的人也會因為人們的喝采讚賞而造出超乎尋常的貢獻出來。

當然，也有智慧的哲人看出個體性慾其實就是受了集體人類因生存繁衍而在潛意識中催生予個體生物眼中的一種錯覺，其實說穿了性慾為個體服務之餘，更加多的是為潛意識人類集體的傳宗接代作出貢獻！當然，個體上來說，男女二人將來的愛情結晶寶寶的靈性在母體受胎前幾個月時間內就已經作為一種能量不斷在未來父母二人之間產生相互吸引力和所應對之心境關係氣氛等，這在幾百年前確是真知焯見！

而世界上人類每人每日都上演著情慾甚至各種慾望的故事，這些事情都是造出來而不是用蒼白言語去摹描的，那麼看到這裡，希望大家都為結尾之後空白之處填上自己心目中的答案和感受，當然不是用文字而是用真實感受！論文字，大哲學家們無人能匹，但這些由大智慧堆砌出的文字在那怕是一個極為平凡人的真實感受面前都會顯得過於渺於蒼白而且無能為力！所以，請大家用心去感受吧！

總的來說，大家可見慾望就像脊骨一樣一節節的，直至通向大腦頂上的死亡去！怎麼說呢？人生來最起初是食慾或者說衣食住行仍可，因為貪念必然導致吃太飽穿太暖，而加劇了本來就有的色慾，惡性循環下色慾又太過了，對太多異性的渴求必定導致鬥爭的出要，於人來說權力慾，於動物來說是獸性雄風，權力又有那個人會嫌多？最終又會導致權利名望，假使幸運地達到權利名望的頂峰，自私惡意的貪慾算是有個止盡了，這個時候有大半的人都會開始追求"善意的無私的慾念"！甚麼可善意的無私的慾念呢？慾念不都是自私的，那來還有個慾念叫無私的？有，那就是身後千秋聲名，甚麼造福萬民的執念！然而，最可怕的是，當無私的慾念即聲望也達到頂峰時，人開始會異常空虛寂寞。有沒有弄壞，五福齊全功名蓋世兒孫滿堂甚麼福報慾念都滿足了，反而會感到一無所有的空虛？！當然，這個點因個體的人而異，但例子就擺在眼前，君不見古代多少帝皇削髮出家比如順治帝，又比如當今的馬雲先生感到高處不勝寒反而想當回一個普通的老師，再比如前美國總統托馬斯杰弗遜墓碑上刻的字等等實在不勝枚舉！在之前的圓學文章已經講述過性慾如何通向生死，那身後聲望又不就是通向生死了嗎？怪哉，像上帝一樣甚麼都捨去反而覺得內心無比充實，而甚麼都有了享盡人間榮華富貴聲望名利的權貴之仕反而每每異常空虛孤獨！

再談談夢，都知莊周夢蝶而發出感悟，不知自己與蝶孰虛孰實耶！純粹的形而上在今天這個唯物論的時代已經不能使人信服，雖然對於真理來說人們信不信服完全是無關重要的。那麼，就用唯度解釋，基於一維暗黑直綫二維平面視角三維人類觸覺四維光暗物質暗能量甚至腦海裡不受引力控制的平行宇宙的意識流幻想等等我們得知其實所有維度包括平行宇宙就是遠在天邊近在眼前的每日都在我們身邊穿來插去，這個問題我們也已經用串佛珠理論解釋過了，這裡就不贅述！然而，我們現實有的夢裡一樣不缺全都有，一維黑暗二維平面三維觸覺風土世俗人情四維光靈五六維暗物質暗能量所代表之過去將來在夢裡亦會出現，至於平行宇宙的意識流無因無果無序等東西在夢裡出現次數簡直如恆河沙數；另外，我們對夢裡的生物或某種意志更無可能精確判斷祂們說不定就是比我們更高維度之生物，比如將來之事或夢見神佛等！夢裡境像確實通常是日常所見，但我們見不到的意識流無因無果等夢之形式又何嘗就不是我們只能暗暗間接體會而不能直觀之平行宇宙之物哩！所以，即使以科學哲學各度去解釋，現實生活跟夢境誰主誰次真的還不好說呢？基於圓學陰陽圓定理，是兩者皆是亦是兩者皆不是或者可是可不是，總之而言就是不可名狀！

有易學知識的朋友不妨在腦海裡打開一副後天八卦圖，會發現有趣的是代表生長的一半是冬至後一陽生之坎一宮水再加三四碧綠木宮，最後點綴以夏至前之離九宮火氣。而這半年時間大致上也代表萬物之生長，剛好是水木二物；而夏至後一陰生之火金宮位是向下長的，直到冬至之前的坎一水宮去的！火土金之氣正好又代表萬物的秋收肅殺之氣！另外又有木火對金水之劃分方式。反而，無論怎樣劃分，我們都可以得到八卦圖的半邊黑半邊白出來，當然那對雙魚魚眼分別是夏至前之半個月和冬至前之半個月！

最後，對於維度劃分之我見，由於用圓學配合科學維度推導出六至七維就是重力的極限，而重力就是我們這個宇宙至聖之力無遠弗屆，再對上去就是脫離重力無因無果無善無惡至虛反實之平行宇宙！然而，對於重力以外的東西科學是幾乎一無所知，哲學亦只能用圓學陰陽推出個大概而已！對於這樣一片無知領域，個人認為再強去劃分維度是完全沒有意義的事！你可以說第八九十維是更高維度，又或者說祂們並不比我們暗物質暗能量的第五六維度高，只不過是大家"咁高咁大"的平行宇宙而已！

43. 維度神佛詳談

之前的圓學文章已花了大篇幅在維度話題之上，現在承接那些已有資料在這裡作深一層次的探討！由圓學串佛珠理論得出高一維度由無限個低維度組成，所以我們的三維世界隨便一個物件都可以與周圍三維物件自由搭配造出無限個二維平面，而我們雖然活在三維世界，而總不自知其實自己的視角只不過是二維平面視角而已！很多人都會發悶，那怎麼可能？我們的視覺很立體啊！盡是一些可觸可摸的東西！不錯，我們的觸覺是三維的，但視覺卻只是二維，只不過由無限的二維平面天然有機的組成，所以給了大家一個三維立體之錯覺而已！真正的三維立體"視覺"是具有穿透力的，這穿透力只可以是一些大致以光速運動的粒子的"特權"。或者更具體的說我們三維人類的視覺就是一個由無限個二維平面有機組成的"一個"三維立體世界而已！

由上文可以得出，四維生物的視覺肯定是由"無數個"三維立體世界有機組成的看似"一個"四維粒子靈魂世界！正如二維平面"生物"募描不了三維立體世界之美，我們三維人類立體世界肯定也不可能精確的去描述四維世界是如何如何的，因為超越了我們自身的感官視覺感受，亦即佛家所謂六根紅塵！不錯，就是三維立體世界的六根紅塵束縛了我們，致使大家不能"直接感受"四維世界之美！但是，圓學加上科學維度總可以推導出一個大概，比如四維生物因為不受時間限制所以幾乎一定是光速運行的，而且與我們三維立體生物的眼睛有莫大關係，所謂眼神眼神，眼是神出神入之所在也！這樣說來，植物甚至死物與四維的接觸就更渺茫了！還有，圓學特有的方式已經推導出二維對應四維與光速與現在有關；一維對應五維與暗黑和整個過去有關；零維對應更高的六維將來甚至是無因無果無善無惡的大千平行宇宙，而我們三維立體世界正好夾在中間！這裡微妙的告訴大家一個道理，做人永遠要謙卑，萬物亦然！我們可能嘲笑於二維平面的無能與愚昧甚至毫無生命，這個不用贅述了！作這裡我們又另作一生動譬喻，比如說過去的視頻是甚麼維度呢？一望可知是二維！不對，是平面二維加上過去式的暗黑一維！我們可以試著對著鏡裡的自己或其它人大聲呼喊，我相信無論用甚麼方法，直接喚醒他們前面有危險要躲避是完全沒有可能的！但要知道，我們為何看得見二維平面，那是因為二維平面"背後"是由以光速運行比我們更高一維的四維生物去運作的；而我們為甚麼又分別得出光明與黑暗，因為黑暗不是無有，所有空間都是由多種高度維度甚至平行宇宙以極其複雜同時至為簡樸的形式巧妙構成的，即使黑暗也是包羅萬象，不但包羅萬象，甚至比光明更偉大，因為一維黑暗"背後"就是由操控整個過去世界的暗能量在操盤的！暗能量理論上可以達到光的平方之宇宙極速，我們人類渺小的肉眼根本看不出來，所以只呈現一片黑暗！這有點著太過超前的天才總會被平凡人像嘲笑黑暗愚昧一樣的去嘲笑，比如達爾文先生！

還有一些呼之欲出的比黑暗更無譜更虛幻的東西嗎？有！答案就是命運！對，就是操控將來的命運，也就是暗物質，亦即宇宙至偉之引力！這個引力由於過於偉大，所吸引的不是像地心引力一樣吸引我們的肉體，而是吸引我們的心靈潛意識，使之我們做出總總決定！我們以為命運掌控在自我意識之手？我這裡形像的告訴你，我們能有多快？光速？光平方速？還是比光平方更偉大負戴著大半個宇宙重量的至偉之引力之暗物質呢？行文至此，我相信大家都明白，對於自己之命運我們人類是多麼無力呢！

還有甚麼東西比虛無飄渺的命運將來更不靠譜的嗎？那就是我們腦海裡的幻想，因為幻想不受重力制約，所以無因無果無過去將來自然無善無惡無對無錯一切皆空一切皆無！有點似夢的形式，也有點似小說裡的意識流！幻想這東西看來是讓世人最看不起之事，認為純屬子虛烏有的糟粕！可曾想到，最下殘之物竟是最偉大之平行宇宙，最接近神之領域！這不有點大道至簡無為而為的意味嗎？

再談談視覺問題，三維生物只有二維平面視覺是因為他們自身的立體肉體受制於光速，肉體無法突破甚至接近光速，所以他們總是被鎖在立體世界之內！而即使相距百米如此之近的二個三維生物在對方眼中也只能以二維平面的形式存在！形象的說，如果阿甲阿乙相距一百米，而

77

假設現在時間為 2019 年 3 月 2 日零晨零點二十八分四十秒，而阿甲即使以人極速奔向阿乙，至少也雖要零 0.01 秒吧！但不好意思的很的是，方才這一頃刻在阿甲眼中的阿乙理論上已經以光速甩開阿甲了，所以阿甲若果達不到光速，就只能以二維平面視角欣賞方才零點二十八分四十秒的阿乙，而甲現在以世間極速奔過去阿乙那裡並且與他有三維接觸比如握手的那個阿乙已經是零點二十八分四十點零零一秒的阿乙了！而四十秒正的那個阿乙呢？不好意思，被光速甩到過去的世界了，不錯，即一維直綫暗黑世界，而主宰著這個一維世界的當然是五維暗能量之過去世界！所以說二維有無數個一維組成；三維由無數二維組成；四維由無數三維組成，五維由無數四維組成；六維由無數五維組成！所以說將來是過去與現在的“總和”，有著一定必然性，以一個圓球狀整個宇宙的狀態去體現！那如何去解釋將來的不確定性呢？設想平行宇宙就是無限個圓球體，我們之宇宙與它們宇宙無數圓球相交，所以存在一定變動，但有一定規律而不是無序的變，所謂萬變不離其宗！

所以說五維過去是唯一的固定不變的；而掌控六七維將來的暗物質已經開始有變動的跡象，古時的易經卜卦就是要預測變動的將來，易本身就是日月更替是變的意思，但是日月更規自然是有序的變；但穿過了有序的變這一層之後就是無序無因無果無過去將來不受宇宙四種力包括引力制約的大千平行宇宙了！由不變的五維到萬變的平行宇宙中間確實是雖要萬變卻不離其宗的六維暗物質去作為過渡！到這裡，想及人生，又明白了為何老人經常告戒我們做事不要貪快，因為太快就如暗能量過去式的五維世界一樣沒有機會去應“變”；那麼，怎樣才能可以“變”，可以處“變”而不驚呢？那當然就只有慢了！甚麼是慢呢？越重當然越慢！甚麼是最重的呢？當然是將管將來的至偉引力暗物質了吧！其實，無論玄學易學哲理科學都與生活息息相關，有謂如果藝術失去了真實，那就不成藝術而是垃圾了。

三維因為受制於光速所以只能見到低一維的二維平面視覺；那麼二維平面本身沒有我們三維之視覺，所以它們所“見到的”就是“甚麼也見不到”，亦即是暗黑一片了！遇有別的解釋嗎？有，在平面內只有組成平面之直綫存在了，好比在立體內只有組成立體的平面存在一樣！由於立體是由平面組成的，所以隔一維度的直綫對於立體的意義尤如“幾乎"毫無意義的黑暗一樣！當然，這個黑暗反過來說就是包羅萬象的過去，只不過龜速的立體眼中，五維光平方所呈現的真的就如暗黑的直綫一樣，因為完全看不見啊！那麼，四維是光速現在，祂們也受制於自身達不到光平方之極速，所以有點好像以上阿甲阿乙的例子一樣，都不能以自身四維"視覺""見到"對方，而是以低一維度的三維立體視覺去"見到"對方！這好比現在受制於過去一樣！過去是現在之母大家容易理解；可是將來是過去與現在之母這個概念只能意會不能言傳，希望大家好好消化一下！正因為不能言傳，所以圓學已經"傾其所有"的以幾乎最完美的方式去向我們演釋這一法則！即是現在是圓周，過去是圓面積，將來是圓體積！我們想操控將來，必須由現在這個圓周"穿過"過去的圓面積直至達到圓心，然後向四面八方噴射出來，這時代表過去的圓面積平面就轉身化成代表將來的圓球體立體了！宇宙速度最大值光平方在達到過去太初之圓心點時，"速度"就無以為繼不能再上，於是傾刻間變成零速龜速但卻是至偉至重之吸引人心嚤之暗物質引力！所有的大智若愚大巧若拙甚麼金庸小說裡的玄鐵劍之道理在這裡就以科哲學的方形一一揭開其玄之又玄的面紗了吧！這有好比科學家探測到黑洞附近即使多麼快的"光速"都被"引力"吸了進去，而黑洞裡我們又只知道其"重力極重"而又似乎未有觀測到甚麼"速度"似的！這黑洞像我們圓學方才提及到的過去將來之間交滙的"圓心點"嗎？想破解黑洞或者是進去一探研究，三維人類肉身怕是難以辦到，我在這裡預言一下，我們若果要進去就只能有兩種途徑！一，從哲學玄學角度講我們必須自身化作五六維之大神；二，從科學講或者我們可以利用一些超精儀器去借助五六維的"粒子"去間接的一探究竟，當然，這也是千百年後的科學，斷不會發生在這一兩百年內！

那麼四五六七甚至平行宇宙生物又是通過甚麼影響我們的呢？現代說是潛意識中古之時說是神靈，其實我個人認為都潛意識靈魂神靈都是同一樣東西，只不過確有分層次之高低而已！從潛意識入手，潛意識就是個性意志品質，這確乎影以五六維形式影響我們過去將來之命運！比如丘比特代表愛，愛不是影響我們過去現在將來的潛意識品質嗎？觀世音代表慈悲就不用多解釋了，似是暗物質之層面，代表六七維之將來！至於如來佛之無善無惡中性原則和濕婆的亦善亦惡亦正亦邪確乎代表無因無果的至高未知之平行宇宙！當然，道家老子的無為而為還有元始天尊的不太理會人類世間事等等……真的，越高維度的神靈越不接地氣！正如總統皇帝之職能完全不會理會誰家的然昨晚丟了，誰家小孩又因為爭食而吵架等等！然而，記住異曲同工求同存異和而不同，真理雖是一個，但卻是多維度全角度的，所以解釋可以有千千萬萬種而不相排斥，各處鄉村各處例風聲習氣各有不同，但人類之本質有如神靈一樣，都是充滿以上的基本特質的，只不過是肖像衣服語言文字教條有所差別而已！再者，我們要明白人之初性本善亦性本惡，性本無善亦本無惡也！以上道理，諸君自行舉一反三，觸類旁通可矣！

44. 神是取還是捨

　　承上文維度論，我們這裡可以來個更具體的總結一下，由第一維開始！第一維度暗黑在極之遙遠之過去，我們三維肉身完全接觸不到，而且肉眼只是呈現一片黑色，不見光明；第二維度離我們近了一點，所以我們能見，第二維之光只是以光速運行，可見光譜在我們肉眼中會呈現色彩，如果一維五維光速平方就太快了所以只呈黑暗，但是因為我們遠遠未到光速，所以第二維度只可遠“觀”而不可“褻玩”，這裡我們可以設想其實一維二維本來亦是三維，只是距離我們太遠所以“在我們眼中”只能淪為一二維度了；至於三維就不用我多作介紹了；第四維度相對應第二維度，以光速運行，開始有點靈魂精靈的意味，有一點要注意的是，第二維度距離我們那麼遠而我們肉眼仍然能見，就是用為第四維度生物正在作用，是第四維度的視覺傳輸作用在向我們呈現二維平面的；至於第五維度圓學設想為光平方之宇宙極速，甚麼是宇宙極速？宇宙極速就可以為到過去原始點，達不到宇宙原始點的不夠快的速度就稱不上宇宙極速！所以暗能量由於太快速度而致使我們肉眼看不見只呈現一片漆黑，一維五維漆黑亦代表二四維度光明的過去式，而光之平方速度足以在任何時候回到宇宙起始點，另外亦可在 E=MC 平方這個偉大的公式上看到端倪，既然科哲學一陽一陰一大一小一遠一近一虛一實，那麼二者定必然存在很大程度上的可互證性，亦可以用圓力統一和諧在同一個圓周上去；至於第六七維度為宇宙至重之力暗物質，主宰將來，具體上基乎全盤操控人類的潛意識或者叫命運或者叫做萬物深層生命個性，圓學已經多次強調暗物質引力之偉大處是吸引人類萬物的潛意識靈魂去一步步走進將來，而吸引我們肉體的重力只能夠代表現在屬於第三維度！

行文至此，我們可以更簡要的概括，假設一個"生物"由極遙遠的第一維開始，"穿過逃出"第一維度之後來到相對沒有那麼遙遠的第二維度，但仍然不夠，它依然雖要再次"穿過和逃出"第二維度才能來到我們這個三維世界，"重拾"該有的三維立體體積和重量，但這仍然不夠，三維肉身太慢了，它必須要加快速度達致光速才可以進入四維世界，那意味著它現在必須捨棄三維肉身，仍然到了四維仍是不夠，它必須"加快自己速度"達致光平方的五維，這是宇宙極速！可是，現去到將來它這時速度已經不能再加了，只能重拾重力，注意這個重力不是我們三維重力，而是宇宙至偉之力暗物質，它在暗物質六七維之境界之上與無數平行宇宙相交接，你也可以暫時將這一層次的平行宇宙概念簡化為一個個黑洞，將來它自身圓球與這一層次的平行宇宙亦則無數個黑洞相交而成的，所以說將來會變易，所以有易經之解析，但萬變卻不離其宗！然而，更高一層次的平行宇宙已經不是黑洞性質，因為不受重力制約無因果善惡了！

由以上一層層拾級而上的例子可以看出一個概念，我們不能將維度昇華之偉大運動過於簡單的歸結於拾棄一切，而是有取有捨，或者說取了再捨放為真捨，俗語云那得起放得下！我們用純科學哲學角度去分析，第一二維之遙遠"回歸到"或者叫"重拾"第三維之立體肉身世界，再由第四五維之無質量極速去到第六七維，"獲得"又或者叫"重拾本來應有"之宇宙之偉大之引力重力！而整個宇宙過去現在將來在圓學角度來看就是一個圓，第六七維抱像這個自身圓與初級平行宇宙作"佛系運動"從而一步步進入未來！由以上可以看到，整個運動是既取又捨，並不是一個單純的捨，而這也符合陰陽定律，捨中有取，以捨為主！

或者我們可以以一句生動形象的話來總結本文，上帝"抱守"我們，所以我們仍然是一直也是上帝的一部份；然而上帝同時也"捨棄"我們，因為如果上帝不"捨棄"我們，那麼祂的下場也只能"淪為"我們三維立體世界之"渺小"生物！大家可能會覺得有矛盾，但我想說的是世事都有矛質，有矛盾的才是真才是善才是美，沒有矛盾的都是死物不值一提！這個矛盾好像甚麼呢？就像陰陽，陰陽立來就是矛盾，然而無陰陽無而生萬物，可見萬物本來就是由矛盾而來，無矛盾便運作不了，淪為虛無之幻見！有矛盾才是真正的沒有矛盾，沒有矛盾反而甚麼也成不了，根本一件虛構虛幻之物，沒有矛盾才是"最大的矛盾"！所以，要記住我之前提到的圓力，一切矛盾就是以圓和諧之，歸化到同一圓周之上，圓既可看作為虛無之物之一點，亦可看作是實有之物即一個空心圓周！圓完美的形象的生動的解釋了這一切之一切！

45. 六七維度暗物質宇宙黑洞

承上文與之前的圓學文章，當我們提到宇宙至偉之重引暗物質之時，經常含糊其詞，時而說六維，時而又是六七維度，究竟箇中又有何所以然呢？圓學指出，第四維度是一個圓周；第五維度暗能量是一個圓面積，代表過去，圓心點就是"這一個"宇宙大爆炸的太初點；而第六維度之暗物質就是一整個圓球體了，好比一個黑洞，與其它"初級"平行宇宙互相以陰陽圓之方式交疊，從而產生將來！這一個第六維度之圓球體我們與其稱之為自身宇宙，其實亦可稱之為黑洞，大家也知道我們科學上所指的這個宇宙包含無數個黑洞，所以，我們也可以這樣理解，我們這個科學上的宇宙就是第七維度，由無數個第六個維度之黑洞圓球體交疊而成，而黑洞圓球體之間互相陰陽圓交疊的作用其實就是這個宇宙之間的龐大暗物質之間的交互作用，暗物質之交互產生將來，速度反而因為其重量太大而極慢，主流科學也已推斷出暗物質會比光速慢很多很多！

這樣說來，圓學所推導的結論莫非暗物質與黑洞有非常深刻的關係？是的，對的！暗物質很可能某程度上就是黑洞，暗物質可能某程度上就是黑洞，暗物質很可能某程度上就是黑洞！重要的事情要講三遍！其實，近幾年來科學家們不斷發現暗物質和黑洞之間的關係，比如暗物質影響著黑洞的視界和能層。講回圓學哲學形上學，以上第七維度宇宙是由無數個第六維度黑洞圓或者是暗物質圓球體交互作用而產生我們所謂的"將來"的這個理論，非但提出了其實不同的黑洞之間就像暗物質一樣是以"圓球式"的交疊作用，而不是圓盤式的交疊作用！

　　另外，大家都認為黑洞是有形的是圓的而且只會不斷坍塌；然而經圓學推導出真正意義的黑洞並不存在，黑洞只不過是暗物質和暗能量能擺了，而且"假設"傳統意義上的黑洞確實"存在"，那麼，我想說出的是，這些所謂"黑洞"不單會收縮坍塌，而且還會擴大和向周圍延伸，跟宇宙大爆炸理理差不多，這可能有點著霍金先生所講的黑洞蒸發！"收縮的黑洞"亦即暗物質其特點是速度極大的光束也逃離不了，所以坍塌數縮的黑洞代表過去，極可能是由我稱之為宇宙極速的暗能量在發揮作用，剛好暗能量亦代表過去！然而，擴張伸展的黑洞有如霍金先生所說的黑洞蒸發，其實這也代表了星系正在發展，正在產生"將來"，此時速度比光慢的多的暗物質正在起作用，那麼我們為何不換個角度思考，即正在伸展蒸發的黑洞有如宇宙大爆炸，它作用了一個星系的"將來"，這些我們星系賴以維生繼續存在的暗物質，為何就不可能是"黑洞蒸發時噴射出來的碎屑"！

　　在以上這個圓學推導得出之宇宙即是無數個黑洞（暗物質和暗能量團）互相之間交互作用交叠作用的形式，正如等如星系的生長發展和死亡外逸消散！所有這些第六維之量物質球一些正在生長代表陽；另一些正在坍塌代表陰，有陰有陽有生有死，俗語所謂有人辭官歸故里，有人漏夜趕科場！

　　所以，亦即是說，第六維度是一團暗物質球，亦可體現為其中一個星系，比如銀河系，所有星系之間有交互作用一如所有暗洞之間或暗物質之間亦有交互作用，作圓學上稱之為陰陽圓交互作用！我們星系的生成就是這樣成長過來的。第七維度泛指宇宙亦即所有黑洞球體之交互作用，第八維度才進入逃離暗物重力效應之平行宇宙，體現為無序無因無果，亦即我們腦海裡虛幻的無序的不受重力制約的幻想！

　　再者，我們圓學亦指出，宇宙至偉之力定然是所有暗物質和可見物質之總和，或者至少是所有暗物質圓球體之總和，亦即第七維度之將來！配合偉大的 E=MC 平方之定理，假設我們所有暗物質總和為（M 總），那為這個總和就等如 C 四次方！由此推想，宇宙除了四大基本力引力、電磁力、強核力和弱核力之外，還將有而且只有第五種力，這個第五種力不同於引力，更接近於後三種力！

最後，還記得圓學的陰陽圓方圓運動，各開一個45度角的弧嗎？還記得金字塔的頂角52度被稱之為自然塌落現象的極限角或穩定角嗎？在這裡，我還要向大家提出第三種角，即60度角！記得我提及過當陰陽圓交互作用時各自圓心就會跳到圓的虛弧實弧的兩個交界點上去嗎？這個原理前期的圓學文章早有詳述，這裡不再贅言。

那麼，這個問題來了，如何將圓心"完美地"移到虛實弧交界處的兩個點上去呢？答案就是用這個兩點與圓心組成一個60度角等邊三角形，既然是等邊三角形，那麼三點自然可以完美互換！然而，這個六十度角又有何獨特之處呢？

45:(360-45)=51.43:(360)=60:(360+60)

以上這公式我們姑且命名為陰陽圓自然塌落極限等邊三角形之關係式！根據陰陽圓學，一切既有偶然亦有必然！而上我們看似偶的這條關聯式，有其必然性，這或許就是自然之秘！

46. 圓學簡介

圓學已經有四十多章超過十萬字，行文至此我們也必須有個階段式的簡介總結。在圓學文章中，我們除了造了若干個"所謂"公式定理等式理論比如陰陽圓方圓運動串佛珠理論佛系運動方圓等式之外，這個在第40章我們就經已將以上等公式定理幾乎一一羅列了出來；更重要的是圓學推導出現今科學界重中之重的暗物質和暗能量其實就是宇宙極限重之將來和宇宙極限速度理論上可達致光平方之過去（因為若果不能脫近這個速度就不能回到宇宙大爆炸起始點），而上文更是提及了暗物質暗能量二者與黑洞之間的關係；另外還有，由圓學、科學公式 E=MC 平方和維度學三者結合得出之宇宙有而且只有多一種作用力，即未知之第五種力，它與引力不同而貼近於其餘三種力！還有，就是揉合圓學、維度學、宇宙四種作用力學和質能等會式 $E=MC^2$ 可以得出，維度實是由遠近距離速度快慢質量大小光暗等關係組成的，而不是只是簡單的幾何圖像的點綫面體等決定的，如果只依據點綫面體之幾何方式去劃分維度，那麼即使是愛恩斯坦的時空第四維度而經無法用幾何圖像直接表達了，更遑論甚麼第五第六第七維甚至十維等！而且，幾何劃分維度方式太浮於表面，理論上我們可以毫無意義的將維度劃分到十維以上甚至無限個維度，而且也無助於我們去窺探維度之秘！

就以上對幾何維度的質疑，我在此提出具體的問題，比如說我們認同一維是直綫二維是平面三維是立體，這個毫無異議。但是，幾何劃分方式沒有告訴我們為何一維是直線，又有甚麼特點？又為何二維是平面？在這裡，我用圓學維合科學告訴大家，雖然我未必是正確的，但至少要有勇氣說出來，二維平面的關鍵就是因為光的緣故，而一維直綫其實就是黑暗，無數直綫組成平面就正如無數黑暗星系之中只有幾千顆我們肉眼看得見的星星！其實，二維其實本身亦是三維立體，只不過那些星系距離我們太離遠，我們未達光束就永遠去不到，至少理論如此，所以"對於我們來說"那些本來屬於三維立體的星星就是"可望而不可觸"的二維圖像平面！至於一維就是更遠更遠的過去，圓學推導出過去是我們肉眼看不見的，只以黑暗呈現在我們眼前，我們想望到過去的"光"就要達到光速，如果我們更進一步進回到過去就必須大大高於光束，無限達近光速之平方才可以，要知道光束已不是我們三維生物肉體可以達到或者承受到的。大家可能會有疑問，我們圓學所謂的光是甚麼光？人工燈光可以嗎？不，我們泛指宇宙中星系所發出的自然之光！光就是展示呈現"現在式"的媒介，至於過去式就是肉眼前的一片漆黑，將來式連漆黑也不是，我們全然看不見，只能由心靈去感應，好比潛意識靈魂將來之命運等！

最後，我們還用圓學二三維度之間推導出人與周遭萬物環境之關係，從而在科哲學上直接證明風水並非子虛烏有；亦在三四五六維間證明人類的出生八字西洋占星盤確有某程度上的意義同樣不是子虛烏有；更在零維與更高維度大千宇宙證明上帝至虛反實，無有反而是有，人類萬物包抱我們自身也是上帝神靈的一部份，只是我們的潛意識靈魂確實離上帝更近，肉體確實離上帝更遠但更實在，二者不可偏廢！另外，我們亦在科哲圓學角度講述了得即是失，捨如同取這些陰陽二元矛盾對立之間存在著真正的和諧，這一切依靠我們一條定理——圓力定理——可以在圖像上更具體的向大家展示這樣在矛盾之中存在真正和諧的事物！

首先，兩點矛盾物必然生於無有，無有就是它們的共同圓心點初始點，那既有共同圓心就可以用圓力和諧在同一個圓周上，與圓周共同組成 60 度角等邊三角形，這個 60 度角是最完美的和諧方式，因為只有這樣這對矛盾點才與圓心三點共融一體！

45:(360-45)=51.43:(360)=60:(360+60)

以上這公式我們姑且命名為陰陽圓自然塌落極限等邊三角形之關係式！根據陰陽圓學，一切既有偶然亦有必然！而上我們看似偶的這條關聯式，有其必然性，這或許就是自然之秘！以上這個 45 度角陰陽圓方圓運動，我在首十篇圓學文章裡已有詳細描述！

圓玄緣珠易元

47. 平行宇宙無因果幻像第六七維度將來之變易性與偶然性傷害性

有時我們甚至會這樣想，人類甚至萬物之種種與個體或種屬天性或事情發展之預期因果相悖之性，比如同性戀雞奸或者是努力去爭取的事最後求之而不可得相反無心去做或根本不關心之事反而讓你得到了，這有點有意栽花無心插柳的意味！

圓學證明，這都是與主宰將來的第六七維度的暗物質息息相關，對於六七維度的"所作所為"，第五維度之暗能量過去在"很大程度上也十分被動"！這是因為第六七維作為我們宇宙的最深層同時亦是最外層，就像串佛珠的更高維度與零維分駐兩端而負責作為與其它圓相交流（即陰陽圓方圓運動和佛系運動）的"急先鋒"，那麼主這些主宰將來的六七維暗物質自然也容易"沾上"平行宇宙那種"對於我們本宇宙來說"無序無因無果之不可預測性，而一如我們所知，六七維度之暗物質將來所主宰的就是人類萬物的基本天性亦即集體潛意識靈魂或者說命運，所以這會導致人類萬物的行為具有與過去相比一定程度之不可預測性偶然性。

行文至此，我們又會生出另外一個問題，雖然將來一直在變易，但為何仍然又萬變不離其宗呢？圓學告訴我們這是因為六七維度之將來除了與平行宇宙"作用"之外，同時亦與"一成不變"的第五維度暗能量過去直接作用，所以這決定了將來既具有偶然性亦具有必然性，正如我之前一再強調的圓學告訴我們將來是過去與現在的總和，在這裡我們要明確的再加上與平行宇宙之相互作用！

將來的不可測性比如基因變異計劃急不上預期等等往往與災難壞事連在一起，但大家又可曾細想，如果這世上根本沒有平行宇宙就只餘下我們這孤獨宇宙，這亦意味著將來跟過去一樣沒有變易性，只是一條條死板的公式便可輕易的將之推算出來！當然，這樣一切天災不順的事都變得可以預期和調控，看似美實則非也，這樣的話物種便會蔓延飛速生長失去控制，造成所有生物的資源缺乏，最終將導致更大更徹底的敗滅。遇有，這樣的話所有關於將來的"天機"將徹底淪為與過去一樣無異的公式，又定必會在某個時候輕易的不懷好意又操弄某種權柄之人或生物手上，這樣的滅亡情節相信也不用我們在這裡多花唇舌作任何介紹了！再者，從圓學上來說，如果失去平行宇宙接觸或者說是交互作用的機會，我們這個宇宙大圓便會淪為一圓獨圓之死圓，最終將無可挽回的更快的覆滅，而且無可逆轉！

以上種種，舉其一例雞奸者，其實數百年前先賢哲者就經已提出雞奸這種行為可能是大自然為了阻止衰老男人把更多劣質後代帶到這個世界上以致壞了人種物種甚至慢慢毀滅萬物世界的權宜之計！相比之下，零星的雞奸顯得好像沒有那麼嚴重，兩害較其輕，也正如我們一再強調的認知，大自然是不會講甚麼人類世界的所謂道德法則的，物種的繁衍不息對"祂們"來說似乎至關重要！玄學八字裡也有這樣一說，缺則補之，"余者則抑之制之"，對於有余者剋反而成其生也！這些顯淺的道理，相信不用我們多花篇幅去贅言了。

48. 心神智神

我們都聽過潛意識意識意欲認知本我自我，甚至是靈魂肉身與命運弄人！我也在之前的文章裡抒發一點愚見，認著用自己的一套方式去幫助自己更好的理解關於集體潛意識個人潛意識和意識，於是我笨拙又大膽地在潛意識和意識之間寫了幾個歪歪斜斜的大字——交滙意識中層意識！

關於交滙意識既然我在之前的文章也探討過了，今天就按下不表了。如果交滙意識有抄襲投機或混水摸魚之嫌，那麼我們今天就來首談一下關於心神和智神的一組概念吧！

在展開詳細論述之前，我必須扼要的談談一些基本問題。首先，心神分為個人心神和集體心神；智神亦分為個人智神和集體智神。另外，心神和智神二詞取自心智，而我於心和智後面同樣放上一個神字無非是要點明二者同等重要！最後，想像出一個陰陽圓二圓交滙圖，陽在左陰在右，陽小而陰大，陽代表個人智神和集體智神，陰代表個人心神和集體心神，陽圓中的實弧代表個人智神虛弧代表集體智神，陰圓中的實弧代表集體心神，虛弧代表個人心神！

一直以來，在談論意識潛意識之時，世上往往分成兩類人，第一類人代表傾重於科學形而下，他們一貫強調意識的重要性，甚至主張意識就是心靈的主體而且幾乎完全否認潛意識；另一類人則更傾重於哲學形而上，他們主張潛意識之如意識就如在海裡看之不見的冰山又或者是大海與陸地之比，甚至認為意識根本微不足道，幾乎可以忽略，因為他們堅稱潛意識就是命運，而自古以來命運與人已經發生了超過千百萬次無數的鬥爭，以最終結果來論，命運真是獨孤求敗了！

然而，我在這裡卻以心神和智神名之，相信大家馬上可以聯想到潛意識和意識意欲和認知之間的對比了，我想強調的是，它們看似一樣，卻在細微處有差異，可諸君也必須明白，魔鬼從來都是居於細節之內的！

在這裡，智神與心神處於同等地位，而且都被尊以為神；然而，潛意識與意識有時此抑彼揚，有時卻此提彼抑，永遠有主次之分，而且更重要的是次位常被貶的幾乎一文不值！再者，不但心神可以劃分為個人心神和集體心神，智神同樣亦可劃分為個人智神和集體智神，姑且可以粗略的理解為個人意識與"集體意識"，這樣對照雖然不精確，卻可以使大家一目了然！

　　個人認為，如果一套哲學理論不能應用於現實世界或理性科學，那麼這套哲學便是偽哲學！以上這句話沒有任何迴旋的餘地。

　　舉現今社會大至瘋狂政治運動或國與國的戰爭比如中東的顏色革命和印巴戰爭，小至親友同學同僚等的小圈子杯葛，處處都在顯示著一種可以用幾何圖形圓來代表的人類社會甚至萬物哲學上的天然缺憾！記得本文第三段提及到的左圓右圓一陽一陰圓嗎？以上這種情況便可以對應為右邊陰陽的集體心神之實弧與左邊陽圓集體智神之虛弧之結合，這二弧相組成的圖案有點像被咬了一口的蘋果，這個組圖先天就是內凹的有缺憾的，先天缺憾自然產生痛苦和災難。怎麼去解釋呢？集體心神可以解釋為集體潛意識或者世界命運，而集體智神自然是一大群簡求精確紀律的組織比如軍隊政府社團甚至是宗教組織政黨等等，這些本無害處，可是最怕的是當集體心神和集體智神結合為一而又自然而然的因此二者之結合而幾乎抿滅掉個人心神和個人智神的時候！大家都知道羊群效應，當一大批人的地方只講組織規章，個人只得依附，便沉淪於那一組組冰冷的統計數字裡面，個人心神和智神更是無從談起了！

　　還有，現世所有超出了我們基本需求的慾望的滿足都是人類三維社會因貪逸惡勞過了度，而致醉生夢死的虛無產物，比如對社會雖無建樹的超額財富沽名釣譽和權力鬥爭！這些虛無產物都是由集體心神即大眾欲望和集體智神即社會組織制度二者之過份強調而產生之崎形之物！

　　對於以上這些虛物，個人心神或個人智神都不能提供，這是可想而知的是！但是，更可怕的是還在後頭，我們都知道現在只餘下個人心神和個人智神這對組合了，而它們也無從選擇，表須進行陰陽結合，否則將形消魂散！然而，個人心神和個人智神結合得出的又是甚麼呢？又是一個被咬了一口的蘋果，而且更小更可憐，因為這組合代表了真正意義上的閉門造車孤獨與世閉絕甚至是瘋瘋幻想逃離現實之痴狂，君不見古往今來多少不得志或者命途多桀而又不懂開解自己尋求解決之道的人，最終都淪為瘋人或半瘋人而孤獨終老或流浪街頭！

　　那麼，最好的組合是甚麼呢？個人智神和集體心神，或者個人心神與集體智神，它們分別組成了一個阿拉伯數字 8 和一個橢圓形；另外，個人智神和集體智神，個人心神和集體心神各自也組成一個圓形，但這對圓形組合因為最終會淪為獨圓，所以短期雖好，卻不可久待矣！因為，圓與圓必須相交，一陰一陽才能生也！對於以上的組合論是否同意，大家不妨也給出一個自己的答案！

49. 幻影維度暗能量量子

記得圓學得出暗物質代表六七維度之將來暗能量代表五維過去，同時暗能量可以去到宇宙最大速度即光速之平方，大概為光速的三億倍，這個速度非旦與質量等價公式密切相關，亦是可以回到138億年前"本宇宙"大爆炸之原初起始點之速度！然而，前往將來雖然不用那麼快的速度，甚至只是慢於光速很多的速度，但更難，而且幾乎不可跳躍！因為，主宰將來的是速度不快但卻是宇宙至重之暗物質，假使本宇宙或更貼切的說是銀河系代表一個黑洞圓球體，而與其它星系的黑洞圓球體相交而形成將來，所以將來涉及本宇宙之無窮個星系亦即黑洞球！單以上這一點的不同預測性已經使將來前往將來無限困難，更遑論跳躍式的一下子跳到數百年千年之後的將來世界！但必須緊記一點，回到過去不是人類的權利，而只不過是操控五維黑暗過去之高生物之權利，所以關於過去時空旅行的視覺，就不可能是"人類的直接視覺"，至多也是五維轉三維的"間接視覺"！所以，我們不可能直接的閑著眼就"看到"過去，這只不過是影視作品的娛樂而已！過去已經如此渺茫，更不用說將來了！

先說現在十分流行的量子，個人根據圓學得出量子就是與五維密切相關的粒子，這不是說五維裡就只有量子而沒有其它粒子了，也不是說量子肯定是組成五維的其中一種粒子，而只不過是強調量子糾纏後之方向相反之運動，跟五維過去的運動形式必然幾乎相一致！記得我們說四維是現在式是圓周，五維就是過去式是圓面積，至於圓心點就是宇宙大爆炸或本星系生成之始點！再想，我們的現在式四維圓周必然不停的向將來向前推進，與此相對的過去式五維必定是相對往後了，再具體的說這一秒的現在往將來下一秒的"前方"推進，相對來說過去上一秒就往後移了，這與量子糾纏後前後上下必然相反運動何其相似！再者，科學界業已證明量子至少是光速的一萬倍，而且暫時無知其上限，圓學先驗式的大膽的推想其速度為光平方，如果量子達不到光平方之速度，亦即光速的三億倍，那麼五維就有可能存在除量子以外的其它未知粒子，如果量子超越了光平方之速度，並且超出很多，我的這層推斷理論就幾乎應聲崩潰了！

還有蟲洞，我認為蟲洞相交就是去到將來，而不是回到過去，因為回到過去只需要宇宙極速光平方之暗物質就可以了，應該用不著扭曲時空！至於說量子不能傳遞訊息，量子也不是物質（所以量子肯定不是暗物質，但可以是暗能量），我們所謂的訊息不過是以人類肉身肉眼加上光速之四維時空所體現的，暗能量量子無論如何也不會出現我們三四維時空的"現在式的迅息傳送"，因為它是"過去式的極速的迅息傳送"，而且此迅息不如彼訊息也，不是同一回事也！

所以，時空扭曲而產生蟲洞穿越，圓學理解為將來時空，扭曲了的時空可以理解為兩個黑洞"圓球體"，而不是一張對摺了的紙，而蟲洞就是這兩個圓的相交處，好似圓學的多個陰陽圓相交方式，而蟲洞的神龍見首不見尾的不確性更是像極了將來世界的不確定性（因為將來高達圓學的六七維度，與無序無因無果的平行宇宙相交，所以也染上了一定的不確定性）！

最後，大家都知道活在虛幻裡的危害是非常大的，那麼我不可以用哲理或者甚至是字母或者圖表去系統式的顯示出來呢？可以的！圓學提供了這樣一種可能性。

設想我們本宇宙的三維世界為現實為 A，而我們腦海裡不受重力制約無序無因無果的平行宇宙為幻想為 B ！且慢，為何說無序無因無果無是無非無善無惡呢？因為第六七維暗物質不僅住宰了過去現在和將來之先後因果和間接主宰了世態人事，更以祂們維度的形式去掌控我們人類萬物的命運，關於這點我在之前圓學文章裡已有介紹，這裡就不作贅述了！再說，暗物質又如何掌管我們的命運呢？通過甚麼形式？通過掌控我們的靈魂潛意識和心底性格！而以上這些性格潛意識基本就是我們的人品善惡個性等等……以平行宇宙越往上推就越與暗物質毫無關係，既然無關，那又怎會有專屬於暗物質暗能量等之特性呢！

所以說，我們腦海裡的幻想包括夢境，很多時隨了無因無果沒有時間先後次序之外,更是不帶現實世界的善惡道德倫理批抨,以至於我們醒來後都被夢裡的十惡不赦的可怖世界嚇出一身冷汗!談論善惡的文章可能數以億計,可是以科學哲學圓學的各角全方位系統式的條理式的辯證式的推理式的去綜合分析幻想,不管結論是對是錯,這篇文章都可謂是前無古人了!然而,聲明一下,若果對了,非我之功,圓學之功也!若錯了,非圓學之偽,實乃本人之淺薄粗疏不學無術也!這怪不得有人說幻想無罪,因為若果真的從這個角度去分析一些惡念,"只要我們不付諸實踐",那就是屬於這個宇宙以外的平行宇宙之事物,只是這些東西像風一樣吹過我們腦海而已,實與我們無干!可是,若果我們真付諸實踐,那便是將這些"惡念"從虛無的平行宇宙實實在在的帶到我們人間了!所以,善惡在我們一念之間,更重要的是一個偶爾惡念不是罪也不必恐慌,只要盡快抹掉不要再想就是!這對我們的人生處事,有沒有助益呢?

再談幻想,我們所有幻想都是基於我們在三維世界的"現實"肉體發出的,可以這樣想,幻想就是一傳統火箭,雖飛向虛無飄渺處,都要有個本地球之現實根基為依托,即是說我們人類的幻想都是由以上 A 點投向 B 點的,必須同備兩點才可!然而,忽略了現實的幻想就好比一支在虛無飄渺太空處 B 點的火箭,可這火煎卻不是從地球現實世界 A 點處飛出的,沒有了這個 A 點射出來的點始發力點,那這個 B 點處的幻想就會好像無力無箭一樣摔下來,摔的粉身碎骨!就是這個道理。

50. 雜談補遺小結

圓學是甚麼?要求我們有甚麼樣的生活態度?圓學有點像佛學嗎?她又不要求我們出家守戒;那有點像道教嗎?她又不要求我們譴責聖人釋放大盜更不要求社會保持原始狀態?說是像基督教嗎?她可沒有要求我們自我獻牲;天主教?圓學對上帝之有無持肯定態度,但她既不是一神論,而且提倡的是"上帝形式",而不是唯一上帝或者"一個"上帝,三維世界的量詞不適合於上帝;伊斯蘭教嗎?圓學對有節度的感恩和齋戒持認同態度,對上帝通過先知授意於凡人亦很認同,但圓學主張我們即為三維之主,沒有先知,即使近乎無所不在的上帝也不可能真正意義上的"存在於"我們三維世界！記住，圓學提倡的是"上帝形式"，不是一神論的唯一上帝，高維上帝也不可能用我們三維世界的量詞去衡量，而且"上帝形式"要"存在於"三維世界，必須要有一個可靠媒介，那當然是大智慧大德行的人，你可以稱之為聖人真人佛陀先知耶穌甚至耶和華亦無不可！因為既然"上帝形式"之存在於三維世界全賴人作為媒介，那麼人對上帝的認知自然也就限於三維生物的認知，甚至限於他們各自所屬的文明語言中西文化等的差異。所以說，你不認同耶穌就是不認同全世界的教督教派子弟；不認同佛陀就等如不認同全世界的佛教子弟；同理，不認同伊斯蘭教猶太教，也就是不認同於他們的子民！圓學一再有力的證明，一類甚至萬物確實為同一體，只不過各有束縛限制枷鎖，打開這些束縛的無外乎陰陽禪道與大愛！人人本生而平等，否認他國他族，本身就是無知與原罪之完美結合！

那麼，圓學對我們的生活形式又有甚麼具體指引呢？沒有！因為根據我們的球點圓補破定律，所有一切所聽所見的生活形式都是外在而已，而圓學強調的是我們內心狀態，就我的認知而言，這與道家的提倡某程度上異曲同工！另外，根據無限點對應一圓定律，我們的人生不必幻想去經歷他人的歷練，我們這個八字這個身份這個肉體這個"人"，自然有匹配的天職要我們去做，對於靈魂潛意識的大圓來說，即使你經歷了一百個人的人生，即一百個點，也與一個人生一個點沒有分別，反正這個大圓已經代表了無數個點，所以人生能做的就只有自由自在恰當的活，一般來說小孩該有子孩模樣和心態，成年人老年人亦如是，自自然然恰恰當當的活下去隨遇而安即可！如果非要多一點甚麼，那就請你多一個百分點的平常心自在自然瀟脫和謙卑認錯感恩心即可！安於自己腳下的路，滿足於自身所擁有的而不執著，傾聽自己內心保持自我心境，關懷聆聽他人的訴苦而不是自我迷失於別人的噪音或意見之中就可以了！

另外，還有一個維度課題要釐清一下，我們自身"肉體"雖然肯定是存在於三維世界，然而根據圓學串佛珠點圓為一定理，其實上所有維度是共存的，只不過萬物所感應到的"強度"和"形式"有所不同而已！

就以我們三維肉體世界為例，我們看到的卻是光速的現在式的二維四維平面光綫，"看不清"的又是一維五維代表過去的黑暗一片，"感受"的卻又是代表七情六慾潛意識靈魂本性的六七維黑洞暗物質之宇宙至偉之重力，更甚者腦海偶爾泛起的虛妄幻想又是無因無果無善無惡無序的平行宇宙，這些都可以在人體找到對應感官！這同樣可以反證，如果這世上只有三維肉體，我們便不可能看到二四一五維的光明與黑暗，也不能感受到六七維的七情六慾本性靈魂，更不會有甚麼虛妄幻想！如果世上只存在三維世界，那我們人類豈不都成為了機械人？可大家要知道機械人也是有視覺的！

根據以上論證，其實各維度並存，只不過我們人類動植物的肉體將"注意力""感受力"都大大都傾軋於三維立體世界和二維平面世界而已！那麼夢呢？夢境同理可推，夢境內都是各維度甚至平行宇宙並存，只不過夢境更強調六七維將來與平行宇宙的無因無果無善無惡而已！君不見，在夢境裡我們的三維感官大為收斂而至於幾近無跡嗎？此多了彼即少！

那麼卡通片遊戲世界呢？首先這些影音設備都和電腦系統等都是我們人類人工之物，而不是自然之物！所以，在卡通片電腦遊戲世界裡我們自然的一套維度準則就亂了套，但可見的是無論卡通片或者電腦遊戲都是非常強調二維平面世界的，在那個領域裡，我們現世三維世界甚至要屈居其次了！基於卡通遊戲亦是由人類頭腦虛幻想像出來的產物，所以它們也就自然"帶點"無因無果無善無惡無次序時間的平行宇宙的味道了，但是此平行宇宙不同於彼平行宇宙，因為這些卡通遊戲始終是人工之物而非出於自然，所以裡邊的無因無果有點不同於我們人腦虛想世界裡的，同理裡邊的人類價值觀這種六七維度暗物質的心性也與真實天然的我們世界有所不同！同理，這個結論可以應用到其它各種人類捏造出來的東西，比如機器人機因動物甚至機因嬰兒人造人等！

很多人都對意識潛意識意慾認知等哲學精神心理學的論調置若罔聞，或者只是禮貌式的微笑一下便了，全然不將之放在心上！從前的我，也是這樣，所以我明白他們想的是甚麼！他們想的不外乎是潛意識靈魂意慾理論體系不過是虛物，既證明不了，也更一點也說明不了現世的實物，包括社會政府機構各類組織團體甚是是榮華富貴聲望名利乃至慾望利益！於人類來說，這些外物都是至高無上的一切，至權威的至尊之物，反而自己內心靈魂根不值一體，這些統統都不過是意識認知的一部份，或者更具體的說，對於大部份人而言，人類存在本身就"只不過"是純粹偶然，而我們的肉體和意識就是一切，簡直就是"動物再加上機械人"而已，其它未解之謎都不過是偶然，然而偶然本身就沒有也不需要任何進一步的解釋！

有見及此，我在圓學第四十八章將陰陽二圓各自再分成虛實部份，分別代表了個人心神集體心神個人智神和集體智神，並且將其兩兩一對成組，共可以有六個組合！關於世間一切名利錢慾地位聲望不過就是集體心神加上集體智神，但這個組合本身就有缺憾，形狀上也是一個被咬了一口的蘋果！為甚麼有缺憾，因為缺乏了個人本我的組成。既然有缺憾，那就不是天然實物，就是人工虛構之物，不宜過於執著，要點到即止，並且以我為主！

51. 雜談補遺小結二

圓學到底是甚麼？她的身份確實有點尷尬，雖然說義本無言真理自不需要多費唇舌文字甚至是世人為之喧噪！但人生在世，圓亦如是，圓有多種，本相就是接近上帝形式的無限圓，可我們人類認知的要鑽研的又是另一形式某程度上沒有那麼完美甚至總是帶點缺憾的圓，講到這裡，在俗世上設立一門"圓學"就顯得有其必要性和迫切性！

圓學應讓說有一半是哲學，另一點即混著點物理科學自然科學幾何學精神心理學神學甚至文學易學玄學！圓學就是一個大環，串聯起以上諸多學科，現代社會科學一支獨秀，理性實驗性的東西佔據絕對主導，而其它唯心的東西比如哲學文學藝術易學心理學等遠遠得不到足夠的重視，甚至被歧視排擠棄之如廢履！這種情況用圓力定義就可以很好的解析出來，唯物唯心兩點有始於無，都有著共同的初始圓心點，而唯物這條半徑現在發展的異常發達異常長，比如是 10 厘米；可是唯心這條半徑不但難以發展反被擠壓，竟至於連 1 厘米也不夠，這樣就成不了和諧的圓，要納入一圓周上，必須半徑等長，而且這兩點最好不要是以 90 度相刑或 180 度對沖之角度出現，這時我們就要圓力，而圓力到底何處尋呢？圓力就是一門可以統領唯心唯物的學問科學，或者直接的說就是"圓學"！坦白講，現代的人類社會的矛盾，小至個人精神失常或道德淪喪甚至對生活失去希望，又或者是倫常悲劇師友反目，大至種族宗教家國矛盾甚至戰亂內戰，坦白講以上這些問題或多或少都與唯心與唯物這兩條不徑發展極不和諧所致！

怎樣推廣圓學？單在學術界上廣泛的研究討論遠不足夠！至少也應該有序的一步步納入宗教和大學之內，比如先將圓學發展成一門從屬於哲學之下的一個小分支，宗教上即是盡量提倡共存共榮和而不同！要做到以上這些，先不論行政和財政資源，單從學術上就雖要一批又一批真才實學而有心胸曠達的有識之士前仆後繼的捨身忘我的奉獻才可以！至於本人，既是門也沒有，號也排不上，能作第一粒投石問路的不自量力的小砂石就已經是最好的結果。

談談宗教，當宗教們不再彼此相排斥又或者排斥其它學說意知之時，衪的哲學底色便會自然顯露，至於那層不符合哲理和大自然的神秘的教條面紗就可以扯下來，物盡其用將其當作一條歷史文化的手帕做點綴亦無不可。

圓也是一面鏡子，在這面鏡子裡，科哲易學和宗教都會明明白白的發現需然大家膚色各異，但卻都一樣是人！

阿里士多德的幾何圓周內側可以依附著一個無限多條邊的多邊形，這每多邊形一如我們人類肉體三維世界一樣，無論你邊再怎麼多，比超越不了比不上更高維大自然靈魂的那一個簡單圓！而且，邊越多就越容易忘記了依附在圓周上的那些實際點，而只記得那些踏在圓周內側"虛無空白之處"的那些無限多的虛無邊綫，這些綫有點似佛家的六根紅塵虛名虛利（因為不附在圓周上），然而我們億萬眾生卻為之醉生夢死！記住，最多的邊綫不單永遠也比不上一個圓，甚至使我們人類作繭自縛，困入自己織的蛛網中而不自知！

第48章討論的心神智神裡的外8(個人智神和集體心神)和內眼(個人心神和集體智神)這兩個美好組合除了包含所有之外，更不要將它們看作不動的固體，而是流動的液體！對，將它們看作血管，所以心神智神就如液體般，所謂心神合一，難分你我！真如我們不等在意識和潛意識之間劃上一道清晰的界綫一樣，所以我們提出了中間交滙意識一說。還有，人們對造物主常有誤解，首先，我要強調祂是上帝形式，而不是上帝，更不是一個上帝，也絕不會是唯一一個上帝！至於在心神智神這個陰陽二圓交滙圖裡又如何講述世人對上帝形式之誤解呢？一般人眼中的上帝自然是無所不能，即包含了兩個陰陽圓的全部四段弧度，但細一想我們都知道這種概念是不存在的？那麼更高維物甚至上帝如何去解析呢？答案可能是上帝形式同時既是外8又是內眼！

另外，三段弧和一段弧同樣不存在，同樣陰陽心智失衡，至於具體上可以配上甚麼荒誕世事情節呢？內裡也大有文章，待以後有機會再一一論述！可見，一副簡單的陰陽二圓圖，內裡實是包羅萬象，大有玄機！再者，代表心神的陰圓要比代表智神的陽圓大上很多，關於二圓交滙彼此切入的深度弧度也大有文章大有講究，因為這也決定了一個人甚至一個社會的素質和際遇！反而是上下左右四方皆不分也，都沒有所謂，因為圓不像方，圓不受時間方向四季晝夜甚至三維世界乃至我們宇宙的約束，她不像方形只侷限於我們三維世界，受盡四季晝夜方向時間之約束！

我們生活上常遇到很多秘方口訣一說，比如說可日可樂的秘方，或者說發動機製造的參數圖紙，抑或說菜式製作方法又或者是玄學的秘密心法口訣等！這又怎麼用圓學去形容呢？因為以上這些秘術都是體系外之物，而圓學又極之講求體系，這不是自相矛盾？還真有圓學解釋不了的現像了！

未必，試想秘方口訣就如一個肉眼看不見的黑暗大圓周上的星閃爍的光點，這樣一副圖像就決定了它們的不可逆向研究性和非體系性。還有，這些發光點總是一閃即逝又隱隱約約，而且又有角種視角遮檔折射現像，甚至有時更不排除是幻覺作崇！這個暗圓周好比天上漆黑的夜幕，間或一閃的光點秘方恰似點點繁星，但我們都知道繁星是會比云層月亮甚是人間的建築物所遮閉的，而且我們視覺也月種種偏差，是不可能一眼望去就得出它們的精確位置的！人們往往都只著眼於那些渺小虛幻好比星星的秘訣秘方絕技等，往往忽略了它們背後那面真正廣大無邊好比夜幕的基本功體系實而不華等等！要知道沒有夜幕就不可能有星星！

52. 自在之境

　　好好的融滙維度世界，自得自在之境。五維過去即這宇宙所有的過去，一維過去乃是與我自身有關之過去，偉大必對應渺小，一維世界若果算的上有"生物"，那麼比二維更"短暫"更"虛無"，或者說對於我們三維人類來說，一維幾乎是甚麼也沒有！若硬要逐件計算，一維可以作是"三維我肉身"並與這個肉身週遭的人事物物件寵物親友祖先甚至前世亦作算上！為甚麼要以我肉身作主呢，因為稍後我們會論及這所有維度都不過是一個法界，既是法界，假若沒有了"我"，也即是說沒有了萬物！萬物由我感受，因我而"有"，又或者這樣理解，權作我與外在萬物就是一對陰陽圓之關係，沒有陰圓也沒可能有陽圓，反之亦然！

　　二維是自我與周遭，與剛才一維所包括之事物大致一樣，可一維是飄渺之過去，二維是"眼前之光平面"，至於二者有何區別，一個現在一個過去，又或者說一個因我們達不到光速而距離我們較遠，另一個因為我們達不到光速之平方宇宙之極速而距離我們更遠！但有一點切記，不可呆板區分二維與一維，某程度各維度是一體的，更何況它們是相鄰之維度，好比意識與潛意識陰與陽亦不能呆板區分一樣，概是一體，又如何區分？能區分的只是概念，而概念本就是因要教初學者而權造出來的虛無粗糙人工之物！我們受限於時間光速而致使自己的"視覺"只能觀看到二維平面之像，只不過這個像由無數不同角度二維平組成，誤導我們以為自己的視覺是三維立體的！同理，二維生物也因為不可能擁有立體三維生物之視覺，所以他們的視覺是沒有的，我們人類的角度去理解就是二維生物的視覺是暗的，亦即沒有視覺，以直綫暗黑一維代表！

　　三維又細緻一點，在二維平面裡"連成一塊"的東西，比如鏡子裡同時映著一百個人或數百本書，三維立體世界裡這一百個人一千件傢俱都是各自獨立的！當然，若要問二維圖片平面有精華嗎？有，精華就是人類！好比一維的精華也就是被黑暗映住的人一樣道理！四維的精華就是我們人類眼睛，五維是眼睛看不到光的地方，或者是說眼睛裡或附近"藏著的"過去的一連串圖像記憶一樣，當然四五維是世界乃是宇宙范圍的，並不局限於我們人類個體！六維暗物質宇宙至偉之引力，主導了我們的本性意欲潛意識，那六維的精華也定必是眼睛或附近再深入一層的"東西"，這"東西"主導著人的人性意欲，當然也是宏觀性的宇宙性的！

行文至此，我們已經根據圓學推出一二維乃是我們三維的派生物，也是以個體人類肉體的角度而言而派生出來的；而四五維由於跳出了個體框架，進入集體種屬之境，那四五維亦是由六七維派生出來的！所以，只要我們能真正頓悟，或者說以無限貼近大自然之客觀眼光去審視一切事物，那麼我們便不會執著於這個三維世界的一利一物，那我們便能以整體的角度好比六維宇宙性之角度去"享受"四五維之境界得來之"妙處"，而三維人類現在只能"享受"二維一維之視覺和三維自身之聽味觸覺等而已！這不是純粹的形而上，更不是甚麼神秘之學，因為在物理科學上同樣亦解的通，比如說我們要達到六維，物理上就要達到光速乃至光速平方即宇宙極速乃至"直接"成為宇宙最重之力"暗物質"的一部份！達到這些物理指標，才可能有四五六七維度之"享受"呀，這是鐵一般的物理數據呀！

現在我們便可以整理出一副次第分明的圖，以金字塔為例，零維無所不包的玄奧，就如無所不在所有形式的圓心一樣，在這裡先不論！一維就是金字塔底，就是宇宙的一片漆黑，二維高一層可是范圍更小了，是漆黑中一閃一閃"為數不多"的星系；至於三維，又上一層，所以范圍又更少了，"權作"我們自身地球和周邊人類或機器可以到達的天體或者說我們生活之立體世界；四維又更少了，范圍由三維的人和人活動的范圍收窄到人類眼睛和眼睛所感之"光靈精神"；五維又再收窄，在以四維的眼睛光靈裡再抽出裡藏的更小的"精魂"，雖然更少，但祂們可達光平方，"活動"範圍更大，"享受的境界"更高；六七維暗物質之將來可能是這些精魂中之精華，享受幾乎至高之將來之妙境；平行宇宙之無因無果無序無善無惡無是無非只在我們腦海的虛像之中間或一浮，亦接近金字塔之"可測"頂端，自然境界亦必更妙！由以上圖可以推出，維度越高就居在金字塔越高處，看似更少，其實更妙！比如說六維之生物定然不能以三維之視覺"直接享受到"金字塔三維那一層之境，可見現世的"三維萬物包括肉身"真的是因我們三維人類的肉身而"體現"出來的！還有一點，維度越高看似橫切面越細，可因為身處更高而致"視覺"更廣泛！具體的說，眼前的一草一木好看，還是萬丈高空俯瞰而下之壯麗河山好看？就這樣，你放棄了"擁有"一草一木，而心懷天下，卻因此而飛翔於萬水千山，甚至與之俱為一體！這種"視覺"轉換，乃天下之大道至理，上帝亦不能逆轉，因為上帝造物主自身就是宇宙萬物，祂又何能顛倒宇宙萬物之法則？好比上帝不臨以三維身直接光臨人間，可是祂卻可以"派出"有人類身份之先知頒佈甚至執行其旨意，宗教是感情之物亦是大眾之物，當然要將上帝擬人化！何況，既然一切皆法相，我身我心則宇宙，那麼人類既然集體的在內心之中都"結晶"了一個擬人化之上帝，那麼這上帝形式"某程度"就因之而存了！哲學何必執迷不捨，遍要一捧子打爆大眾神學呢？所有的見解都只不過或大或少是真理的一部份而已，當然程度有所不同，這不重要，重要的是我們不能自以為見解高深而對見解"稍底"的就斷然否定！無論真假錯對，都是真理的一部份，真理有陰有陽，亦即有對也有錯的一部份，無錯何來有對！這正如六七維生物不會因維度高而一概否定一二三維世界吧！

前一刻的"我"是位於一維世界，對應五維；這一刻"鏡子中的我"是二維世界對應四維；下一刻未來的我是六七維世界，對應三維本身；而這一刻內裡自己的我才可以勉強算是"比較純粹"的三維世界！可見一切都不過是法相，一則都不是永恆，都不是擁有，外界萬物只能對應於內裡之我而生，每一刻所屬之維度都不同，前一的我連同我置身的城市都已經不屬於三維世界了，而落入了一五維度，可見，不是我擁有城市房子物品，亦不是它們擁有我，而是一切混一，都不過是面法相！前面的文章也論述過，我們的肉身加上精魂執念，是同時存在於各維度乃至平行宇宙之物，在那些法界法相裡面，人類乃至萬物都不分個體你我的，都是混然為一似大有卻是大無的！

記得圓學推出四維是圓周五維是圓面積嗎？祂們都要附在六維乃至七維"身上"，才可以結成圓球，當四五六維度一體化了，也無分你我了，四維就是球面，五維就是裡面，六維聯同四五維一起成了球的本身！

三維世界有微小自由空間嗎？有！意識有些微自主空間嗎？有！正如上帝自身亦不是至高維度，亦存在往上一維"增長"或者說"往上一維體現"之空間同一道理！亦可用此反證，上帝也改變不了過去，也直接到達不了三維空間！如果一切皆是不變的，定死了的，恐怕我們雖要一個可以"自由直接一二三四級低維度"並且"自由改變過去"的上帝吧！可惜的是，這樣的上帝是不存在的！這個道理可以用陰陽圓的方式去領悟，同理亦可證明意識潛意識靈魂肉身是一體的，如果不是一體的，那麼潛意識靈魂就不復存在，又或者說我們可以在機器人身上放置靈魂！既然潛意識和意識是不可區分的一體，或者說命運是由意識加潛意識一起組成的，那麼意識仍然可以自主決定一些較為微小的眼前之事，比如我們意識告訴自己現在要敲三下桌子，那馬上我們就可以將之實現，又或者你在較早前就在一張紙條裡寫了道簡單指令，這一秒我才可以打開，然後馬上跟著做！這樣我們可以知道，意識甚至可以蒙閉潛意識於一時！有些人仍然會斷論意識與潛意識其實是兩樣不可混和之物，那麼他們必定是缺少了交滙意識之個理念！不是意識將人們之高低成就偉大卑劣區分開來，也不是潛意識將之區分開來，實際上個人之間潛意識的差異甚至比意識的差異還要少！確實的說，是交滙意識將人們的成就高低偉大卑劣智慧愚拙區分開來，這交滙意識其實就是意識與潛意識之交流合作之成果！如果意識與潛意識不是一體，何來會有交流合作？好比藍球五個人為一隊也實為一體之故，亦可能陰陽二圓其實就是一體一圓之故！因為若果拆分開來，它們各自都將不能存活，快將消亡！若是獨立不能存在之事物，二者定然是為一體才能體現其存在了！

53. 雜談補遺小結三

談談婚姻，很多哲學人都人云亦云的說婚姻愛情是靈魂潛意識意欲的選擇，甚至完全否定了肉體意識認知的作用！其實，真正的知識就是對真相真理的靈活變換移位的描繪呈現，也只能是這樣，因為知識是人工的後天的人為的屬於三維世界人類"塑造"出來的，而真理真相則是更高維度的"法相"，這樣一講，大家就自然明白我們的所謂知識在真相面前就尤如點在圓周面前一樣，每次只能從一個某小的度數角度去呈現在真理大圓周之一點點的片面。所以如是說，真理只有一個，而人間對應的描述卻是無窮，這又叫異曲同工殊途同歸！所以，大家就不怪乎為何即使舉世聞名的閎達哲人亦時有糾正修改自己的學術觀點，道理就正於此！而作為一個人類的真正的學識學問無外乎在於把握其靈活多變但有序有條理的手法不斷去呈現和描繪出真理！所以，我們為何常說依樣葫蘆要不得，因為只能描出一個圓球的表面，而摸不著它的內心圓心，而圓心也是這個圓球的靈魂，因為球是從那一點圓心進化而來的，而不是從球面生成的，正如宇宙大爆炸同一道理！另外，補充一下，我們可以欣常到二維世界的美景因為三維生物有二維"視覺"；而二維生物卻沒有二維而只有一維"視覺"，那是甚麼，就是漆黑一片，而且它們也沒有我們人類立體肉身，所以肯定沒有我們人類所謂的思考，對於三維人類來說它們就是虛像幻像！那麼，同理可以推得四維生物擁有"三維視覺"，祂們可以看到"真正的我，真正的三維世界"，這副美境，是人類肉眼看不到的，而且，人類速度對於光速移動的祂們來說，簡直就是一面牆一動不動的死物幻像！

記得主流哲學尤其形而上又或者精神心理學對潛意識意欲的描述嗎？說穿了就是正面和負面並含的七情六慾，比如勇氣剛強毅力意志貪婪色慾物慾等等……而智者們又認為潛意識一般來說是幾乎無可改變只能疏導的強大力量，這股力量幾乎終生不變，卻不是時時出現，在人多喧嘩的地方就會悄悄躲藏，只會出夜闌人靜或獨處之時抑或受到巨大刺激之時才會突然如影魅般或如野獸般侵襲過來。補充一句，如果在人多的時侯潛意識驟然降臨，這通常都不是甚麼好事情，比如暴動戰爭內戰乃至大屠殺！而意識認知只不過是受潛意識操控的一層薄薄的面具而已，它表現為對這個世界或人類社會社交的日常卻膚淺的認知。意認只能決定當下的數秒數分乃至數小時的自我而已，人類之長久命運乃由潛意識一手包辦，我們肉體身不由己！

有了以上論述，無怪乎人們總是把愛情婚姻人生的大決定等事情統統推諉於命運，現在有了一個更科學的藉口，就是潛意識！

關於潛意識很大情度上決定了我們的人生大事，我持比較肯定的角度。可是，正如上幾篇文章所言，意識和潛意識就如水乳交融一樣不可分割，其實是二為一體的，至少某程度上是如此！還有，強大的潛意識有如巨龍神獸一樣，一來本身沒有好壞之分端視乎我們意識之人如何去操控疏導，二來主流哲學心理學亦承認潛意識經常被意識誤導的，至少短時間內如此！而且，潛意識也不會理會自己的巨大力量和任性妄為，即使闖下了大禍，仍然拍拍屁股就走人！

　　所以，我們推斷任何行動決定都是由意識與潛意識在某程度的合作上共同參與的，二者合作本身就產生了交滙意識中間意識，差別只在於誰佔主導而已！

　　試想，意識在短時間內佔上風，所以諸如閃婚等的錯誤一般都是在意識主導之下或者至少是二者勢均力敵之情況下造出來的，只不過日久見人心，潛意識最終在時日的推演下慢慢發現眼前人並不是"對的人"，所以分手就無可避免了！有句老話，因誤會而一起又因了解而分開！何謂誤會，當然就是片面的意識主導下所做的倉促決定；可謂了解，了解就是潛意識根深蒂固的認識，這才可能叫做了解！至於命運，在人們閃婚那一刻起，而經註定了命運或多或少會受到影響，那麼你說，是意識決定命運還是潛意識決定命運！我是這樣認為的，意識和潛意識之間的合作，亦即交滙意識中間意識就是決定我們命運之物！

　　有人又會抬出一見鍾情之話來爭辯，可是閃婚是實實在在的閃電般之速度結了婚，那麼又何謂一見鍾情呢？退一步說，一見鍾情之行為姑且假定是潛意識作出的，但我們也不要忘記，潛意識就是色欲的代表，而且這個世上的一見鍾情隨之相伴的就是秀色可餐的美色，你何時又有見過兩個丑丑的肉體一見鍾情呢！況且，一見鍾情通常也是有意識很大程度上的參與的，因為多數一見鍾情之對像的身材外表乃至其它條件都是不錯的可以接受的，那麼我們可以說這同樣也是意識在短促的時間內"高速計算"了一番，並在內心暗自說道"這划的來"！

　　聽過一句成語嗎？萬事俱備，只欠東風！那麼，我們用萬事來代表潛意識，勢單力弱的東風來代表意識，相信沒有人異議吧！這樣，我們撫心自問，這件事的成功之命運，到底是代表潛意識的萬事在起作用；還是代表意識的東風在起作用呢！答案肯定是兩者皆是，缺一不可！又或者說是這二者合作所產生的結果！

　　中文上來說，意識與潛意識二詞實在點不出這二者之間的差異性，只道出了其互補性，致使很容易誤導人們，認為這二者不過一物，統為意識，不過一個在明一個在暗而已！所以，我造出了心神對應智神之概念，並將之區分為集體和個體，以陰陽二圓交滙的圖像方式來表述！這在前幾篇文章早已講述了，現在要講的是這二圓相交的深度和角度問題，一般的理解是首先陽圓與陰圓同大小，進一步的解析是陰圓可以放大，大於陽圓很多倍！這二者之交流交滙決定了很多人生世事的成敗，而不僅僅是以上四者之兩兩組合！那麼，甚麼是好的角度呢？記得 45 度 52 度和 60 度嗎？陽圓進入陰圓范圍內的弧稱為陰弧虛弧，這個弧度越接近以上三個度數為好，其中尤以 60 度為最和諧有福氣，45 度則多波多折多險一點，但當然所產生的成就也越高！這樣一副個體集體心智神的十三個組合加上相交滙的三個主度數和其餘偏差或多或少的角度足以構成人生的成敗得失之多樣性複雜圖像！

最後，圓學推導出最高維度或者說"目前的最高維度"與零維屢有奇緣，都不同程度的代表了上帝！又或者說上帝就是由目前的最高維度再加上大部份的零維共同組成的，這樣說亦無不可！君不見，凡是稱職的領袖統治者都是關心最低層的大眾的，比如泰王九世聖雄甘地朱元璋雍正帝等！再比如當我們越是否上更高的高峰後，我們第一反應第一視覺就是四周俯視，探索"底部山腳或谷底平地"，而絕不會是中部山腰，人類的天性是互通的，且大自然不斷的為我們提供了最直觀最真善美的圖像佐證，桃李不言下自成溪，這不是文字抽象可以比的！

所以，無限大無限大的底部好比沒有盡頭的圓周，上帝也探索不了這個零維底部盡頭，正是這個無限大的底部圓周烘托出無限高的沒有至高只有更高的維度，同理上帝也達不到了至高，上帝只是同時表示了目前至高的高維圓心點和至底但至大的無限圓周，這中間產生的能量足以使到我們每個維度也有上帝也無權更改的唯一性和至為微小的自由變動空間，同理這個變動空間上帝亦是無權干涉！上帝自身與我們萬物為一體就存在於無限無窮之間，但祂既不會亦不能消滅我們！

54. 理想國

有道是哲學宗教比如禪道基督天主穆斯林甚至大愛等等都是一些枯燥的東西，使人望之卻步！但事實真的如此嗎？

我們現在的聲色犬馬甚至驕奢極樂可算是人間極品享受了吧！統統都只不過是三維世界虛幻之物！真正的極樂理想國應該是甚麼？應該是

沒有五顏六色迷人樂音，應該只是白天的白與黑夜的黑，至多是一些我們三維人類聽不到的樂音，感受不受的感覺，甚至是看不到的至珍，正是白天的白與黑夜的黑！這些真正極樂自在的理想國度，偏偏被我們誤作廢物！為甚麼？因為我們受制於三維肉體感官，而三維肉體感官就是七情六慾六根紅塵！

可以在科學現實上說明嗎？可以！試想這宇宙繁星星系何其外，或者說是宇宙大尺度結構吧！我們肉眼看的了多少？數千顆星？還有一些早已在三維世界消忘而進入五維世界暗能量能過去的呢？試想想，在三維滅了之物並不是真正的煙消雲散，記得質量守恒定律？這裡消失了的東西定是以某方式到了某個地方而已！我們人類肉眼看不見這些美景，只看到一片黑！正如二維平面生物看不到我們美景一樣，因為它們"視覺"是一維漆黑！我們何能看到高維度之維景呢？二維受制於平面，我們亦受制於立體，其實我們就是上帝一份子，"存在"於幾乎各個維度，只是受制於三維肉體太過，而致"感應"不上高維度而已！一切都只是感應，感應由頓悟與自在而生！

試想想，四五六維視角，單是暗能量已經是各種不同體驗的萬億星體，暗維度是以宇宙極速光方平去遨遊宇宙的，再加上暗物質呢？暗物質應該是甚麼樣的主宰體驗？還未說平行宇宙甚至上帝維度呢！可見，聖經的天國，佛教的極樂世界，道家的真人聖人之至境可不是吹噓的，事實上他們可能是盡量低調淡化的講述了，否則人類的思想是領悟不到如此高境界的！

那麼，我們現世為人，三維肉身是既定事實，這樣的情況之下我們又該如何尋找自己的理想國呢？處事為人之前的文章已經大量討論過了！餘下的無它，真理雖然有無窮種方式無窮個角度去描述探尋，但真理的坦途亦只有一條：好好的生活，自由自在的生活，做自己喜歡做的，存平常之心，和而不同！

以科學角度去講，就是視覺只有低級別的二維，所有感官也只有三維！唯有我們的思想才可通達無善無惡無因無果自自在在無邊無界的平行宇宙！如何去到？存自在之心，這樣便可不受三維肉身之速搏！好好過活，善享天年，沉思冥想，誨過謙卑！侍我們盡享天年之後，自然進入更高維度乃至平行宇宙！無怪乎長壽老人的唯一一條秘方都是開心快樂又自在的活著！這就是我們的理想國！

序幕才剛揭開，閉目幻想感受一下"身前"的片無邊際的平行宇宙極樂世界！上帝就是大千宇宙萬物無所不包，而我們當然就是一份子，人是三維萬物之靈，這份量可見並不輕！

這時，零維宇宙原始點在我們"身前"，零維又包含了大爆炸之前的所有無限"虛空"，所謂天一生水，零維點屬水也！之後大爆炸溫度非常熾然，地二火也！而大爆炸之張力屬木之三數也，生成了甚麼？代表將來之暗物質屬土，而代表將代之暗物質土又生成暗能量之金！至此，五行成也！在我們"身前"的不可能是二維平面，因為我們人類的視覺，根本不可能感受到如此高維之妙境！況且，人類肉體更是承受不了這個宇宙！

記得前幾章我們提過的金字塔嗎？試想成圓錐型！記得上帝就在"目前某程度上之至高維"，而這也某程度上等同於地下的零維嗎？記得不同維度有不同"視覺或感受"嗎？上帝必定"先張望最心繫"最下層之零維，上帝每個維度也感受到，比如祂可以感受到三維，但前題條件是祂不可能以三維生物之視覺"直接"感應三維，這層功夫必須由先知代勞，先知之職無非是善意的或者是自然而然的使人類了解到上帝之奧義與妙處，從而使大家一同頓悟！比如行不言之教，又話以圓學佛系運動之式等等告戒世人！

我們可以設想圓錐體是兩個圓形，即陰陽圓，一個在底，另一個即縮成點因為圓等如點，而抽上去作為金字塔頂之目前至高維度，這就是陰陽圓二為一體，亦即高維無限趨近於零維之意！

試想想，金字塔頂角是設定了的 52 度，這一數值不變之下，高維度越往上昇高，就好比上帝做著圓學上的佛系運動而昇華更高維度，那麼所對應的零維圓圈面積"一定會隨之增大"！同時，中間各個維度的圓切面也定然"相應增大"！也就是說，其實我們中間夾在上帝維度與零維之間的角個維度也跟上帝維度的上升幾層和零維的擴大而相應的加大擴大！亦即是說，在上帝維度上昇的時候，是與我們同時也對應著我們各維度的擴大的，亦即是個維度都有自己的"功課"！同時，各個維度亦具有高度唯一性和完全不可間接由其它維度干擾修改性，換包話說，我們人類"也某程度上主宰著自己"！這個某度有多大，上帝和高維度主宰我們的是陰陽，那麼我們自己作主的部份便是陽圓，正是這個程度！

再深入的說，對於三維來說山山水水房屋城牆都是死物，而在二維世界這些都是與我們人類"無分彼此"的"生物"！在一張相片或圖像裡你可以分出是相片裡的人類或是動植物又或者是背後的山水更高等嗎？！沒有，都一樣的！至於我們的身體對於四維可能都是死物，只有眼睛眼神是生物！而五六七維又更往裡縮了。其怪的是，凡是維度越高越往裡"縮"的，可以感受的就越"宏大"越"自在"！這不正是一個金字塔圓錐體嗎？

然而，我們都知道既定之物比如過去五維都是較低層次，有變數之物比如將來六七維甚至八九維更高的平行宇宙變數就越大，所以方才那個金字塔圓錐體的層層擴大必然是由上帝維度引領而下的，相反這個世界裡越是固定的低維度的事物受上帝影響＝越小，比如意識肉體乃至動植物甚至無生命之死物！所以，短暫的意識的確更大程度上的由人類自己主宰，雖然這只是相對很微小的一部份！但也在因為這微小部份造就我們各個維度的自主和唯一性！正如一句老話，上帝也不能改變過去！

所以越接近潛意識的關於思維的東西往往就是我們身體中的"上帝成份"！大家又準備好自由心境的漸漸步入全人類的理想國了嗎！

這座金字塔圓錐般的理想國，經無知畏懼之火苗生成的罪惡烈焰的煅燒，由經半知公義而生成的善良冰河之洗滌！最終，鑄做了土金木合成的無善無惡無因無果自由自在無為而為禪道大愛之理想國！

從自己內心深處亦可感受到這個上帝的也是我們自己的理想國！為何？因為上帝維度代表陰圓之塔尖頂點不僅對應著基底零維圓心，同時也對應著中間每一個維度的圓心，這很可能理論上是任一維度"直接感應上"上帝維度的唯一"截徑"！所以，我們有二個路徑感應上帝，一個是內心圓心直接感應，另一個則是從將來世界自在平行宇宙之最外圍日新月異的擴大部份去跟上帝同時做"功課"！再想，我們日新月異的世事，比如某一件重大科學發明或人道哲學學說又或者新的混合物種之誕生，這些從思想上生發的新事物，某程度上都是與應上帝維度向上昇華運動之物！

還有一種很不好現像，有點類似修行的走火入魔，就是某些人強行割斷現世一切關係，強行進入好像自由自在無六根之境！然而，他們忘了人類終究不是上帝，所有的昇華必須現實的以三維世界之實為根基，從而造成他們的脫實向虛，不能自拔！用圓學作比喻，他們好比抱著一個圓圓的救生圈，一路浮到虛圓處，並且自欺欺人的"裝作"看不見自己身上抱著的一個小的可憐的微型小圓！就這樣，他們看似一片坦蕩，無圓以圍困之！其實，這都是自欺欺人之舉！

現實中無論世事如何變幻莫測，人心如何善良忠信或者歹毒擅變，上帝看待世事的方式終始如白天黑夜的黑白一般的如白開水的無色無味，這就是自在之境理想之國，這一切全在於我們的態度頓悟感應！白開水無色無味，但世上有比它更美好的飲料嗎？況且自古至今無論世事幻變，人類對它之愛亦永恆不變！

理想國有多麼美妙自在，偽理想國就有多麼險惡難纏，這一切都是我們自己內心一念之間，要活的自在平常，切莫戴上透明圓跳入虛弧處，有人就是想對你施以援手也尋之不著，這才是真正的煉獄！對此，我們並沒有繞開之它逃，自救之法唯有一心一意平常自在的好好生活，在輕鬆恰意之間邁步前往理想國！

55. 理想國二

一個似乎是有史以來也肯定會是全人類內心的最大問題：到底有沒有上帝？因為只要這個問題解決了，比如說真的有上帝，那麼我們心裡所有的複雜問題都不急於找到答案了！因為我們知道上帝自然會有所有答案！設若這世界宇宙上根本沒有上帝，我們也自有一套處理所有複雜問題的科學哲學之法！然而，最不好的是現在這個情況，大家眾說紛紜，有的人堅信有上帝；有的認定上帝不過子虛烏有；有的則持折衷方法，比如幾乎所有偉大的哲學家所認為的就是上帝就是宇宙，宇宙就是上帝！

誠然，假如有上帝的話，上帝也肯定也不是一個"人的模式"，只不過是我們將之擬人化了！而我們人類肉眼所看到腦子所想到的幾乎就是第一第二維的"極低級別形式"的宇宙，所以當我們看到斯賓洛莎叔本華等巨匠的論點說上帝就等同宇宙之時，我們第一反應就是自己低端理解力裡面的"一二維極底級別宇宙"！我們心裡納罕"這個宇宙根本就是除地球之外也沒有生命的死物！"所以，我們不排除會誤讀了巨匠們的意思，認為他們口中的上帝不過是這個"死物宇宙"，所謂上帝只不過是他們"哲學形式上的上帝"，也是他們對信教的人的一種"安慰或折衷"！所以，這就是說根本沒有上帝，又或者更糟糕的是，這樣的上帝"有等如沒有"！

那麼，我的答案又是如何？我願押盡自己所有一切，平淡的說一句"有上帝！而且不是哲學意義或者科學意義的上帝，而是神學意義上的上帝！"

用維度講起，我們只知道三維的人類動植物都是生命，這個無可置疑！但是，我們卻自以為是的認為"二維光平面就不是生命，而是死物，一維暗黑更談不上生命"！事實上，我們是錯的，以下我將為大家一一解析！

宇宙之初零維點一切無有，一維就是"暗黑靈"，二維比一維更進一步，從暗黑裡生出的光芒，所以二維就是"光平面靈"，這個"小小的"光平面靈就是從"極大的"暗黑背景裡抽出的一點光明，所以暗黑靈也是生命，光靈亦同樣是生命，而且某程度上更高一級！至於三維呢？三維的生命就是"人類動植物靈"，比二維光平面光靈又高一級，范圍看似又小一點，比如說在三維世界裡山川河岳和空氣就"暫且"不當生命了！至於四維呢？四維可想而知就是我們眼睛裡的"眼光靈"，有點似初級靈魂了，對應的是我們的初級簡單意識，泛指現在的一舉一動之動作！五維就是當我們閉上眼包括閉眼冥想或睡眠時的"眼暗靈"，這個眼暗靈對應的是一幕幕的過去，即過去的一舉一動！六維呢？就是"心腦靈"，控制我們的七情六慾潛意識的行為，而這些行為又決定著我們的處世為人，即我們的將來，也泛指過去的一舉一動現在的一舉一動和將來會作出的一舉一動！可見，每一維都有自己的靈，每一維都有死物有生物，去除屬於上一維的死物餘下的便是這一維的生物便稱作靈！可想而知，通到無限高維處，就會有"一個"靈，叫做"上帝靈"！這樣的靈，與我們心心念念的神學上帝匹配嗎？完美匹配，夫復何求！記住，我願意押上一切做打賭，我這樣的毫無天賦的平庸之輩也感口出此語，那來的勇氣？是上帝的感召嗎！

還記得上一篇旳圓錐體理想國？現在大家設想這一個圓錐體名叫A，再加上一個相對應的倒立的虛圓錐體B，A圓錐的頂點與B倒立圓錐的底部圓心重疊，反之亦然！這樣一副圖，就是我們心心念念的理想國之幾何化圖形！

圓錐體A代表我們這個宇宙，虛圓錐體B自然代表其它無限平行宇宙，而我們都知道上帝維度一定是在兩個圓錐體的塔尖！現在，我們用一條直綫將兩個塔尖相連，剛好這條直綫貫通了這個宇宙和無限平行宇所有維度的圓心，這個圓心在我們第三維度代表的是心靈潛意識宇宙之起點等等，而圓周則代表了意識和前沿科學社會學等等！這樣，我們確乎知道上帝存在於所有維度，而且都是存在於所有維度的"圓心""內心"，自然也包括了我們的內心，我們的內心也自然是與上帝的感應處！還有，圓錐A的高維度便是平行宇宙圓錐B的低維度，反之亦然！這樣，我們自然可以推出舉頭看見宇宙夜幕的低級一二維度之星空，原來就是平行宇宙的極高維度，上帝怎樣存在？原來上帝就是以平行宇宙的極高維度之形式存在於我們宇宙的一二低維度，反之上帝又之平行宇宙極低維度的形式存在於我們這個宇宙的極高維度！原來，上帝靈真在我們身邊，但卻不是以這個宇宙的形式"直接"的存在，而是以平行宇宙的形式"間接"的存在！怪不得平行宇宙"剛好"就是不受引力限制，剛好無因無果無序無善無惡的一切顛倒！換句話說，上帝既以我們宇宙形式影響著我們一切的因果順序心靈善惡，亦以其它宇宙的相反形式"產生"我們腦海裡一切無因無果無序無分善惡的天馬行空的幻想妄想！

上圖的兩個圓錐圖和前文的一個圓錐體又啟示我們，我們位於三維外圍圓周處一切的意識前沿科學社會學，雖然不斷生長擴大，對應每一個維度的前沿圓周同時擴大，也對應上帝維度的不斷排昇！這樣，我們清醒了，所謂圓周上的前沿科學只能直綫向下看一二維度低維宇宙，直綫向上卻看不到橫切面比我們更細的高維圓！此情此景，難道不像我們科學界們不斷輕高采烈的說又發現了更大面積的宇宙和更多的天體又要探索甚麼甚麼星系去嗎？我們看到的是甚麼？只不過是一副副既危險又"無內容的"黑色和彩色宇宙圖而已！我們既走不出這個圓，即使走出去了，根據這個宇宙的重力原則一定是往一二維處"摔"！落的個"粉身碎骨"的地步而已！

有人會問，我們的圓周也代表將來高科技和意識不是不斷的往外擴嗎？這不就是進步嗎？憑這些進步不能探得更多更高維的東西嗎？不能！我們這個圓周在擴的時侯，其它維度也在擴大，而上帝維度也不知道升高了多少！這其實是各維度大家共同在進步，共同存活，共同"做功課"而已！我們的一切作為，其乎都是高維度決定了的，我們還傻傻的以為自己可以作主！難道就這麼不平等嗎？難道沒有天國理想國嗎？有，平等的地方在各維度的圓心處，這些圓心串成的軸就是理想國，在這裡一切平等，甚至我們可以"最大程度的"感應到上帝！

我們的宇宙架構都已介紹清楚了，那麼第八維平行宇宙是甚麼？就是大爆炸前的無限宇宙，和我們宇宙完蛋後的又無限宇宙！它們就以"不同的形式"存在於我們這個宇宙，以不受重力時空因果的形式存在著，所以平行宇宙就在我們身邊，也可以說就在現在，我們用不著把時鐘撥到 138 億年前大爆炸前或數百億年後這個宇宙完蛋之後！可見，以前的圓學文章所推導出來的完全正確：現在是圓周，過去是圓平面，星系之未來為整個圓球，宇宙中無數球洞眠星體蕭殺或者生出的星系就代表了無數個圓球，這叫第七維度！再上去就是不受重力制約的第八維度，即初級平行宇宙！初級平行宇宙一定以不同形式與我們宇宙互相交錯"存在"著，這與以上的圓錐 AB 圓推出的結果相脗合！又或者說，如果平行宇宙不是"互相交錯存在著"，就肯定沒有上帝！正如如果我們宇宙是唯一宇宙，即沒有平行宇宙的一圓死圓，又為一圓自己做不了陰陽圓運動，一個封閉死圓只有滅亡！而同理的是，正正是因為平行宇宙互相交錯存在著，我們也不用去擔心甚麼數百億年後這宇宙滅了怎麼搞？因為，我們的宇宙"此時此刻"肯定也是以"另一種形式"存在於平行宇宙之間，這些都是互相的！所以，不用再去想甚麼 138 億年前大爆炸前是甚麼光景，數百億年後宇宙滅亡了又是甚麼光景，這些傻問題，皆因大家放棄了圓心內心潛意識，盲目的只去追求科學圓周上的解析所致！如果這樣下去，人類不但沒有前途，而且前景堪憂！

請相信，真的存在神學意義的"上帝靈"，並且我們是用圓學哲學科學神學共同推導出來的！在上帝靈的守護下，其實我們也是祂的一部份，這就是理想國，而理想國就存在於大家內心！

56. 理想國三

上一篇文章裡我打了個賭，全押了上帝靈肯定存在，而且無處不在，實實在在的就是神學意義上的上帝！不消一晚，資質平庸的我，內心竟暗自慌了起來，實在害怕自己全盤皆錯，畢竟用自己的所有全部去打賭本身就是一個缺乏認知和自信的態度，而且上帝靈如此靈肅之話題面前，我的打賭打為簡直就使小丑現形之鬧劇而已！事實上高維上帝之至理，斷不會因為我們的打賭行為而稍微受到影響，況且這個行為本身就是無知又無意義的！事實我完全錯了嗎？完全被打臉嗎？如果是這樣那還好，事實就是我自己根本連被打臉的資格也沒有，因為關於我的打賭既沒錯也不對！大自然是如此波瀾不驚，無為而為，只不過是像我這樣的一個智慧上的侏儒小丑在空自上躥下跳而已！

現在要先展開一個話題，上帝到底本來就是無限維度的存在著，只需我們一層層逐個揭開其面紗，抑或是祂本身也在"不那麼高級的維度"，而需要自己"逐級努力往上一步步的去爬升呢"？這兩個問題乍看分別不大，實則大有不同！如果前者是對的，那麼上帝則更像是一個"暫時的永遠在變的像"；而若如果答案是後者，那麼上帝則是一個"某程度上相對固定不變的上帝靈"！而且，這個問題也關係著我們人世間的所謂將來，如果前著是對的神是永遠在變的像而不是上帝靈，反而更像一個科學哲學上的宇宙像，那麼相對應的我們人間的將來便是"早註定好了的不變的宿命論"；而如果上帝真的是需要"拾級而上"的神學意義上的上帝靈，那麼我們的將來則是"某程度上相對會變的而不是一早寫好了的劇本"！

而上兩個命題似乎兩個都成立，也似乎只有其中的一個是成立而另一個則不能成立，真的是矛盾重重，好比在問是陰先還是陽先，是有雞先還是有蛋先呢？

　　然而，事實上所有並存的矛盾都是對的，因為有了矛盾才有了生與滅，或者說來與去，比如說宇宙的生滅來去，矛盾的生滅來去似乎說明了一切都不過是"因時制而的暫時的像"，也只有這樣一切的一切比如大千平行宇宙才能夠不斷的此生彼滅彼生又此滅的無限延續下去，有點像我們圓學上的佛系運動！但矛盾又看似不能並存的，因為如果以上這一對矛盾成立的話，那麼上帝就既是不變的上帝靈也並且亦是變幻的科哲學宇宙像；而至於我們的將來則既是早註定好了的宿命論，同時亦是一篇自由發揮的不斷在變的講稿！這麼矛盾的事有可能嗎？有！那麼又如何解釋呢？因為正如佛道所說，我們人類原先就是這個宇宙大自然的一部份，是無分你我的一部份，這麼一種一體的感覺當然就只有用心靈去感受！然而，只要我們一旦用文字圖片甚至是一切認知的方法去"了解認識"這個大千宇宙時，事實上我們就已經"錯誤的"把自己從大千宇宙之中"抽離出來"了，亦即是說就是分了彼此，我為此宇宙為彼！要知道，原先是一體的東西，又怎可能去分彼此呢？既分彼此，便存在彼此，彼矛此盾抑或是此矛彼盾，永遠陷入這樣的一個迷思！所以，教督教天主教所倡導的，大約是神不是用言語或文字思維可以表達的，只能憑內心心靈去感受，即是說只管相信就好！這確實是至理命言，真知焯見！所以，老莊思想亦提倡一切的文字知識認知技巧都是徒勞的，不過是沒有自知之明的人再賣弄聰明而已，可弄巧反拙的是反而變成了自暴其短！用圓學去代表，就是所有兩點對立之矛盾物比如唯物與唯心都是同時正確又同時錯誤的，因為唯物與唯心這兩個概念同樣出自"我們硬是從宇宙之母分離出來而後又自作裝明的認知"，本身就無所謂唯物與唯心，本身就是一無所有的原始零維圓心！

　　現在，我們試舉幾例解釋時，比如圓本來就是圓，只以圓周或者圓心一點呈現，而現在我們若果硬現列劃蛇添出的同時列出圓周和圓心，則圓心是圓抑或圓周是圓呢？一山尚且都不容二虎了！那麼何此"二虎"又同時存在呢？皆因我們自作聰明的將自己從宇宙之母抽身出來，分了彼此！比如說我與宇宙本是同一原點，現在又將自己化作一圓周，硬是從宇宙圓心點抽了出來，然後又指著自身圓周和宇宙圓心指手劃腳，評頭品足，說甚麼矛盾性差異性等等謬論！

　　同理，比如現在正午十二點，舉目所見日正當中，我們就一口咬定現在是白天，誰知我們的所謂白天的陽光之上更覆蓋著幾乎代表了整個宇宙無處不在之暗，即使現在的地球另一邊也不是白天而是夜晚！那麼你來說說，現在到底是白天還是夜晚呢？只能說現在既是白天又是夜晚，又或者兩者皆不是！為何會出現這種情況呢，一切皆源於我們有了此乎"多此一舉"的認知，而認知就是我們從宇宙之母抽身出來之後的必然產物！如果我們與宇宙自然融而為一，只聽憑心，那麼便沒有所謂的明天或黑夜，這便是"真正的自在之境"！這樣一來，我們既是維度之靈又是維度之像，似乎遠恆又自似短暫，我們知道又彷如不知道，沒有所謂知道的知道，也沒有不知道的不知道，更沒有一切的一切！

其實，上文的兩個互相倒立的陰陽圓錐體已經很好的解釋了這一問題！正立圓錐體由這宇宙不同維度組成，就假設上帝是八維之平行宇宙，再分上去意義也不大了！如果只看此圓，我們每一維度便是實實在在的靈！比如一維暗黑靈二維光靈三維人類動植生物靈四維眼光靈五維閉眼暗靈代表過去一切一切六維心腦之靈控制七情六慾七維集體心腦靈代表不同黑洞暗物質交滙出來的將來八維更高之平行宇宙靈不受因果善惡時間次序之制約！可惜的是，這個圖同時又有一個虛的倒立的圓錐體B，這個虛圓錐無時無刻不提醒我們，即使在你自己的維度，你也只能既是實的永恆的同時也是虛的暫時的，比如圓錐體A之三維是實的不假，可這個實的三維同時又是圓錐體B的虛的五維，虛中有實實中有虛！為何會這樣的，道理就是本來我們與宇宙為一體，共同代表圓錐體A，然而自從我們自作聰明的利用語言文字認知等功等將自己與宇宙一分為二分了彼此之後，就產生了這個"虛的"圓錐體B，這個虛圓錐便諷刺的代表了從宇宙之母抽離了出來的我們！所以，即使是世上最有天才的頭腦最偉大的認知都脫不出這層矛盾陰陽虛實圓錐體之間的關係！雖然感受完全不可能寫出來講出口，也不能憑意識去認知，可是從可見的維度之靈的痕跡來說，我們大概都隱約的似乎感受到了這存於心靈之中的妙不可言之感！認知和文字的最終極目標也就是"完美的"呈現出自身的矛盾性和局限性而已！

至於說平行宇宙，為甚麼說平行宇宙必定是"相互共同交錯的"存在著呢？第一，因為平行宇宙已經被證明了不受引力限制，所以理論上我們要到達200億年前的之前的那一個老宇宙或者800億年之後的新宇宙都不用回到過去或將來，況且宇宙極速光平方也只能將我們帶到宇宙 138 億年前大爆炸的起點而已，五維度尊屬的"時光逆行"也不能超出這個宇宙之范圍！並且，如果這個宇宙不同時存在著不受引力限制的平行宇宙，那麼我們的腦海不受引力限制的無因無果的虛幻幻想又從何而生呢！科學也好，哲學神學也罷，只要是真正的學問都不可能無中生有，質量是等價的也是守恆的，即使是無處不在的矛盾，也會是一些"有規有矩有板有眼的"矛盾，不可能是子虛烏有亂套出來的不成體系的矛盾！凡能稱之為矛盾的，都必然是和諧的有體系的可以推論理解的！而且，我們人類的一切智慧學問，幾乎都是從矛盾而來的！矛盾很有"理性"，不會"胡來"！更重要的是，我們現世的一切維度最終都不過是一層層的像而已，只不過維度越高，看到的像自然越高等而已！既然都是像，那麼平行宇宙為何不能共存呢？只不過是一層層的感覺得到或感覺不到的像有機的交織一起而已！最後，平行宇宙之交織互存更引證了所有宇宙所有維度永無開始亦永無終止，都似乎不過是一層又一層的幻像的你方唱罷我登場，又或者只不過是前場後場而已！

　　然而，當我們錯誤的將自身從一體化的宇宙之母抽身出來以後，自己首先"感受到的"不是像，而是"看似實實在在永恒不變"的生命或者靈！比如，我們置身三維世界，一開始感覺一切都是無限真實，那麼我們自己便是生命亦是靈，幾它維度亦復如是！但當我們深度思考，比如說為何一切既無開始也無終止，簡直是豈有此理的不生不滅呢？原來一作是因為"平行宇宙在作祟"！因為平行宇宙與我們宇宙互相交織虛實相間有無相生相續相換相位，才使得一切看似不過無限變幻的像！總的來說，這個宇宙使我們"認識"永恆不變的生命和靈；而平行宇宙又使我們"認識"到原來一切看似是永恆的實的又好像都是臨時的虛的"像"！可是，不管是生命靈也好，是像也罷，都是自我們從宇宙之母抽離出來之後有了認知之後的矛盾而已！如果我們一直置身其中天人合一從不分離，又何來會產生文字語言思維邏輯之認知呢？既然沒有認知又何來生命何來靈或像呢？既然都沒有這些，又何來談的上矛盾呢！無為而為理之至也！

　　如果偏要說分離是"註定"了的，我們則又可以以圓學中的圓力定理，將這些一對對的矛盾之物又重新劃入同一個圓周之上，而圓周又會收縮成點，點即是無有！這個又圓力而生的"無有的點"，誕生於有，那麼從中我們難道領悟不到甚麼道理嗎？同理，既然我們已經從宇宙之母分離出來，矛盾亦將永遠伴隨，那麼我們又如何分別的出到底我們自己是跟本與宇宙為一體，抑或是因圓力之和諧而致使自己與宇宙又歸一體呢！

至情至聖無為而為的蘇格拉底的心靈之光散逸於四維，他寫無言之書行不言之教，這觸動了世界，又觸動了柏拉圖，這些華光烘托出理想之國，神與凡人共存共榮的理想之國！

57. 理想國四

上一篇提及我們自己就是一個宇宙或者說我們本身就是宇宙的一部份，但我們的認知意識包括社會政治尖端科學等等都使我們把自己從這個本身與我們是一體化的世界中抽離出了來，亦即是說我們與這個世界分了彼此，本身應讓是融為一體無分彼此的。那麼，我們應該怎麼做呢？回歸基本步，即回到本身中去，即回到圓心宇宙大爆炸之原始起點，又或者是說回到我們內心最心底的心靈之處！這個道理在我們上一篇圓學的維度圓錐圖裡已經解釋的很清楚了！

但又有一個更大更迫切的問題，假若我們真的回歸到世界本身與這宇宙融而為一，那應該是一副怎樣的情景，又或者說怎麼去理解呢？那豈不是化為無有，空無一物嗎？之所以大家會這樣想，是因為正如前幾篇理想國圓錐體提及過的，大家都是站在三維圓的代表認知意識科學的不斷擴大的"圓周"上去看世界宇宙，在肉眼和所有科學儀器甚至一般人的認知之中，科學就是宇宙一片黑幕星空，死寂寂的，除了一些天體和光射線綫等科學認知物之外，就再也沒有了！這是謬誤，既然如我們科學所知，宇宙某程度上不過是一個個"稍瞬即逝"的虛像，包括這一秒的我們自己在宇宙意義上也不同於上一秒的我們自己，那麼結合之前的圓學維度之證明，我們很簡單的得出一個結論，你是甚麼維度便決定了你可以"看到"甚麼維度的像！比如說大家三維生物可以看到的就是二維像感覺到的就是三維，我們肯定是"看不到"四維甚至更高維度的！真沒有辦法嗎？有！金字塔圓錐體告訴我們，所有維度的圓心是以一條直綫軸相連的，包括暫定為上帝維度的第八平行宇宙維度的塔尖！所以，我們雖用意識科學去認知了解宇宙的"皮毛"，但更要用心去感受宇宙更高維度的"內核"！

那麼，又是同一個問題，那融合後到底會怎麼樣呢？因為我們歸化宇宙正如我們歸位上帝一般，所以這個問題關乎一切的一切情景，必須有個概念，不能空口講白話！畢竟，用心去感受，這句說話太"虛"了，宗教講了多少千年，但聽的入耳有所領悟的人真不多！

首先，我想到的是宇宙與自己將融為一點，零維無極點，之後，我又想到圓學中的圓力現像，即是說起初我與宇宙是一體的，這一體其實是一個現像過程或者是一個事實上的狀態比如靈，即首先宇宙與我是同一點，然後經過各維度的束縛洗禮，我與宇宙慢慢分裂成兩點，都有著共同的過去圓心，但現在我與宇宙跟這圓心的距離不同，然而我對宇宙自然上帝一切的領悟就是圓力，將我與宇宙這兩點的半徑慢慢變成同一長度，最好的情況是我與宇宙這兩個點在成 60 度弧度的情況下一起融入到同一個圓周上去！這樣原始宙零維圓心與我和現在宇宙這三個點不單組成一個圓，而且還組成一個等邊三角形，真正的無分彼此，三位一體了！

然而，圓力 60 度弧等邊三角形又代表甚麼呢？命理學的知識告訴我四季在十二個月中各佔兩個月，春寅卯夏巳午秋申酉冬亥子，至於四季土月辰未戌丑為各個季節之交界時份，嚴格意義上每個土月都屬分前後半部份分屬兩個季節的！我們又知道兩個月剛好在圓上就是 60 度，更重要的是命理學告訴我們四季十二長生之氣分成十二長生永不窮絕，具體一點的說即現在雖為春季，但"秋季的氣"在春季雖"極之微弱"，卻是"有的"，所謂見不見之形，抽不抽之緒也！另外，一個普通成年人睡眠七小時計，最會做夢的時間也剛好加起來是四個小時，即 60 度！

那麼，設想宇宙之母代表四季，我們人類也可以代表任何一季比如夏，那麼，我們與上帝和宇宙自然之關係就很清楚了，我們就是夏季，如果將代表我們的夏季從"四季之中抽出來"單獨而論，則這個夏季"跟本甚麼也不是"，因為這根本不會成立！再舉一例，我們人是完整的人也體現為精神完整為一個人，街上人們所謂的"瘋子"，很大程度上就是精神分裂，即他們的精神有異於常人，常人完整瘋子分裂，所以瘋子經常對著"空氣中的另一個自己"去說話！瘋子不過就是將自己從自己的完整精神之中分裂出來，那麼人們將自己從自己完整的宇宙自然之母分裂出來，利用文字語言思維去理解這個宇宙，那跟瘋子的自言自語有何分別？這樣又真的可以理解宇宙嗎？這充其量只能看到一二維端維度，但更嚴重的是我們竟將一二維低端維度代表為整個宇宙而不自知錯誤，那正是徹徹底底的瘋掉了！

同理，平行宇宙問題也迎刃而解，設想我們宇宙為 B，大爆炸之前的那個宇宙為 A，大毀滅之後的那個宇宙為 C，每個宇宙"壽命"各有 300 億年！那麼，我們也一定可以將每個平行宇宙視為單獨一個季節，只不過這個"季節"實在有點長，足足 300 億年！這有甚麼根據？比如夏天溫度熱冬天溫度冷，夏天的自然景觀和生物在冬天就不會有，比如夏蟬不可語冰也！說白一點，就是夏天的法則冬天則幾乎相反，夏天颱風裂日，冬天下雪等！回憶一下我們前幾篇理想國的平行宇宙維度陰陽倒立圓錐圖，我們宇宙幾乎至高維的引力法則，對於那個倒立圓錐的平行宇宙來說剛好相反，幾乎是至低維度，這也好比冬天法則是下雪，夏天下雪則幾乎沒有可能！然而，不是說平行宇宙不受過去將來約束無因無果嗎？對，可是這個"過去將來和因果"，指的都是我們"現在身處"的這個宇宙，然而，這個"宇宙季節的壽命"只有 300 億年！而任何的平行宇宙都是在這 300 億年以外的，所以正好不受這個宇宙的過去將來和因果之作用！

上帝是基乎不變的靈或者是變幻莫測的像，前者似乎代表神學後者則更似科學哲學，正如春天是不變的"靈"，又或者只不過是多變瞬間的像？說春天是像吧，那麼在夏秋冬之時"春氣"仍然存在於天地之間；說春天是不變的靈吧，那麼在秋天時份我們又確實看不到任何春天的"身影"！但至少我們知道，如果宇宙是四季，我們是夏季，那麼我們肯定不是"空無一物"，正如宇宙亦不是我們肉眼中的一二維"空空如也"的境像一樣！設若上帝是四季，那麼同理我們自身也"佔"一季！平行宇宙有多少季呢？那視乎有多少"個"平行宇宙，我更傾向於最終是無限的，但都是一圈又一圈一層又一層的循環鏈之"圓周"之上更替著！

圓學 60 度代表安逸舒適生長，與占星學一樣！圓學 52 度代表發育生活保存，正如金字塔保存塔內之物，太陽照射地球而生萬物一個道

理！至於 45 度呢，圓學方圓運動陰陽圓各 45 度加上來為 90 度，代表
去舊迎新，也代表動盪難安，但有痛苦才有更大的成就獲益，這與西洋
占星學又是同一道理，難道真的是"巧合"嗎？而 90 度剛好又佔三個月，
比如寅卯辰、巳午未，申酉戌，亥子丑！剛才說過，季節四季土月又代
表兩個季節的交替，這不正好是圓學陰陽圓方圓運動 90 度的去舊迎新
嗎？在這個意義上，圓學西洋占星中國干支之法剛好相通！

58. 理想國五 上帝軌跡

關於上帝或者說造物主之存在，可以說是這個世上最大的問題，幾乎
人人關心，祂使歷史上多少最響亮的名字最智慧的頭腦費煞思量而又心馳
神往，包括牛頓、愛恩斯坦、霍金、蘇格拉第、柏拉圖、阿里士多德、斯
賓諾莎、叔本華、榮格、甘地、莊子等等……還有一批又一批上帝在人間
的化身、比如耶穌、穆罕默德、老子等等……還有一個個上帝的名字和形
像，比如如來佛、濕婆、耶和華、宙斯、元始天尊、盤古大帝等等……

以上都是一些粗略的歷史脈胳，這些冰冷冷的名字之中卻閃出無比
燦爛之智慧，我們夢想探索上帝的軌跡，自然離不開這些名字！

今天，我們也貢獻自己一分綿力用圓學、哲學、科學、自然學、心
理學、易學、神學和生活智慧去探討一下上帝之軌跡吧！

關於圓學探討上帝的文字，見諸之前的圓學文章，在這裡就不再
贅言了。目前，我們科學上已知最大的范圍大概就是這個宇宙，最多也
就是平行宇宙，宇宙至高無上的力就是目前已探知的四種力之中的引
力。至於我們人體自身至高無上的活動就是精神活動包括思考幻想造夢
等意識和潛意識的活動、而這些活動都不受引力的制約，況且自古以來
人類就有一句最智慧的老話"我們的身體本身就是宇宙也是上帝的一部
份"！哲學上上帝就是一個圓周無限擴大圓心無處不在的圓，或者莊子
的執一環中以應無窮，又或者圓就是上帝的形狀，神話學上又有盤古開
天女媧造人對應耶和華創造了整個世界。易學上命理八字廿四節氣干支
紀年的法則與西洋占星學平行宇宙學和圓學之間息息相關，上文也經已
作出了詳細的論述。

那麼，既然自古以來我們人類都知道自己與上帝多麼息息相關，更甚至"血濃於水"，那麼我們身心靈上最高等之活動必定會與祂至少有點點關連！此連繫非常重要，否則我們千百年以來無數人對上帝的思考和探討便會淪為子虛烏有紙上談兵毫無意義脫離了現實面目全非的形而上空談！我們都知道人體的精神活動是至高等的活動，因為我們都是用"心靈"感受上帝的，而精神活動剛好跳出重力法則，連圓學上認為主宰將來之第六七維度暗物質黑洞類星體也"管不了我們的精神活動"！原因很簡單，因為我們的純粹的精神活動在現實世界上斷不會發生，所以不存於過去現在和將來！而這個宇宙無非都是由過去現在和將來的一副副像構成的，既然不包括在這些像內，也不受科學上至偉大之引力所作用，那幾乎可以斷定我們的精神活動就是屬於平行宇宙的東西，而這些東西比如"心靈"可以感應上帝，那麼或許上帝就在平行宇宙之間吧！

問題總是一個接一個，而且越來越大，現在面臨的問題就是如果上帝就在平行宇宙，而根據前幾篇圓學理想國之文章，平行宇宙就好比四季或者一圈佛珠串，那麼平行宇宙到底有多少層呢？一層兩層或者無限層？若果無限層那又有甚麼意義呢？那只不過是數字遊戲？再者，圓學推斷精神思考就屬於不受引力影響的平行宇宙，可上一篇理想國就提及到第一層平行宇宙之間不過是四季之更替而已，這樣也可以保證我們現在這個宇宙無需經過誕生和滅亡而生生不息的與其它宇宙永續下去，比如說現在是春天，我們不可以說是冬天滅亡了吧！而只能說冬天的氣已過，春氣已進當令，夏天之氣潛伏將至，秋天之氣仍衰未長而已！如果平行宇宙之關係就如四季的一串圓圈佛珠，那麼我們就可以推斷其實現在科學上的四種力甚至可能是五種力一樣存在於這些第一層平行宇宙之間，也就是說至少第一層平行宇宙中的力跟我們宇宙的四種至五種力一般無異！那麼，第一層平行宇既然受到引力影響，與不受引力影響的精神活動有甚麼關係呢？這樣講，將引力比如做低溫和雪，我們這個宇宙比喻造冬天，那引力自然存在我們這個宇宙以至高級別的暗物質和位處第六七維度，好比冬天之時低溫和雪佔主導地位一樣！現在又假設有另一個第一層的平行宇宙代表高溫和颱風的夏天，在我們這個宇宙以至高維度和級別存在的引力在那個代表夏天的宇宙之中卻是以可憐的最低級別和維度"苟存"，正如眾所周知夏天是不下雪的，除非"反常現象"，那麼在這個相隔最遙遠的平行宇宙，引力就"若有似無"了，就可供我們的精神活動"自由飛躍"了！

所以，我個人認為，就只有第一層平行宇宙，或者說"對於人類來說"就只有一層平行宇宙！首先，一層平行宇宙已經解決了我們宇宙科學上和哲學上的"存在問題"，尤其哲學上要求一個不生不滅永續不息的宇宙，這個條件確實只消一層平行宇宙就足夠了！而且一也代表無限，所以不可能是兩層平行宇宙，至於無限層呢？

由於我們人類至今科學上探測到的這個宇宙至偉之力就是引力，而無限層平行宇宙的理論在科學上要求我們"至少要探測到一個又一個比引力更偉大的力"，這個要求已經是天方夜譚！更重要的是，當我們在談論一些形而上的信仰包括上帝之時，絕對絕對不可以忽略了與科學的相脗合！

還有，因為只消一層平行宇宙就已經可以"滿足精神活動的需要"，若果真有無限重平行宇宙，那麼相對應的，我們應該有多個比精神活動更高級別的活動，這更是扯淡了！另外，精神活動已經"足使我們感應到上帝甚至回歸上帝懷抱"，那麼我們又何必劃蛇添足的再加添多個更高級別身體活動呢！

並且，自古以來我們的哲人智者們都未曾談及這世界上有比人更高端的生物，要說外星人，首先外星人也只是流言，而且外星人即使有也與我們同是三維世界的生物，而我們堅信，三維生物的活動突破不了精神活動的級別！再者，我們的聖哲先賢們都一致深信是上帝"親自"創造我們的，又或者我們"直接就是祂身體上的一部份"！可見，上帝並未有找中間人創造我們，而我們也是祂的一部份，絕不是祂的"手下或者低級靈等下屬"的一部份！

以上種種條件均指向，這大千平行宇宙是一層層的循環，而不是一堆堆或一批批的，而且也就只有一層平行宇宙，上帝也就存在於這些平行之間！至少對於我們人類來說就是如此，我們所有的真理知識包括身心靈之感受，對像只有一個，那就是我們自己，要知道沒有我們就沒有這個世界和宇宙，更沒有上帝！

讓大家一起以平常心常懷感恩的心情一起投入這個既屬於上帝更屬於我們自身的理想國吧！

59. 理想國六 上帝找到了

上帝"希望"我們領悟，或者說要感受上帝，就只能靠精神領悟，別無他法！在探討領悟這個話題之前，我們必須搞清楚一些概念，回想起前幾篇圓學理想國文章裡的陰陽倒立圓錐圖，這副圖不但解釋了為何平行宇宙脫離本宇宙之引力，還有就是平行宇宙之最高維即尖塔，重合於本宇宙圓錐底部代表零維的圓心，換句話說那倒立圓錐之尖頂也無限接近於一維黑暗之圓，最後，平行宇宙與本宇宙之兩個圓錐一正一反一虛一實也似乎隱隱約約告訴我們平行宇宙彷彿等如是"沒有這個宇宙，跳出這個宇宙，甚至是與這個宇宙抵消了所以最後一切皆空"！

另外，五維代表的是"本"宇宙138億年前過去的萬物世事之總和，而一維只不過是五維的外在表現形式，在如我們外在表現形式為二維平面一樣，真正的我們在自己內心的感知，是三維觸碰到的肉體，更加高維度的心理和平行宇宙的心靈活動！所以一維呈現為一片黑暗，根據圓學三維之視覺為二維，二維之"感覺"為一維，即一片黑暗，所以一維的"感覺"自然是零維，即一片虛空！所不同的是，真正的零維是包括無數平行宇宙之抵消，為神之形式，而一維角度下之零維，那是虛假的零維，那是無意義的虛空，即我們世俗人所理解的虛空！所以，由於平行宇宙處於極高維八維和零維之間，所以我們直通平行宇宙之精神活動都會以一維之形式"自由"的出現在我們腦海裡！但"沾染"的一維的精神活動便淪為"幻想妄想"，完全沒有沾染一維之純粹精神活動我們稱之為領悟，領悟可以直接平行宇宙！

現在，我們正式開始談談何謂領悟了！首先，領悟肯定是我們人類至為純粹之精神活動，也不受引力約束，所以就不會有甚麼"實在"的事情會發生於屬於這個宇宙的過去現在和將來，這很好理解，凡不受這個宇宙之力所制約的東西，當然不會發生於這個宇宙之代表過去將來和現在之一至七維度！再者，如果真的沒有領悟這回事，那麼我們人類將只會擁有與一二三維有關之肉體和受四五六七維過去現在將來制約之六根情慾，而缺乏所有超出這個宇宙一至七維的高度精神活動比如大愛關懷和領悟！但當然這些大愛領悟切是很罕有的發生，這證明了我們是如何受到七情六慾和現世感受之煎熬！

以上怎麼解釋呢？精神活動若是純粹天馬行空的虛幻，少不了沾染一些一維圖像之痕跡，比如說腦海裡閃出一個卡通公仔的形像，將之劃出來便成二維圖案，如果精神活動沾染了現世實在的利益情慾，比如利慾薰心，那自然又會"帶上了"發生於這個宇宙過去現在和將來之世事，比如很喜歡一個女孩或者愛錢諸如此類，這又會受到三至七維不同程度的沾染。那為何種精神活動完全不受現世宇宙的沾染的呢？那就是領悟，宗教意義或人生大愛意義上的領悟！這個精神力量真的不受宇宙各維度之制約，真達平行宇宙之虛無！

那麼甚麼要有平行宇宙？而平行宇宙到底有多少個多少層？它與上帝和領悟又有甚麼科學上邏輯上之關係？

為甚麼要有平行宇宙，因為如果我們宇宙真是永續不息無開始無終止的話，只有這個宇宙肯定是不夠的，因為一個宇宙要有開始會有終止，這是非常不合邏輯和科學的！因為開始之前終止之後皆意味著俗語所謂的"一切也沒有"，但科學至偉大之公式之一質能守恆和質能等價式都明白告訴我們這個宇宙的"所有東西"都不會憑空消失了，那怕是這個宇宙"死亡了"，質能守恆"這條債"它是賴也賴不掉的；至於邏輯思想和哲學上的道理我們實在已經講得太多了，不再多言了！那既然宇宙是永續不息的，然而這個宇宙"在我們人類的認知之下""出生於"138億年前的大爆炸，並且會在數百億年後"滅亡""壽終正寢"，那麼就必然存在平行宇宙了！

平行宇宙無外乎我們這個宇宙誕生之前和滅亡之後的無數個宇宙，我們稱之為"有"平行宇宙！然而，我想問一問，這個宇宙誕生前和滅亡後的宇宙肯定是不存在"我們這些現世三維人類的"，然而我們一切的認知之物包括上帝之存在之基本前題"就是我們的存在"！那些個平行宇宙既然沒有我們的存在，那麼以我們人類角度便視為"無"！然而，這個前題下的"無"，並不是至低級的世俗人認知的類似於一維的無，而是至為偉大近乎上帝至高維度零維的"無"！因為，這些平行宇宙之所以"無"是因為它們不存在我們現世人類！

然而，這個"無"之中卻生了"有"，何解？因為平行宇宙必然以更高維度即八維的形式"存在"於我們這個宇宙，甚至就在我們身邊和腦海裡！因為，平行宇宙既這宇宙之前和之後，那就肯定不受這個宇宙一至七維制約，包括暗物質之引力，所以，它們之"存在"不必受到這個宇宙幾百億年之時間因果順序之制約，換句話說它們不必存在於我們認知中的數百億年前或百千億年後，而是就在"現在"，在我們"身邊和腦海裡"，何解也？首先，"存在"要分兩種形式，第一種是"有限的""會生會死"的以這個宇宙的人類認知和感受為基礎的，即一至七維之花花世界七情六慾過去將來和現在，當然這也受到本宇宙四至五種力的制約；第二種"存在"是真正"無限的自由的"存在，因為它不以我們現世人類"對這個宇宙一至七維"的認知和感受為基礎的，而是一種直通不屬於這個宇宙過去將來現在之平行宇宙，這也就是我們的"領悟和一切皆空"！領悟是因為領悟了除這個宇宙之外還有外在平行宇宙之故，我們不受引力之精神活動便是明證，一切皆空是指"這個宇宙"之一切皆是虛幻了，因為我們之精神活動是可以超出這個範圍的！根據科學邏輯，我們知道物質一旦質離了束縛就會產生無窮無盡之力量，比如只要上升一個維度就偉大無數倍之例子，試看二維和三維之分別！至於我們的精神活動就是"鎖在"我們自身三維肉體之內和四五六七維七情六慾影響之下，試想想在自己宇宙之內上升維度都已經可以釋放出無數倍的能量了！那麼，如果是跳出這個宇宙又將會如何呢？我可以具體的這樣說，所有除了關於這個宇宙一至七維相關的我們的精神活動都有能量"去實現"！這與上帝又有甚麼分別？！至於我們人類之精神本身到底有沒有能量呢？這應該是一個幾乎常識的物理題，我這個物理外行就不多言了！

至於平行宇宙之間的更替運作就更不用我們費心了，因為我們只存在於這個宇宙之中，而我們認知中的所謂"宇宙存在""宇宙誕生"乃至"宇宙滅亡"都是以我們現世人類自身為基礎上的認知！而平行宇宙之"存在"就已經超出我們的認知範圍了，因為我們的宇宙學根本就只局限於我們這個宇宙本身！我們不能說我們的宇宙這樣的形式才是真正的存在，平行宇宙之存在"必須要合乎我們宇宙的法規"，這是不合邏輯的。其實，圓學科哲學神學自然學節氣干支學都已經"聯手"證明了平行宇宙就存在於我們腦海裡不受本宇宙引力制約之純粹精神活動，比如頓悟！如果我們本宇宙為現在當時得令的春天，那麼平行宇宙和頓悟就好比夏秋冬三季，春天裡夏秋冬三者之氣微不同程度的"衰弱"，但仍然存在於天地之中！這個道理只需看看易學上的五行十二長生之介紹即可！正如平行宇宙精神活動不比我們現世過去將來現在至一至七維度的"明明在眼前"，而是而另一個更微妙的形式存在著！那麼，有人不禁會問，那平行宇宙的夏秋冬"將會到來"的呀，又是一個怎樣的樣子呢？會一樣受宇宙的四種力制約嗎？對於這個問題，我的答案很哲學又科學，對於我們這些活在這個宇宙的"夏蟲"，又怎麼可以語之以平行宇宙之"冬冰"呢？既然現在已經語了，就已經是一個福佑！況且，冬冰對於夏蟲永無用處，我們"夏蟲"與其掙扎落入平行宇宙之"冬冰"？何不直接領悟感受超然於四季之上統攝四時的"造化"呢？這造化便是領悟！它也是唯一一條對於我們人類來說通往理想國上帝城歸於上帝的途徑！

60. 回歸上帝

其實平行宇宙表層意思雖然是無限個宇宙，對應我們現世的一個宇宙！可是，我們之理解卻不可以留於表面，要直達底層，否則就會失真！何謂底層之真？那就是平行宇宙代表了"永續不息"的宇宙，而我們現世宇宙則只是"暫時式的宇宙"！當然，要全面掌握真理，那還得要表裡兼備，以裡為主！

就以表層的世俗講法，我們的"下一個"或"前一個"也只可能是受制於四種力的！何解？既然我們知道平行宇宙真正意義就是一個"永續不息"的"宇宙"，那怎麼可能憑空去增加或者減少這四種力呢！況且，如果"下一個"宇宙沒有這四種力，那麼未頓悟而超脫了現世宇宙的人身體中之物質和能量豈不是憑空消失！科學告訴我們萬物的質能要不被這宇宙四種力束縛，要不就要輪迴式的永遠被這四種力束縛，即使現世宇宙滅亡之後亦復如是！因為除現世宇宙這四至五種力外，再也沒有其它力了！

　　既然不少經典的共識都是上帝自己失足直接陷入我們人類這個宇宙之力和維度之束縛，而這最大的束縛我們知道是引力，所以以此斷定就沒有比引力更大的力了！如果有，那就是上帝背棄了我們，因為如果本宇宙不是"上帝自身"失足陷入的結果，而是祂的代表或替身失足陷入的話，科學上也好哲學上也罷，對於人類來說上帝就是不存在的了！這個不存在的意思在哲理上來說就是"假"！比如劃蛇是沒有足的，而我們卻憑空多劃了幾只足上去，這只有足的蛇自然是"假"的，這世界上也"沒有"這樣有足的蛇！又好比杯中月，想像現在宇宙科學課，教授要求大家觀察天上月亮去做報告，結果你卻觀察了"杯中的"月亮，在宇宙學的意義上來說，是"沒有"這種杯中的月亮，月亮也就只有一個，它高掛夜幕之上！

　　再者，既然我們已經超脫現世宇宙之七維，達到頓悟，明心見性！難道還不能回歸上帝？難道還有其它力束縛？如果真有其它力束縛，又何謂頓悟之自在心境呢！

　　平行宇宙之永續不式不過就是不受這四五種力或七個維度之束縛，力量有多大？那就是我們心靈不受現世宇宙各維度和力之束縛所爆發出來的偉大力量，可以說是頓悟，也可以說是不沾現世這個宇宙七情六慾之"心想事成"，又或者說是以自在之心穿梭於平行宇宙之間，或者也可以說是永生！之前文章裡的無限個維度逐級上之理論有欠一點深思，因為平行宇宙就是永生就是超脫現世宇宙之七維四力，而維度講的就是四種力對萬物的束縛所產生出來的生命靈或者叫像！既然平行宇宙已經沒有力之束縛，又何來的維度呢？即使第八維度之個稱呼，也只是"將就一下的權宜之計"！

　　自由出入於平行宇宙就是"第八維"之"永生"，而不是世俗意義上的那個"更低於一維世界"的無！要知道，第八維度之永生換句話說也就是零維，零維就是平行宇宙如四季更替般之永續不息，而不是世俗認為的"一無所有"！世俗意義上的"一無所有"在科學界的質能守恆面前，真的是太過荒唐太不堪一擊了！可笑的是，抱著這種"一無所有"的觀念之人卻正"手執科學理性之大鞭"，不時"抽打"著關於上帝的信仰！

　　至於是先有上帝，還是現世宇宙與上帝並生並存？哲學意義上的有無相生告訴我們，是二者並生並存！可是，不少神學家哲學家認為是先有上帝，因上帝的失足而"後有"這個稱之為上帝陷阱的現世宇宙！這樣的話，我又要問一句，是先有人之肉體呢？還是肉體與執念並存呢？這個比喻太無力對嗎？那麼，我們以上已經一些明證了平行宇宙之永生永續頓悟自在就是根本意義上的上帝，要知道平行宇宙與上帝一樣同樣不受七個維度四五種力之制約，那麼我又要再問一句，是先有永恆的平行宇宙呢？還是先有這個"暫時的現世宇宙"呢？答案自然亦是無分先行，同時存有！那麼，我們就自然知道是上帝與導致其失足之執念（以人類角度來說即現世宇宙）共生並存！上帝可以視之為有兩面：執念的一面和自在的一面！自在的一面不消說就是永生頓悟之平行宇宙，執念的一面就是我們這個現世宇宙之萬物！所以說，我們人類永遠都是上帝的一部份！

這不是說上帝同時既不失足而又失足？！以文字知識認知理解上來說，對！這豈不矛盾？對！因為我們本來就與上帝融而為一，自從我們抽身出來的那一刻開始，亦即心裡有"我"這一概念開始，我們便錯誤的將自己從上帝平行宇宙中"抽身出來"，就成了"一分為二"！既然我們有了矛盾的"作為"，那就自然會得出一個"矛盾"的答案！如何才沒有矛盾呢？將自己又與宇宙自然上帝融而為一，即心中無"我"！

這樣說吧，上帝到底是"何時失足"的呢？那就是自從我們有了"我"的認知的那一刻起？那麼，"我"又豈單止是罪孽，簡直就是上帝的罪孽！

有人認為，所有的一神論宗教者都有極其驕傲，認為自己團體或族群完全凌駕於全人類之上！這又可以追溯到他們團體或族群的艱苦甚至悲慘的命運，更重要的是他們逃脫克服這種悲慘命運的卓著努力！問題是，如果沒有堅信自己確實在全人類之上的信念的話，他們幾乎就不可能脫離或克服那些滅頂之災！所以說驕傲狂妄永遠伴隨著世俗上的正義而生！福兮禍之所倚，禍兮福之所伏！個人來說，我自然尊重所有宗教，對於一神論宗教群族的虔誠信仰和艱苦卓著更是令我敬畏之心油然而生！

其實，我們就是上帝的一部份，身上都懷有某程度的上帝元素，而不同的種族國度宗教信仰風俗習慣所"產生"出來的"上帝形像"自然有所差異,所以就有所謂求同存異!我們若否認其他宗教,本質上就是否認其他人類!

補上一句,何謂有何謂無?現世宇宙就是有,卻其實是一種束縛!對應之永生平行宇宙是超出了這個宇宙的第八維,就是無,也就是能量沒有束縛!平行宇宙因不受四種作用力七個維度束縛而如四季般永生地周行不息,若果陷入了這些束縛就是暫時,就會消逝,或者說又陷入"下一個"同樣以這四種力但結構可能稍微不同的宇宙中去!那也是短暫的暫時的,因為根本沒有八維平行宇宙之更替!

61. 虛擬幻想與平行宇宙

記得之前的圓學文章討論過夢與游戲幻想虛擬世界就是像是一至七維不同維度的扭曲叠加嗎?或者這樣說,虛擬幻想的世界的維度比例與我們現實世實三維世界的比例就有很大不同,我們三維世界是以三維立體為主,視覺則是二維光平面和一維黑暗之所謂"直綫",當然關於四五維對應一二維這裡就不再作贅述了,六七維為宇宙至偉的暗物質重力掌控著我們三維生物不同程度的七情六慾,八維則是超出一切平行宇宙之上的一切,基乎可以說是"上帝模式"了!這些在之前圓學文章裡已經從哲學科學易學不同角度作了詳細的討論,這裡就不再另費筆墨了。

那麼,文行至此,我們是不是會想到夢境遊戲裡的虛擬世界也同樣有著一至八維並存,但是比例與形式都扭曲了,比如說夢境就不受由暗物質所主宰的宇宙至大重力之影響,所以在夢境裡一切過去現在將來的因果法則幾乎都不適用;這即是說,我們這個宇宙至高無上之七維是由重力統治的這個法則,在其它平行宇宙裡就可能不適用了,其它宇宙裡的至高維度可能是由電磁力或者強弱作用力所主導的!這個比方是不是跟我們之前圓學文章裡的平行宇宙四季論有異曲同工之妙呢!比如說冬季為水所主宰,很多地方冬季不是結冰下雪也至少遇幾場冷氣流;但到了夏季又是以熱以火為主宰了!這與我們宇宙的四種作用力在不同平行宇宙裡的"地位"不盡一樣,有時剛好相反的講法不是如出一徹嗎!

恰好,我們人類的認知和科學裡所指的時間都不過是 138 億年前宇宙大爆炸之開始直至可能是數百億年後本宇宙的"滅亡",其實所謂"滅亡",不過是由"此形式"轉向"彼形式"罷了!至於其它平行宇宙,就不可能是"在本宇宙滅亡後又或者在本宇宙誕生前的按時序的出現"!必須用心去理解以上這句話,因為它對我們理解平行宇宙虛幻世界十分重要!

我們日常的虛幻世界可以暫時理解為平行宇宙,其實所謂"虛幻"不過是以本宇宙的角度立場來看的,即本宇宙是現實,對應的平行宇宙自然會是虛幻!但如果我們將立場角度轉移至其它平行宇宙,那麼本宇宙立馬又成為"虛幻"了!莊子夢蝶一文就很好地講述了以上這個情形!但根據圓學串佛珠和圓錐體理論,不但本宇宙一至七維,即使至高無上之八維頓悟,甚至平行宇宙都同在一個小小方圓裡,即是說都在我們身邊,科學家也推斷出了暗能量與暗物質就一直與我們"擦身而過"甚至"自由穿插"!而根據我們整個圓學理論,暗能量代表本宇宙過去總和,暗物質代表本宇宙將來!既然上文已經講述了一至七維的存在形式(將來就是由萬物的七情六慾走出來的一條康莊大道)此話與西方主流社會的"人性決定命運"天然契合,不用再花功夫去求證了!

那麼,想必然平行宇宙與八維神性頓悟也"長伴我們左右"了,對的!八維頓悟無影無形而且無感不能由七情六慾之感官去感應,此有若無,大直為曲,至虛反實,這點就先不說了。這裡我們只談論平行宇宙是以甚麼樣的形式出現在我們身邊的呢?就是以夢境遊戲等虛擬世界不同程度上的出現的!這裡又有一個法則,就是這些虛幻世界的深入程度與我們現實世界的參與程度成反比!即是說,我們現實世界的事物滲透到某個虛幻世界裡面越多,那麼這個虛幻世界就"越不純粹"!以上理論,都已經在上文和前文通過哲學科學易學玄學四季八字學等方面不斷論證過了!

至此,本宇宙一至七維一切因果過去未來,平行宇宙以"精神虛幻"的形式"只能是不純粹"的存在於"我們身邊",乃至至高八維之神性頓悟都一一講述清楚了!

此外,八維為無,無乃大有!無力的無恰恰是所有平行宇宙四五種作用力包括引力、強作用力、弱作用力、電磁力,甚至有一種可能未被科學證實出來的未知的力的所有形式！好比在我但本宇宙以引力為至尊，在其它平行宇宙則可能是另外三種力作為主宰也未可知！再者，代表平行宇宙之思想虛幻世界和代表至尊八維之神性頓悟二者確實從未"直接"參與本宇宙的一切事實因果！比如說你腦海裡可能幻想今天是世界末日，可現實世界依然無恙，不可能因為某些人的幻想就會真的招致滅亡，對嗎！這與圓學何求契合，圓學證明了八維與平行宇宙都不屬於更是超出了本宇宙的一至七維！所有這些理論，斑斑可考，確鑿可證！

　　所有人類幻想出來的虛幻世界均脫離不了本宇宙三維生物人類這個圓心點，換句話說，假設如果人類並不存在，那麼人類所幻想出來的虛幻世界更無存在之理，對嗎？所以，我們不能天真的去說平行宇宙就是138億年前本宇宙大爆炸之前的和數百億年後本宇宙滅亡後的其它宇宙！因為引力結構在大爆炸當時和之前，大滅亡當刻和之後不可能絲毫無改紋風不動，相反的是所有四五種力之結構在那個特殊時刻都會亂作一團，經歷一番消弭與重整！那麼我們現世宇宙的所有時間因果在那幾個特殊時刻都將消弭於無形，又面目全非以完全不相干的形式"存在"！而串佛珠和圓錐體理論一再告訴我們平行宇宙肯定是"與我們共存在的"，而不是等到幾百億年後再出現，那麼既然平行宇宙現在就長伴我們左右了，而且四種力結構與我們宇宙不一樣所以也不太受現實因果制約，諸君細思一下，這不是我們的心靈潛意識思想虛幻世界，又會是甚麼呢？

　　再退一步說，平行宇宙若真的只會存在於本宇宙滅亡之後或誕生之前，那麼在本宇宙誕生和滅亡那一刻，一切豈不是經已完全消滅於無形？但我們必須明白，不論哲學上，抑或科學和易學玄學上，都沒有絕對意義上的滅亡！比如水，無論你將它沖進廁所大海或者用太陽蒸發了它，它仍依然存在，只不過換了若干種形式以不同方式存在而已！比如八字五氣中的木氣，木在春當旺，在夏開始消亡，在秋死絕！然而，這個死絕就代表真的完全滅亡嗎？當然不可能！如果是這樣，秋天過了半年後就不可能又是下一個春天了！所謂見不見之形，抽不抽之緒，從無求有，向實尋虛！對八字易理有點小修為的朋友，都應該一下子就能明白我的意思。一句話，若要揭開平行宇宙交替之秘，請參考四季之交替形式和對宇宙四五種力下一番功夫去了解一下！既然連至尊八維和億萬平行宇宙都"長伴我們左右"，那麼當然得明白這世上一切道理哲理易理都盡在生活之中，所謂甚麼玄之又玄，都不過是一些旁門左道的故弄玄虛罷了！

再來細談一下，如果平行宇宙有生物，那麼在祂們的"體驗"當中的宇宙跟我們人類在此宇宙去幻想彼宇宙的"形像"會有所不同嗎？還是一樣！當然不一樣，這就是我們大家各自的局限所致，也是平行宇宙之間自身的局限所致！因為所有單一的平行宇宙都未能超脫到八維神聖自在之境！所謂凡相皆虛，一切皆虛相也！虛相的特點是甚麼？就是受束縛的有條件的在不同的生物"眼中"會呈現在不同的形象！這些道理在叔本華的意欲論裡都已生動的解釋到了。比如說，同樣是一個二八年華的大美人，在一個血氣方剛的年青人眼中，與在一個年屆九十的老者眼中，或者甚至在一隻狗甚至一棵植物眼中，會是同一回事嗎！根本不可能吧！就是這麼簡單的道理！所有這些，不單與我們的科學契合，更與千古以來的哲學道學佛學易學甚至與我們日常生活也完全契合，大家自己去細味一番吧！

最後，本宇宙的四五種作用力為甚麼會不斷更替而形成春夏秋冬季節性的平行宇宙呢？它們背後是藏著一股比引力更強大的作用力嗎？不是！它們背後再也沒有其它作用力了，我們稱之為一切皆無的"無力"！真真因為這四種作用力背後的"無力"，才可能使這四種作用力生生不息循環交替輕重轉換強弱更替！只有"無力"才是億萬平行宇宙背後之主宰！所為至虛反實，這"無力"也正就是上帝至聖大自在般的"存在"！

62. 平行宇宙八維與零維之別

何謂平行宇宙？平行宇宙即人類的所有幻想！一至七維乃本宇宙內之個體生物與集體生物的過去現在和未來，是"切切實實"的已經發生的正在發生的和將會發生在本宇宙之人事物；而平行宇宙則是人類和生物的所有幻想，未曾也不會真正發生在本宇宙的整個數百億年的生命之中的，而頓悟由於根本無有，既無因本宇宙內之人事物的意慾而驅使發生的"真實事件"，又無代表平行宇宙之幻想世界，所以直達至高維八維！可是，問題又回到了何謂平行宇宙身上了！

　　要談論平行宇宙，我們必須先搞清楚何謂四種作用力，並且它們又代表了甚麼？引力代表將來，因為宇宙可見物質之間引力可以相互吸引，比如太陽吸引了八大行星圍著它轉，試想一下如果太陽引力突然消失不見，地球也就會"飛走"乃至"湮滅"，那麼地球上的生物還有"將來"還有"明天"可言嗎？而更重的暗物質則代表了生物的七情六慾，比如月亮近地球時會潮漲，會使我們"血脈賁張"，甚至因此去做一些"浪漫的事"，而且，科學界也告訴了我們，宇宙幾乎所有星系都被暗物質所主導，若果沒有了暗物質的引力作用，它們早就"分崩離析"了，當然包括我們身處的銀河系，這不代表將來又代表甚麼！強作用加和電磁力則代表現在，因為如果沒有以上兩種力，萬物就不會有各自現在的形態，蘋果之所以為蘋果而不是一堆散亂分子，水之所以為水，乃至人之所以為"人的結構"，更甚的是原子之所以為原子，以上種種都是以上的兩種作用力在"運作"，這不就構成了現在我們眼前的一切事物的"面貌"嗎！最後，弱作用力既然代表了事物的衰變，那不是過去又是甚麼呢！

　　記得之前圓學文章的維度理論嗎？一五維代表黑暗直綫光速常數之平方，即代表了過去；二四維代表光代表平面和光之速度，亦在代表現在；至於三六維乃至七維代表比光慢的多的速度代表重力引力，也就代表了將來！這樣說來，本宇宙一至七維都是由四種作用力在"本宇宙的存在方式和結構"作用而來的，對，正是如此！

　　那麼，如果我們可以"隨意更改"這四種作用力的結構和比重，那麼過去現在將來之因果法則自然不就可以打破了嗎？！比如說回到昨天把當時未吃的飯給補吃回來！又或者可以將水改造成向上流動的東西，將石頭化作會說話的"精靈"！但是，以上種種，在本宇宙現實世界根本不可能出現！就只有在作夢幻想時才可能！對了，那麼我們不是擁有代表平行宇宙之幻想嗎？現實世界本宇宙與幻想世界平行宇宙之區別說穿了不過是"可以任意改變這四種力在本宇宙作用和結構"的能力而已！這正正就只有幻想世界堪當此重任。另外，我們也可以用科學常識推想得知，凡是發生在 138 億年前本宇宙誕生之初之前和數百億年之後本宇宙滅亡之後的那些平行宇宙，不就剛好不受我們本宇宙引力之約束從而可以任意顛倒前因後果嗎？以上這種"神功"，"不外乎"就是隨意調整夸克中子原子質子電子的結構和運作方式，而致"操控"宇宙之四種作用力罷了！但若要這個"神功"，從身外科學意識是萬不可能修成正果的！只有從內心發現"真我"，達致真正的超脫自在才可以！所謂忘乎物我，超脫而頓悟也！

可是，以上所說的本宇宙一至七維，平行宇宙乃至八維的理論，都建基於我們作為本宇宙人類的一切認知，那麼若果脫離了一切作為人類的認知，其結果又將如何呢？從科哲學和生活常識來說，這樣的話，本宇宙的一至七維乃至所有平行宇宙都會"化為無有"！因為一切皆因我人而生，若沒有了"我"，那麼我們所眼見感受的一切便會頓時虛無！在這個情況下，此乎只有八維是不受影響，可是，八維的頓悟不就正是我們作為人類的頓悟嗎？不是說圓學串佛珠理論裡的各維度共生共存不滅嗎？現在一至八維都似乎滅了，甚至連"後備兵"平行宇宙也化為無有了！我們還有甚麼？

零維！零維的真正意義就是一至八維都因脫離了本宇宙生物和人類的認知而化為無有之時作為一息尚存的"僅餘物"繼續"存活著"！設想一至八維平行宙為一串佛珠，一串佛珠可以化為一個圈，一個圈又可以無窮"退化"下去，直至縮成一點，點就代表無有，就代表零維！結論是，基於我們人類的認知而達致頓悟超脫，就是直上八維之意；而當我們甚至都不存在之時乃至一至八維平行宇宙都因而"湮滅"，餘下的就只有零維了！零維之超脫是脫離了人類本身認知的一種一切皆無，而八維之超脫則是以人類認知為基礎的，零維與至高維之區別就在於此！零維之存在，本身就可以代表了本宇宙各維度和平行宇宙乃至八維，正如一個點就可以擴展為一串佛珠一樣道理，所以，我們的串佛珠各維度平行宇宙共生共存不滅的定理依然成立，未被推翻！

圓學暫寫六十多章廿萬餘言，我不知自己立論是對是錯，甚至是否一文不值！常言道，話越多字越多文越多就廢話越多越愚昧不堪！簡直是一個精神分裂患者對著空氣中幻想出來的另一個自己自言自語！說到這裡，就感到不勝慚愧！希望有大雅君子真正博學之士將圓學發揚光大，在下拙作只不過是拋磚引玉裡的磚一樣，如果最終引不出大雅君子將圓學發揚光大造福人類，那麼拙作就真的連磚也不如了！

63. 圓學結論

　　根據質能等價 E=MC^2 和圓學公式得出本宇宙可以劃分為七維，七維之上是代表超脫頓悟之第八維，而平行宇宙即是人類的幻想世界，因為只有在幻想世界裡面我們才可以不受本宇宙之因果時序制約，而且可以像調色板般將宇宙四種作用力之大小高低結構自由調轉！

　　第二和第四維代表光平面光速和現在；第一和第五維代表黑暗直綫光常數速度之平方和過去；第三和第六維乃至第七維很大程度上代表重力暗物質可見物質立體和將來，而速度卻比光慢的多！第八維超脫了這四種作用力的限制，所以可以"永生"而且"無條件"的自由掌控本宇宙與平行宇宙之間的交接替換，好比四季之更替！因為平行宇宙與本宇宙之"差異"說穿了不過是四種作用力的大小高低結構之變異調節，平行宇宙也即是幻想，不參加本宇宙的任何實際事件！

　　一至八維，即使至尊無上之八維，亦是建基於我們人類的認知之上的，設若人類消失了，以唯心論看，一至八維也就"灰飛煙滅"了，而這個論點是合情合理的！圓學串佛珠定理不是說所有維度共生共存永不消滅嗎？那串佛珠理論豈不是不成立了？串佛珠理論肯定成立，奧妙就在零維！記得串佛珠理論的最高維度無限接近零維嗎？那麼八維與零維之差異到底在哪？就是八維還是建基於人類的認知上，而零維則是人類消失後一至八維也"隨之消失"的"一切無有"之情況，即是說"一切無有"就是零維！這就是零維不可測之處，因為它完全超越了人類的認知，也可以稱之為"上帝真正的面紗"！

　　在圓學的首三四十篇文章裡，本人由於太過粗疏淺薄，一直強調維度有無窮多過，那是因為還弄不清楚本宇宙平行宇宙四種作用力與至尊八維之"無力"，更遑論堪稱"上帝面紗"的零維！本宇宙只有七維，平行宇宙與本宇宙之關係就如一年四季之對等關係，差別只是誰當令誰失令而已，所以不應另設維度，因為平行宇宙本身不會比七維更高！再者，坊間的維度劃分參差不一，但大都強調幾何性和可能性，即是說維度越高可能越多越可以"隨心所欲"！我這裡只想輕輕的提一個疑問，代表幻想世界的平行宇宙不就已經"擁有無限可能性"了嗎？而且剛好幻想世界又不屬於本宇宙之現實世界範疇，因為本宇宙之現實世界只有過去現在和將來確確切切發生的事，處處受暗物質和可見物質之引力所制約！

試想想，我們劃分維度之時，必須要符合科學（即宇宙四種作用力，光速，光平方之宇宙極速，暗物質，暗能量，質能等價式等），日常生活常識（包括真實世界本宇宙和幻想世界平行宇宙），哲學（陰陽學說，中庸之道，物極必反，現代西方古中學古印度哲學學說和圓學定理公式）宗教學說（佛學，基督教，天主教，道教，回教等），乃至易經中西星卜命相等！如果維度學說不能符合以上各種學說，而甚至相排斥，那豈不是距真理越來越遠？更遑論感受真理背後更大更深的一片虛空了！至於圓學維度到底符不符合以上各種要素，相信大家在這幾六十多篇圓學文章裡自可見分曉！

至於串佛珠為甚麼會是開口而不是閉口的呢？認想想陰陽圓定理和開口為生閉口則死之圓定律，再想想圓就是一個中空的盤狀工具，裡面雖要"駐入空氣"才能運轉，那麼將只有開口圓才能確保不斷駐入新鮮空氣，而閉口圓由於空氣不能駐入，將會停下來沉下來，當圓一動不動而且沉下來的時候，大概會慢慢"結成"一個四方形，而致因不能再度運轉而作廢了！

引力為不同物體之間的作用力，也代表七情六慾，比如月亮近地球潮漲時我們的情意也會"高漲"，代表了將來；弱作用力為物體本身之衰化，當然代表過去；強作用力和電磁力則維持了萬物自身的結構，比如水之所以為水，人之所以為人，而不是一堆散亂分子，這明顯是代表了現在！四種力所織成的本宇宙的七個維度大概就是這樣。

質能等價說明物質消亡了後就產生的能量，就等如物質本身重量乘以光常數之平方，大約 3 億米每秒之平方，我根據圓學推斷這剛好就是暗能量宇宙極速之速度，這個速度也保證你在任何時候都可以"回到本宇宙過去的大爆炸起點"！而且，物質消亡衰化而轉換成能量的過程本身就是一個過去的過程！而暗物質就是 MC 平方再乘以 C 平方，即 MC 四次方，為宇宙至重之力，亦即在宇宙大爆炸之初暗物質總質量頂峰值就等如可見物質乘以 C 四次方！

根據以上質能等式和四種作用力本身之性質，大致可以推出，宇宙很可能還有最後一種力，即第五種力，它近似於弱核作用力，同樣代表物體的衰化，亦即代表了過去！

64. 楞伽經

今天在討論對佛教禪宗唯識宗影響深遠的楞伽經之前，我想先再重溫一下維度世界，因溫故而知新之故也！

楞伽經的特點是融滙混和一切，比如有無和性相！根據圓學維度理論，比如本宇宙一至七維兼其它所有平行宇宙為"有"（至少本宇宙和平行宇宙有四種作用力去支配），那麼代表頓悟之第八維度即是"無"（因為第八維度不受全部四種作用力所支配，正因為不受支配的"無"，才能藏於各宇宙四種力變化萬千之間，於冥冥中操控著這四種力的強弱大小結構變化，因而孕育出無窮無盡的如四季更替不息的平行宇宙）！

再者，比如一至八維代表"有"（因為一至八維與平行宇宙都是建基於人類的認知之上的），那麼零維則代表"無"（由於零維脫離了人類的認知而"不可感知"般的存在著，既脫去了人的感知，一至八維當然也隨之"消失"了）！記得圓學由串佛珠理論引伸出來的陰陽倒立圓錐體理論嗎？當我們見到一個陽的實的有的正立的圓錐體，便要心領神會的明白到，"同時也存在著"一個陰的虛的無的不可見的倒立的圓錐體！這樣，一陰一陽一正一負又可以歸於無有歸於零！正如零維在正立圓錐體中代表底盤大圓的同時，又在倒立圓錐體中代表著與正立圓錐底盤大圓圓心重合的塔尖頂點！零維既為最底亦為最高，亦代表了萬物有即是無無即是有，虛即是實實即是虛，出世即為入世，入世亦是出世，所謂大隱隱於市而不隱於林野之間！這樣，為人處世之道理可謂明矣！同理，如果沒有了一至七維受四種作用力約束的"平庸的"本宇宙與平行宇宙，就無所謂第八維不受四種力約束的"神聖的"的至尊之境了！生活上也是一個道理，沒有壞那來襯托出好？沒有美那有醜？沒有惡那有善？沒有明那有暗？沒有苦那有甘？沒有傷感那有快樂？

那麼，我們將如何超脫出此一切矛盾物呢？就是零維！零維就是脫離了人的認知！如何脫離人的認知？即物我一體天人合一，之後再忘了物我，忘了天人，乃至忘了"無我"！這樣大概就是零維的"無有超脫"的意義了！八維代表天人合一物我為一的話，零維就代表忘了"天人合一"，沒有"物我為一"，有點不知所謂矣，我們乃至萬物本為一體，人類卻將自己從這一體之中"搬離"出來，這才是真正的不知所謂之極矣！

楞伽經有個"頗具爭議"的成就，就是把如來藏，阿賴耶識和真如三者統一起來，稱此三者實乃一體！如來藏提眾身本來藏有自性清淨之如來法身，屬於較低層次之一至七維本宇宙與幻想世界平行宇宙之七情六慾虛幻世界；阿賴耶識在法相唯識學中代表為產生一切諸法的種子，我們或許可以理解為產生或調節四種宇宙作用力背後的那股"無力"，所謂一切諸法都是由本宇宙與平行宇宙的四種作用力編織而成的，阿賴耶識自然為第八維度；作為諸法之本體，不生不滅的"無為法"的真如意思幾近超脫人類認知的零維！

我們要知道，在傳統佛教中，以上三個概念是區分開來，不作一體看的。可根據圓學維度，其實一至八維平行宇宙乃至零維都可以將之統一在一對陰陽倒立圓錐體模型理論之中，然後一正一負如電子般抵消為零，由此可見以上三者確為一體不假！另外，在串佛珠開弦模型理論之中，我們也可以將此一串開口的串佛珠"簡化為"一個圓，再將此圓"簡化為"一個點，點即是無，零維剛巧亦是一個點，一切皆無！除了以上兩個圓學模型之外，各種成熟的宗教哲學亦一再強調物我為一天人合一之理，再更進一步的是將"天人合一物我為一"亦"忘掉了"！這樣，有無相生，虛實相間，亦有若無，向實尋虛，抽不抽之髓，理之至矣！可見，楞伽經在千百年前如此這樣一個大背景之下，能有這樣氣吞環宇有還無的真知卓見，實屬罕難！難怪叔本華對笛卡兒的"我思故我在"意猶未盡，再意致盎然的寫出下聯"思止若永恆"！

方才關於性相的話題，我們應意猶未盡。記得圓學維度的一五二四維代表眼睛所見的黑暗與光明過去與現在，這與性相中的"相"實在異曲而同工也！至於性相中的"性"，當然指的是代表重力七情六慾和將來之三六七維度，這理至明矣，觀字面而可知矣！性相不過就是本宇宙一至七維內的七情六慾過去現在與將來啊！性無相不"顯"，相無性乃"虛"！這與八字裡天干地支一顯一藏顯虛藏實卻又實乃一體如出一轍矣！

再談一下維度，話說我們身處三維立體世界，其實一至八兼夾零維各個維度根本上就是同生共存，就"長伴我們左右"，不過我們太過集中於三維生活和二維視覺而不自知而矣！所謂的斷章取義的片面偏頗的人中心論無神論者正正就是"只知道三維世界"而不知其它維度實乃共存，這何異井底觀天！

記得二維與我們三維世界之別嗎？假設遙遠的火星上有幾個太空人，難度他們都是二維平面生物嗎？可在他們的角度看，地球上萬物都不過一個"平面二維生物"而已！這可說明，二維與三維本是一樣同是一物無區別，唯一區別就是"分了你我""分了物我"而且因為分了物我所而自然產生"遠近距離有不同"，在於火星的太空人眼中地球萬物乃至地球本身不過是一個"可望不可觸"的二維平面圓像，為何"不可觸"呢？因為我們是三維生物，都達不到四維光速，所以自然是"可望而不可觸"呀！那麼一維黑暗呢？所謂一維黑暗不過是更遠更遠之物，有多遠？就是過去時空那麼遠？因為這樣遠，所以要回到過去必須達到五維生物之速度，根據圓學維度和質能等價式，五維乃宇宙極速，為光常數之平方速度，由於比光速快了近 3 億倍，所以肉眼"看不到"，所以呈現為"一片黑暗"，如果我們"是"五維生物，那麼現在眼前的黑漆漆一片的"沉悶夜空"，肯定是比"人間極樂"更精彩的存在，所謂"此景只應天上有，人間想也不要想"，我們當然可以設想五維境界就是"天神"般之存在！所以說，昨天的個體的我就是一維，那麼一維世界中的那個昨天的我與今天的我有多大差別嗎？沒有！差異只不過是在弱核作用力的衰化作用下，我本人又老了一天而已！那麼說來，一二與三維本無差，而一二三維之個體之對應五四六七維之集體，現在我們可以得出一個結論，我們既是一維二維三維也同時是四五六七八維乃至零維之"生物"，我們人人都是上帝的一部份，這句宗教和哲學之千古名言，果然如實無虛也！再解釋一下，我們本乃此宇宙乃至平行宇宙一部份，實乃"天人合一無分物我"，如果只討論本宇宙，如果我們可以做到與本宇宙無分物我，那麼本宇宙之內就不會再有遠近大小重力七情六慾性相之別了，同時本宇宙既視之為一個整體一個點，那麼那裡還會分成七個維度呢？同理延伸到平行宇宙共同組成之背後之八維世界亦復如是！之後，完全去除人類認知刨除一至八維平行宇宙之後，就會剩下零維之"一切皆空又非空"！講來講去，我們墮入的所謂維度陷阱而致千萬百億年乃至永遠無條件不能自拔，始作俑者，原來不過是我們與自己與其它一切"分了你我"而已！

根據以上論證，老吾老以及人之老之大同社會，無為而為而又無所不為的達觀人生態度，如此胸懷天下，不正是而高維度"神靈"的方式行事嗎？今天社會，宗教神學很多人置若罔聞乃至嗤之而鼻，哲學又被視為玄之又玄形而上的空談，易經風水玄學更是被諸多騙財騙色欺世盜名道德敗壞之人弄得烏煙瘴氣！我這裡只想說，難道大家也不相信主流科學，不相信伽里略牛頓愛恩斯坦霍金弗洛依德嗎？這些科學前輩巨匠，不正是今天的"神靈"嗎？萬事萬物都不可拘泥於定見形式，誰又說科學家與神靈不相干呢？只要他們的精神仍以六七維度暗物質七情六慾乃至更高八維超脫的形式影響著你，很大程度上他們就是神靈！作為今天的家庭社會乃至國家世界的一份子的我們，應該以甚麼心態和行為去行事，而使這個社會的明天會更好呢！所謂我為人人！所謂不要問國家社會給了你多少，要先問你付出了多少！施比受更為有福呀！

65. 有無非有非無零一非零非一

本宇宙平行宇宙四種作用力既相互補充又互為抵消，這好比黃道十二星座和六十甲子之十二地支，眾所周知十二星座與十二地支像時鐘上的十二小時一樣阻成一個圓。以地支論，有六組互沖地支，它們相互抵消，體現為"零"；同時亦有六組六合之地支，它們相互補充，體現為"整"為"一"！比如巳亥水火長生互沖，二者便化為烏有，對四柱干支八字預測學稍有涉獵的皆明此理。星座亦有對沖星座，比如白羊與天秤，一個沖動一個猶豫，一個守護星為火另一個又為金，二者之個性相互抵消中和又化為"零"，因為沖動猶豫互沖化為零，互補亦作中和看！以上三個例子剛好都是將一個圓切成十二等份，當它們完整的組成一個圓時，根據圓學原則，圓周可以視為"整"和"一"；但同時圓周又可以視為點，點即為"零"，好比零維無有亦作一個點看！

再往深一層想，星座與八字之所以可以預測我們三維人類的吉凶禍福人生軌跡，它們都有一個共同特點，就是都受到時間的制約！以科學角度觀之，就是我們三維生物都達不到光速，既然達不到光速，那便會受到時間制約，出現生老病死！而八字學的十二長生依此為長生、沐浴、官帶、臨官、帝旺、衰、病、死、墓、絕、胎、養。都知道時間對於我們人類來說，"幾乎"是無限的存在，而生們在生時間的天支地支，或者說八大行星與日月在天宮黃道中的遠近角度，都不過是一個時間點而已！占星精確度以分鐘計，但如果我們把時間進一步精確到以秒為單位，那麼幾乎地球上每個人的出生時間都是不一樣的。時間好比洪流，我們好比逆流的流蟻，速度都比不過洪流，因而或遲或早都會被其沖到背後的山谷下去，這也代表著生命之終點！只有跟洪流相同速度甚至更快的才可以倖免於難，對不？這就只有四維或更高維度生物才可以達到了，對不？四維生物就剛好不受八字與占星之"制約"，因為祂們不受時間制約，因此不會經歷因時間而形成的生老病死之歷程！

　　細談四種力，都知道現世宇宙之四種力都有一個特定結構，比如重力代表將來，弱作用力代表過去，電磁力和強作用力代表現在，這些不再贅言了。而過去與將來正好一正一負又互為抵消互為補充成中和為整為零！閑話少說，言歸正傳，根據整零有無虛實相互補充相互抵消之原理，我們可以輕易的得出凡本宇宙不可能的，平行宇宙之幻想世界皆有可能，這樣就是四五種力互為消長互為補充互為零一的最好例證，好比金木水火和土在四季更替之間此消彼長之變化。比如說，本宇宙本地球由於地心引力，水是下沉而不是升高或亂走的，所以在摩西故事中大海劃開兩半之事本宇宙按道理按科學按哲學盡皆不可能發生的，而平行宇宙之幻想世界便可以將之實現，凡本宇宙不可能的事卻"發生了"，就是神蹟，而平行宇宙之幻想世界就可以滿足所有神蹟！比如說本宇宙大海不會劃開兩半，而平行宇宙可以；本宇宙人生不能復生，而平行宇宙卻可以；本宇宙太陽由西邊升起，而平行宇宙卻可以從其它方向升起！這樣一有一無一虛一實一可以一不可，便互為抵消平衡。

　　據上文，我們可以輕易得出，若將本宇宙從無窮平行宇宙分折出來單看，便可以看作為"散"為"有"；而如果將本宇宙放到無窮盡的平行宇宙之中，所有宇宙便會產生相互補充抵消之作用，好比十二地支拼揍成一個整圓一樣，便可以視作為"整"為"無"！這樣，我們可以知道對於三維在於我們人類來說是"有"，可對於四維生物來說卻是

"無"！十二地支中的其中一支稱為"有"，集齊十二地支一個整圓反稱為"無"！那麼，到底是"有"大，還是"無"大？再舉一例，我們日常生活中的空間常被視作為最空最無之物，可是根據科學原則，每個星系可見物質越少的邊緣地區，宇宙至重之暗物質就會越多，這都是主流科學幾乎一致的認知！同理，越是空越是無的空間，更是充滿暗物質和"將來之可能性的"！比如說政府規劃留空一塊用地作將來之用，這時就正因為此塊空地之"空"，而使之可以承擔"將來之無窮可能性"，對不！二戰之後德國就是因為"老工業技術相對不多"，所以才可以更好的利用新工業技術的後發優勢；而英國則相反！其後，德國便靠"後發"優勢，成為龜免賽跑中的龜了。而我們為甚麼會認為空間不過是"空空如也"，因為愚昧的我們眼裡"只有三維空間"，而不知道根據圓學各個維度甚至平行宇宙八維與零維都是"共生共存"的！明白了這個道理，便知道在三維世界"空空如也"的空間便更可以"裝載"其它甚至更高維度之事物了！值得一提的是，這與所有主流哲學宗教的思想出奇地一致！甚至科學家們也知道宇宙"空空如也"沒有可見物質的"夜幕"，都是充斥著比我們更偉大萬分之暗物質與暗能量了！

　　談談零維與一至八維，一至八維是基於人類的認知稱為"有"；而零維則是脫離了人類的認知稱為"無"，好比圓學陰陽倒立圓錐模型圖裡的倒立虛圓錐一樣，零維不是不學無術不思想的人腦海裡的"虛妄的簡單的無"，零維的"無"是建基於"有"的，好比倒立虛圓錐體是基建於直立實圓錐體之上一樣，零維的'脫離了人類認知的無"是建基於人類認知的一至八維世界的"，由此理可頂零維確實包羅兆象，如淵如空如暗如光如有如無如虛如實如神如魔如聖如凡之不可測！舉一實例以明證之，我們三維人類萬物之靈，有一副可以"感應"到四五六七八維甚至平行宇宙之精神，所以為"有"；而我們眼的桌子卻不可能感應到更高維度，便是俗語所謂的"甚麼也沒有了"！那既然零維是建基於一至八維的，零維的"無"與桌子的"無"便完全扯不上邊了，簡直是兩回事！人們所謂的桌子的無世俗的無是全然不顧各個維度的，只是如夏蟬不可語冰的沉醉於自己三維世界的無！現實上，三維世界就如閉圓死圓一樣不可能獨立存在，甚至更可以說這根本就是一個偽命題！

　　至於唯心論與唯物論呢？唯物論說螞蟻就是螞議，唯心論說因為先有了"我"，才可能有"我眼中的螞蟻"，如果沒有了"我"這個主題，便沒有這所謂螞蟻了！當今世上的人類主流思想一邊倒比較偏向唯物論，就讓我們這裡作個探討吧！世上萬物都有多少不一樣的視覺觸覺感覺等等，就連人眼視覺可見的光的波長都是有一個范圍的，換言之所有超長了我們肉眼可見光波長的光我們都是看不著的。在這裡，我們將螞蟻視作圓學中的一個圓心點，而至於萬物根據各自"特有的"視覺觸覺聽覺感覺甚至當時心理狀況"對於螞蟻的感受"都是不盡相同的，這樣螞蟻是圓心點的話，我們"觀察"螞蟻的萬物便是在一個立體空間裡面的距離這個螞蟻圓長長短短不一角度不一的各個點，而每個點與螞蟻之間會組成一個"獨有的圓"，因為以萬物點與螞蟻圓心點的距離長短而作半徑的不同的圓！唯心論所"注意到的"是這個立體空間裡所有的圓都不一樣，即是蟻螞在各種生物"眼中"都不盡相同！而且，如果當中某一生物消失了，它們代表的點隨之消失，那麼與螞蟻所組成的那個圓更是無從談起了，所以唯心論會說如果沒有"我"，便沒有這只螞議了；而唯物論甚麼都不管，只專注於螞蟻這個圓心點上去，無論萬物盡滅，螞蟻這個圓心點依然存在，不會受到任何影響！在小范圍內或者說三維世界內或者收窄到人類眼中，唯物論似乎更騰一籌；然而，當將范圍擴大到各個維度平行宇宙之萬物眼中，那麼唯心論絕對當仁不讓！在這裡，我們會明白到各有千秋各有對的地方，世上萬事所有的爭論本身就是矛盾，去到最後都可以休矣！唯物的小相對於唯心的大而虛而言，唯心的大亦相對於唯物之小而實而言！

　　以上關於摩西使紅海一分為二的情況，在本宇宙"一般"是不會發生的，因為本宇宙四種力都有固定結構，萬物因果都有定式，這樣奇妙的神蹟應該只能出現在平行宇宙幻想世界裡吧？只能說大致正確，並不完全正確！那為甚麼呢？因為說宇宙四種力都有固定結構一切因果萬物作用都有定式，那是以唯物論而言的！正如大海永遠都是大海，即使萬物死光了，大海依然存在，屹立不動，不會憑空消失！可唯心論呢？"大海並不總是大海"，因為大海在每個個體生物看來都是不盡相同的，更可以說沒有"我"，就沒有甚麼所謂大海，更沒有萬物可言了！因為唯心論是以整圓圓周看事物；而唯物論則是以圓心一點來看事物。俗語所謂的見仁見智，在此便是如此了。我們可以設想，當時追隨摩西那批人，他們身上都有某種共通點，比如某種精神感召，那麼在當時當刻那個紅海場景裡所"看到"的，可能就真是"大海一分為二了"！這個例子好比榮格談論 UFO，明明某個有軍事背景的美國朋友告訴他，不單自己肉眼見到 UFO，而且連"眼前的"雷達也證測到訊號，但榮格還是不為他朋友所見的 UFO 下個斷語，很多人認為榮格不過是因為政府官方維穩因素，所以顧左右而言它，其實未必盡然！試問古往今來多少神蹟多少靈異事件都未能確切證實！大家盡可以用"羅生門"的角度去看待它，但我想提醒一下的是萬事萬物都必然是全息全角度的，我們每一個認識認知文字科學解釋都只能是片面的，只能捕捉事實的其中一個面而已，所以既正確又不正確！那為甚麼要硬分唯心與唯物呢？因為唯心是以觀察者的角度出發，唯物則是以被觀察物來考量，唯心純以個人意識認知作考量，唯物則某程度上脫離了個人的意識認知而言的，唯心唯物二者一陰一陽一虛一實一有一無一整一缺互為表裡！之所以唯心唯物之爭恒古有之，永不能避免，說穿了還不過是一句老話：我們原本是與宇宙天人合一無分你我的，自有認知而來我們與萬物強分你我彼此，二元論生來就是矛盾的種子，註定要與矛盾永遠糾纏下去！那麼是否應該這樣說，至精至妙的唯心至境必然可以調動幻想世界平行宇宙之無窮力量，使摩西紅海一分為二嗎？理論上是的，但是又如何，非又如何，一切都不過是虛中有實實中有虛而已！想起佛家一句話，如夢幻泡影，如霧亦如電，應作如是觀！

最後，零維既然是"脫離了人類對一至八維的意識認知"，那麼我們可不可以說零維就是人類對全維度的"精神心靈體驗"呢！正如陰陽圓錐體模型一樣，意識認知代表圓周之處，精神心靈代表圓心，人類以科學意識認知探索宇宙，就只能永遠站在三維圓周上向上向下直綫觀看，由於四五六七八維的圓周體積比三維小，所以如果我們不用心靈感應，肉眼意識科學是永遠探尋不到高維度的，越高越探不到，更遑論虛無飄渺的零維了！更深層的看，零維就是我們用內心與各維度平行宇宙互融一體的體現，所以以倒立虛圓錐體代表之！而以上一段文字的唯心唯物論，其實已經側面"證實"了零維之"存在"！這箇中道理，幾乎無可能以文字言之，望諸君細心品味！

66. 圓學宇宙辯證

雖然明白事實無可辯證，但今天還是要徒勞的"說一說理"！

圓學劃分宇宙維度依據的除了多項公式定理定律運動比如佛系運動陰陽二圓方圓運動串佛珠模型理論和陰陽倒立圓錐體模型等等之外，還有幾頸比較重要的"結論"。比如說宇宙之極速就是光速常數之平方，接近這個速度就可以回到運去，如果剛只是達到光速那麼還遠遠不夠回到過去，而掌控一維和五維之暗能量就是以接近這個極速去"運行"的，彷如量子就比光更快了！我們也不要扯甚麼量子並不傳送迅息，倒不如這樣說，以我們人類之"理解範圍"來看，只有光速或以下的迅息才可能被我們理解；而光速以上甚至接近光速平方之暗能量，由於"太快訊息量太大"，而且也包含"自 138 億年前宇宙大爆炸之所有過去訊息"，所以以我們人類的"理解力"還沒法很好的掌握，比如據五十年前的攝像鏡頭有時就未必捕捉得到李小龍先生的拳腳，由於他"太快了"！而宇宙最重之質量為暗能量，掌管六七維度！宇宙很可能有第五種力，它類似於弱核作用力，並且宇宙也就只有這五種力，沒有更多的了！還有，圓學維度更推斷出宇宙現今已知的四種力包括重力代表將來，弱核作用力代表過去，強作用力和電磁力二力代表現在！本宇宙就只有七個維度由已知四種作用力編織而成，而平行宇宙某程度也就是這七個維度四種力的"任意的參數調整和編織"，平行宇宙代表了我們的幻想虛構世界乃至夢境遊戲世界，第八維度乃至高之頓悟，捨去本宇宙的七情六慾和種種聲色香味身相乃至平行宇宙所代表的幻想世界！話雖如此，但一至八維始終脫離不了人類的認知，零維卻脫離了人類之認知，仿似陰陽圓錐體模型裡的倒立的陰圓錐體！可見零維之"無"，乃是相對一至八維之"有"而言的。

我們又怎麼知道宇宙最極度是光速平方呢？看看愛恩斯坦的質能等價式 E=MC 平方，我們知道宇宙就是由物質和能量組成的，包括暗物質和暗能量，速度越快的東西能量也就越強，而本宇宙上質量轉成能量就要乘上光速之平方數，那麼宇宙極速便可知了！還有，萬事萬物只要存在就必有其道理，那麼宇宙極速之"存在"又是"為了甚麼呢"？當然就是回到原始過去宇宙大爆炸起點了！那麼，光常數之平方速度足夠在本宇宙之任何時間點回到宇宙大爆炸之起點嗎？足夠的！君不見宇宙各星系之間的"分離速度"遠遠大於光速嗎？既然如此，那麼光速本身又怎可以是本宇宙之極速呢？還有，如果只能達到光速，最多也就可以"時間暫停"而已，又怎麼足夠讓我們回到過去呢？然而，本宇宙肯定包括自己的現在過去與未來，如果光速回不到過去，那麼本宇宙肯定存在另一種比光速"快的多"的東西，才能夠"容納"到本宇宙自己的過去，不是嗎？而暗能量就是代表過去，那為甚麼是暗的呢？因為光相對"太慢"，只包含現在，所以我們肉眼看得見；而暗能量相對"太快"，快的包含了過去的所有事物訊息，所以我們肉眼"看不見"，就呈現在一片"暗"！比如電影裡李小龍先生的出拳一樣，由於太快，我們自然就甚麼也看不見，他的出拳就像被鏡頭裡的光遮蔽了的"暗影"一樣！所以，如果我們人類"足夠高級"，達到"五維生物級數"，那麼晚上黑漆漆一片的夜空將會比早上光明情景精彩萬倍，因為那黑暗裡包羅著的是這 138 億年來過去的數不盡的萬事萬物！但是，五維生物的"視覺"，當然與我們人類"幾乎迥異"，這在較早前的圓學文章裡都已經解釋過了。還有，NASA 甚至主流科學界都證實了宇宙初期暗物質比暗能量多，因為宇宙初級並沒有太多的"過去式"；到了現在，宇宙有了 138 億年的"過去"了，暗能量自然比暗物質多的多！

既然連宇宙初期至現在的暗物質和暗能量比例科學家們都偵察的到，我不明白為何到現在人們還未發現暗物質就是代表將來，暗能量就代表著過去呢？非要我這麼一個學識淺薄的人依靠著圓學之力量去胡猜瞎掰嗎？想到這裡，一陣悲涼與無助便自心底油然而生！畢竟學識材智卻平平無奇的我也是厚著面皮硬著頭皮濫竽充數的，將來恐怕是要遭笑話的！

總有人會想，既然暗能量是宇宙極速代表過去，那麼代表將來的暗物質又將"如何自處"呢？將來不應是比過去"更快更強"嗎？根據早前文章的圓學佛系運動和一些恒古不變的哲理比如大智若愚大道至簡金庸書裡的重拙笨的玄鐵劍竟騰過天下所有快劍，當然也包括連那麼快的光也逃不過那麼重的黑洞的簡單科學知識，以上這些統統都說明一個道理，"將來時空"雖然不是宇宙最快，甚至連普通的光速也遠遠比不上，卻是宇宙最強最重的引力！將來不是正好勝過過去嗎？暗物質當然是保證幾乎所有星系繼續運行的至大引力，也代表了生物與生物物體與物體之間的"作用力"或者說"吸引力"或"排斥力"，那麼當然代表了我們的七情六慾！暗物質不會像可見物質比如地球一樣用地心引力或重力以"可測可見"的形式給引著我們的人體！當然，暗物質也實在由於太重太重了，而至於我們人體不能"直接感受"，好比你可能會妒忌身邊的有錢朋友，卻不會妒忌世界首富同一道理！雖然身體感覺不到，但它卻影響著我們的精神情緒情慾等，西方有句影響至深的老話：性格決定命運！八字學與占星學何嘗不是根據人的出生時間那一刻之天體角度與五行力量去推斷這個人的品性如何而大致評估他的一生又將會如何的嗎！包括 NASA 在內的主流科學組織都承認暗物質和暗能量就在我們身邊長伴我們左右，而根據圓學維度得知袍們分別代表將來與過去，這不正是宗教所說的神明嗎？每個神明都代表了某些性格品質，比如觀音代表慈悲，關帝代表義氣，媽祖專祐漁民！而且千百年以來宗教們都強調神明就我們身邊長伴我們左右，那暗物質和暗能量不就正在我們身邊嗎？

至如第八維度就超脫了平行宇宙的七情六慾和一切幻想妄想世界，那麼不善不惡既善又惡的濕婆神與如來佛祖不正是代表了八維之品質嗎？至於平行宇宙不過就是四種力的自由調整，而且還完全不直接參與到本宇宙之現在過去和將來真實發生的所有事件！那麼，哲學一點的說，平行宇宙不正就是"所有本宇宙未曾發生和不會發生的事件之總和"嗎？這東西不正就是我們腦海裡的幻想世界嗎！又比如說，假設本宇宙的四種作用力的"參數結構"已經確定好了，而且想當然不可能"隨意調整"，甚至說完全不可能變更，正因為這種種限制，所以我們不能回到十年前把那碗當初未吃的飯吃回來，也不能像聖經裡的聖西一樣，將紅海劃開兩邊，更不可能將卡通人物叮噹"變作真人"！所有以上那些本宇宙不會發生的事，不都一一在平行宇宙所代表的人類幻想世界裡"一一實現"嗎！

那麼種種怪事包括包慕大三角洲、羅生門、UFO 乃至聖經裡的種種神蹟包括摩西將紅海一分為二都底真的假的？既真又假，既不真又不假！很多人會不屑的問"這不是說了等於白說嗎？"非也，冤枉我也！

還記得唯物論和唯心論嗎？還記得零維之無乃是相對於一至八維之有嗎？還記得零維的脫離人類的認知不就正是"建基於"一至八維的有

關人類認知之上的嗎？還記得物我一體天人合一我們本身就是各維度平行宇宙乃至"上帝模式"的其中一部分嗎？還記得前幾篇我們證明過本宇宙之一至七維就正是我們將自己從宇宙母體分離出來，並且將大宇宙切做不同的小部份包括光明部份和黑暗部份甚至引力部分嗎？還有，如果我們站到數億光年外的宇宙向地球投望過來，那時的地球在我們眼中是不是比一點還更小，乃至於無嗎？但我們知道地球確實存在，所以那時我們眼中的"無地球"也是建基於"有地球"而且"地球確實存在"這一點上的嗎？當然，我們人類科學永遠也不可能將我們"肉身"帶到幾十億光年外的另一邊，因為永遠沒有可能制造出比光速快的多而且我們的肉體還承受的了的機器的。退一萬步說，以上條件都成立，那麼那個人還是會"消失了的"，因為人類無法理解和利用"比光速快的多的"彷如量子或暗能量的訊息的！

無乃大有，因為無是建基於相對於"有"來說的，比如阿甲如果站在距離阿乙五千公里以外的地方，即使中間沒有任何阻攔物，阿甲也不可能憑肉眼看見阿乙的，這時阿甲眼中"無阿乙"，可事實上阿乙是"真實存在的有"！有比如沒有錢是相對有錢來說的，沒有愛對應的是有愛，沒有力量對應的是有能量！最直的綫卻是曲的，因為最直最長的綫保須要確保可以"一直永遠地走下去"，可是世事都是循環往復的，地球圓的，銀河系是圓的，宇宙很大情況上也是圓的，萬物和各維度都由點組成，而點也正是圓呀！所以，有與無低維與高維之間的差別不過"僅僅在於一個圓字"！想通關於圓這一點，人生一切自然潮平岸闊豁然開朗！姜太公的大智慧，卻反其道而行之，只往直中取，不往曲中求！懂得一點哲學的我們，都明白到他老人家這份堅持與執著，實在比愚公更有過之而無不及！

當然，世上的人絕大部份(當然也包括我本人)都只能將眼光集中於一己小我之身上，說穿了就是自私目光短小，那麼他們將永遠淪為一個小點，永遠都以為自己只不過是在一條直綫之上(因為點之會往前走而不會分辨角度轉向)，而不知道自己其實已經在這個世上循環往返的又轉了多少個"圈"，這正是誤把曲圓作直綫現象！

再回過頭來重新探討一下唯心唯物，阿甲乃唯物派，說無論人如何死絕，樹仍然是"我眼中的這顆樹"，不會改變；而唯心派的阿乙卻說，在萬物"眼中"，這樹都不盡相同了，不要說蝙蝠螞蟻，即使色盲的人看這顆樹與我們也不盡相同，況且有的人天生愛樹看見就非常開心，而同一顆樹有些天生惡樹的人一看之下，卻恨不得斬之而後快，這顯而易見由樹所產生的情緒也不盡相同，如果惡樹的人一死，那麼連同他心中對樹的惡厭也某程度上一併消失了！他們都找阿丙主持公道，阿炳卻說既唯心又唯物，既不唯心又不唯物！如果只以三維立體世界和某部份視力"正常"的人來說，自然是唯物論對；但如果以所有維度平行宇宙計，那麼唯心論似乎更貼切！可是，由於我們本應與宇宙為一體（好比零維的代表的脫離了人的意識認知一樣），那麼這樣就無所謂甚麼阿甲阿乙與樹了，甚至大家萬事萬物都為一體了！所以又說既不唯物亦不唯心！以上阿丙的給論，不就正好引證了天人合一和零維狀態嗎！

根據較早前圓學文章裡的陰陽圓錐模型圖，都有一說，就是低維度生物的一舉一動都不是自主的，都由高維度生物的"行為"而引起的，好比楞枷經裡的意識浪因境界風而起！那麼，我們三維人類還努力拼搏甚麼？我們的命運都不過就是由較高維度早已經"安排"好了嗎？是也亦非也！

首先，圓學明白的告訴我們各維同生共存，而且不能直接影響其它維度，影響只能是"非常間接"的！由此得出，存在的必然是有其道理的，如果我們的一切都是那麼"簡單粗暴"的"安排好的"，那麼我們的存在並不成意義了，這情況下高維度就變成是"直接影響"我們了，而這立論根本是不成立的！另外，我們人類肉身不錯是三維的，而自己的鏡像他人眼中的"自己"都是二維平面，自己影子可權作是一維黑暗直綫，至於我們的七情六慾幻想世界就是更高維度與平行宇宙了，至高無上之精神力量就是八維！然而，我們對這一切的"真實體驗"，或者說是"靈魂體驗"，卻是零維般的玄虛無息之存在！按以上的話，再說甚麼高維動低維才跟著動已經全無意思了，因為不管甚麼維度都是同一物無分你我。再者，根據天人合一物我為一宇宙一體，唯物唯心之顛顛倒，這個所謂"高維行為"決定"低維命運"之理論，更是完全站不住腳了！那麼，這就是一個虛假立論嗎？倒不是的！如果你利慾薰心，只貪戀執迷三維世界虛構的利祿名聲，那麼你無疑就是將自己"束縛"在三維單一世界之內，等待高維度生物來"完全決定操控"你的命運，其結果當然也是比較可悲的！然而，如果你自由心境，遨遊於更維度精神世界並認真的做好三維世界本份，那麼你的肉體命運亦是可以由你自己更高維度的精神去決定的！當然當然，我們現在所有的文字認字都不過是以偏蓋全，既是亦非，我們也須靜心的用零維心靈去體現一切，才可能儘量成為自己的主宰！但試問世上又有多少人可以不受"高維命運的作弄"，而成為自己主人的呢！

宇宙已知四種作用力之中，引力因為代表物體與物體之間的作用，可見物質會產生萬物肉體上的吸引與排斥，而暗物質則會使萬物產生精神上的吸引與排斥，這顯而易見就會造就一連串的事件，理所當然代表了將來；弱作用力即代表了萬物自身內部的衰變，不言而喻的代表了過去；至於強作用力和電磁力使萬物維持自身固定形態，比如水之所以為水，樹之所以為樹，花之所以為花，虎之所以為虎甚至人之所以為人地球之所以為地球等等……這不正代表了現在嗎！記得我們從圓學維度引證出這四種力在本宇宙都有固定形式，而這四種力之無限結構強弱變化則造就了代表幻想世界的平行宇宙！可見，此四種力代表過去現在將來一方面互補，另一方面同時又相互抵消，背後似乎有一只無形之手在調控著，我們姑且命名為"無力"或者干脆叫"無"，因為此"東西"絕不會以類似於以上四種作用力的形式來呈現的，而是無影無形乃至無任何結構與強弱可言的，我們不能從意識科學上去探知，只能權用哲學方式去領會！又記得我們在圓學第四十章介紹了一種"東西"，名為"圓力"！近來仿然有悟，"藏"在這四種宇宙作用力背後的"無力"，大致應該是以"圓力"的運作方式來運作的。這個"無力"代表了第八維頓悟神性佛性之境，恍如大自在心！圓力也證明了凡是互補又互抵消的一對對的矛盾之物，都必然是來自同一個起始原心點的，這又叫一生二無生有！

67. 果殼中的宇宙

不用再一味張望甚麼黑洞了，我們本身就置身於黑洞之中，不自知又難自拔！

　　或許大家會認為以上句子很玄很哲學！那麼，我必須再添上一句，視黑洞一個圓球體抑或圓平面，圓學卻又有一條法則，就是圓裡圓外混而為一！這有點似不識盧山真面目，只緣身在此山中！

　　好吧！來說說關於科學的，這樣大家既相服也喜歡聽一點。根據我們之前的圓學文章推論得出，黑洞可以算是暗物質和暗能量的混合物，而暗物質代表將來六維與七維；暗能量則代表過去之第五維，速度無限接近甚至達到光常數平方之宇宙極速！而主流科學家們都認同暗物質暗能量二者就在我們身邊穿來插去，常伴我們左右，那麼，從某程度上來說，我們也在此黑洞之中或之上了，切記串佛珠模型理論，各維度相互依附糾纏，難分你我！

　　我手頭上《果殼中的宇宙》的版本是由吳忠超譯，湖南科學技術出版社的版本，於書中第 64 頁左下角有個小框框，裡邊介紹了全息原理，內裡提到三維世界的所有現象關聯的信息能被儲在黑洞的二維邊界上！那麼，三維世界的所有現象是甚麼？那就是過去發生的人事物，這不就是圓學維度所指的五維過去嗎？記得前二十篇的圓學文章提到四維就是圓周，五維就是圓面積，而圓心點就是宇宙大爆炸之起始點嗎？當然，六維將來圓球體，這與本書第 40 頁圖 2.8 時間是梨形圖有異曲同工之妙！至於原理如何，稍後再作解釋。單是全息原理中所指的三維世界過去一直以來的人事物之信息就已"刻"在黑洞表面二邊平面邊界上，這與我們圓學的五維過去量子暗能量圓平面幾乎並面二致！當然，關於這個全息原理必須與前面的梨形時間圖放到一起討論，更能完全匹配我們的圓學維度！這樣的系統討論，也更合乎科學邏輯，不是嗎？

　　於本書的第 62 頁，還有一個關於黑洞熵的放音喇叭圖，這圖根據熵的性質推導出，有關落進黑洞的東西的信息可以像在唱片上一樣被儲存，當黑洞蒸發時再播放出來！當黑洞蒸發時便會放光發熱了，這很等同於類星體！我們不用假設白洞之存在，其實類星體本身就是黑洞的孖兄弟了，一個吸氣一個"放屁"！以上的一吸一放的過程，又好比一個宇宙或者說一個星系的衰亡坍塌和新生擴張一樣！所有事物從來都是一陰一陽一正一反，差別只是它們可能巧妙的換了幾個形式去表達，又或者說愚昧遲鈍的我們始終觀察領會不到而已！這個黑洞的一吸之前，便實際"包含"了我們星系宇宙的無限過去人事物，我們都只能用回憶去將之在腦海呈現；而類星體的一放之後，便自然是"包括"了我們星系宇宙的幾乎無窮的將來，大約幾百億年吧！另外，順帶一提，關於宇宙壽命，E=MC平方之質能等式給了我們一定提示，只是我們未曾發現而已！我們可以這樣假設，當有一天即使"我們速度達到光常數之平方，即約9X10十六次方米每秒，也不能回到宇宙大爆炸之奇點時刻之時，宇宙就再無存在之理！"因為屆時宇宙已壽終正寢，道理很簡單，既然連宇宙極速也回不到過去了，表明這個宇宙早已經分崩離析不存在了！話題轉回方才黑洞類星體的一吸一放，就好比我們腦海裡過去的記憶和心靈上引領我們將來行為之七情六慾！哲學一點的說，黑洞類星體這樣說來不就像我們身體的一部份嗎？對的，物我為一，我們與宇宙本身就"無分你我"！一切物我之"分別"幾乎皆由意識而起，佛家所謂的種種虛識妄見！

再看看本書第58頁，圖2.17，這就是一個坐標似的，橫向為實時間方向，即我們普遍認知的，時間是由過去到將來，是一路用加法；而縱軸則是虛時間方向，即與我們的認知剛好相反，時間是由將來倒回過去，有點像文藝小說的倒敘形式，這個就是減法了！有些人會對此不屑一顧，認為玄之又玄，在現實世界科學數量上全無意義可言。可是，既然文學小說以倒敘，我們腦海記憶亦可倒帶，有些預言家或者普通人做的夢又可以預言將來！再者，既然物我為一，整個七維宇宙不過一個奇點原始原點，甚至無數平行宇宙亦可以縮為一個點，那麼，所謂的將來倒不是未知的，而是就在"當下"，就在此原始圓心點之"掌握"之中！要緊記，過去將來五六七維度，只能限制我們的肉身世界，不能限制我們的精神世界！因為我們的精神世界理論上可以直達頓悟之八維，亦可以種反一個意義上來說，某程度上觸及零維無我至聖之境！談回這個2.17圖，橫軸不正是一個圓平面嗎？這不代表了圓學度的五維過去現在式之圓平面？想像一下吧！那麼，乘以縱軸之後，不就是一個圓球體嗎？圓學維度理論推導出，圓球體至少是某個甚至某群星系之暗物質六維之將來，全宇宙則由無窮個星系無窮個圓之暗物質或黑洞類星體，大家相互之間做著佛系運動而得出的結論來的。霍金先生既科學又哲學亦不排斥或盲從神學，這樣態度的奇才，確實曠古難得一見！愛恩斯坦先生可能想像力與才智方面略勝一疇；然而，在涉及神學時的執中持和不偏不倚的態度以及在表述複雜科學時之既簡樸又富無窮趣味性時，霍金先生是無與倫比的！霍金先生優勝之處是融哲學神學於科學之中，當然上天也給予他不菲的回報！

第50頁，圖2.13，此圖述及基態能量為正的玻色子和基態能量為負的費米子，而超引力理論認為每一種玻色子和費米子都有其自旋相差二分一的超伴侶，就正是這個理論，超引力方案可以使玻色子費米子數目等同，從而相互抵消，消除了最大的無限大！就以這點來論，我都應為超引力理論比超弦理論更勝任去統一宇宙各種力各種粒子！這裡的玻色子更像代表將來的引力和代表現在的電磁力強作用力，而費米子更像代表過去的弱作用力！在這裡，我們就看見超引力"統一宇宙"之希望了！我不是科學家，很可能是個"科學盲"，若果我的種種推斷最終指向正確，那肯定不是因為我的才智，只不過是"圓學"的奇效而已！"圓學"確是一個無窮的寶藏，當然必先得真正有識之士才能盡可能發掘其中的奧義。至於我，充其量不過是拋磚引玉中的那塊磚而已！這裡稍微提及麥克斯韋場，這理論指出所有頻率的電磁波都以"光"的速度在空間旅行！在這裡，電磁等如光等如二四維現在式更是不言而喻了。至於那個"場"字，不就等如佛家講的虛"象"嗎？據圓學維度理論，二四維一五維都是相是象，只有三六七維才是性！那麼二四維的現在"相"，不就是麥克斯韋這個電磁"場"嗎！

終於到了頁40，圖2.8的梨形時間圖，這個圖與圓學圓錐模型圖和圓球維度模型圖簡直"神似"了！但在這裡，我想先溫故而知新一下，記得圓學維度圖指出六維將來就是單一個圓球體嗎？六維代表暗物質，暗物質代表將來，沒有暗物質我們的太陽系便會馬上灰飛煙滅，其它九成五以上星系或是依賴暗物質而存的！這不是我胡吹的，而是包括NASA在內的世界主流科學機構的同識。請大家與第25頁圖1.15的恒星黑洞燃料圖一併參考，至此我們便可以輕而易舉的得出一個結論，暗物質確實以某種形式在影響著幾乎所有恆星的溫度，並且如果沒有暗物質，這些恆星包括我們的太陽就立馬"消亡"，不再"燃燒"！再談圓學球體維度，六維將來代表"差不多"整個球體全部；一五維過去"只代表"任一橫切面的圓面積；二四維現在則代表任一橫切面的圓周；而我們三維世界只不過是"陷進"二四維圓周組成的可見物質的時空場的"困獸"而已！由以上可以推出，六維就像一個大鉛球，而一五二四維不過是包著這塊鉛球的"一張布"而已，而這張梨形時間圖依似"有一只無形之手"在上方用兩指將這塊布輕輕一夾，然後一扯！當然，圓錐體的"科學成因"完全是因為大重力物體使時空網向下往自己處坍塌，從而使經過的光產生相靠攏的折射而已！不過，科學與哲學不但不排斥，而且可以共存，若運用得當，可以使自己各方面更上一層樓，就像霍金博士的例子一樣！有很多東西，不能一一言傳，只能意會，這張梨形時間圖與圓學陰陽圓錐體模型和圓球體維度模型理論中間共通之奧妙，希望大家自己去領會一下！

以科學才智論，愛恩斯坦先生可謂曠古絕今，他引入了堪稱科學聖典的廣義相對論，卻又因宗教情感一直不願接受本宇宙乃至本宇宙之時間確實有個起點！起點之前終點之後皆深不可測，為代表幻想世界之平行宇宙，我們已經在之前的圓學文章一再得到證明了！因不願接受時間起點故，他老人家又以驚世之才提出一個宇宙常數！其後，他曾一度追悔，認為宇宙常數可能就是自己一生最大的敗筆！可是，即使是他老人家"可能最大的失誤"，時至今日，倒反又見到宇宙常數可能在"某程度上以某種形式來說是存在的"，這就是為甚麼他才是愛恩斯坦，他為甚麼如此與別不同！其他科學家們只有"望洋興嘆"，又或者另闢蹊徑，比如說霍金先生的融會哲學神學科學於一體的無我無成見之胸懷！另外，愛恩斯坦先生既然創立了質能等價式，也肯定知道宇宙就"只"由物質與能量組成，而暗物質於1932年被首次提出，他老人家也是肯定知道的，那麼他卻又何以堅持宇宙最快就是光速呢？是因為光可見，只有肉眼見到的才可信嗎？而根據這公式，質能互換需要乘以光速常數之平方，再加上圓學球體維度模型理論，我們大膽的推斷出宇宙最快極速就正是光常數平方，代表第五維宇宙一切過去，由於一切138億年之過去信息龐大而且速度極快，我們肉眼"是看不到的"，正如你不會看到廿年前的自己，亦不會看到清朝明朝的情景一樣，這些我在之前文章都有解釋過了！是不是"眼不見為乾淨"？眼不見就真代表無嗎？如果愛恩斯坦先生的智慧再融合霍金的心胸態度，那個真不敢想像啊！可是，圓學維度理論明確指出五維世界過去式是沒有如果的，那麼你我還會對過去如此"耿耿余淮"嗎！心胸會更開潤嗎？隨了哲學科學易學神學思想學，圓學更是我們飲之不盡的一碗心靈雞湯！望大家多多飲湯，保益身心！

68. 再談果殼中的宇宙

感謝美國的理查德費恩曼博士，感謝他無與倫比的多重歷史學說，感謝他對經典粒子假設所謂的每個粒子就只有一個特定的歷史進行的挑戰，取而代之，他提出自己的學說：一個從某一位置到另一位置的粒子沿着通過時空的每一可能的路徑運動。簡而言之，經典學說的粒子只有一條運動路徑；而費恩曼博士的粒子運動路徑卻是無限多條。那麼，又有一個問題來了，我們宇宙的歷史就只有一個呀，那可能有多個歷史可能呢？然而，費恩曼博士有他自己獨到而精準的見地，他的規則保證了除了"切實發生"在我們宇宙的那一條經典路徑以外，其它所有路徑的貢獻都在求和時抵消了！這非常富有意味，而且與我們的圓學維度理論，尤其是六七維將來和代表平行宇宙之幻想世界異常脗合，在接下來的段落中，我們將會一一解釋。要知道，在當今社會，即使你如何有才智，甚至如何名震天下，但只要你只依哲學思想學甚至易學，而不是科學去求解宇宙之奧義時，你的所有理論都將會被讀解為空中樓閣，經不起考驗和推敲。在更糟糕的情況之下，比如像我這種既沒有甚麼才智更是寂寂無名的人提出諸如此種理論時，就算嘲笑謾罵恐怕也是不可得的，因為人家跟本沒有功夫理會我這樣的人的"廢話"！但理查德博士的真知焯見，對我們的圓學維度理論提供了在當今社會看起來就好比"鐵一般的科學證據"！如果到現在大家還不知道我在胡扯甚麼，那麼請直接翻開湖南技術出版社出版吳忠超先生譯著的果殼中的宇宙一書的第 83 頁！

記得我們圓學維度的第四維是現在式代表圓周，第五維過去式代表圓平面，而第六維代表將來，即作為"一個"圓球，然而第六維還未能代表整個宇宙，代表本宇宙整個宇宙的是第七維，第七維就是由多個像第六維的圓球體一起造著"佛系運動"而組成的，如果第六維算作某一個或一群星系比如銀河系和其周圍之一群星系，那麼第七維便是宇宙包含的無窮星系，而我們的"將來"，就"看似"是銀河系這個球體與周圍其它球體"隨機"交互作用 (在圓學裡稱為佛系運動) 而產生的，當然這些球體主要指的是暗物質的成份，暗物質才是球體內核，暗能量不過是任意一個橫切面，而第四維光平面則只不過是最外面的一層"皮"或者叫"膜"，我們人類肉身三維世界就"比較直接"依附在這層"皮膜"

之上的渺小"虛無"的"東西"而已！佛家所說的虛象虛相！這也暗合了霍金先生在本書第七章膜的新奇世界之理論：我們生活在一張膜上，或者我們只不過是張全息圖而已？

圓學維度第六維和第七維之本宇宙之將來在上段已經約略重溫了，這個六七之間已經開始具有"隨機性"了，而不劃維度的平行宇宙更是已知四種宇宙作用力在本宇宙之"結構和值"的"任意無限可能性調撥改動"，所以平行宇宙就是我們的幻想世界，它有兩個特點，第一凡是本宇宙沒有可能或未曾發生的，本行宇宙都可以以"幻想形式"將之"呈現"；第二點是它當然不真接參與本宇宙過去現在將來的所有事件中去。而費恩曼博士的粒子運動的那些"從未實際發生"的無限路徑，正正就是在我們腦海裡那些從未發生的一個又一個的幻想世界平行宇宙！這些在之前的文章都解釋的夠多了。而霍金先生由多重歷史的理論中得到靈感，從而自己領悟出宇宙有個虛時間，它是無邊界的圓球體，這在前一章我們都已經講過了，如果實時間是加法，那麼虛時間就是減法，這不恰似我們圓學維度第七維之多個做著交互佛系運動的圓球體嗎？那些圓球體有些"越交互就越大"，另一些則是"越交互就越來越小"，但以本宇宙之總體趨越來看，它們大多是越來越少的！代表過去的暗能量越來越多的同時，代表將來的暗物質不正正就是越來越少嗎？噫，霍金先生的科學是多麼富有哲學與偉大思想內涵啊！他以純科學"內功"能達"如此化境"，可見他老先生的"功底"是何等"爐火純青"啊！

另外，前一章提及到該書第 40 頁之梨形時間圖，我們之前的比喻是有只無形之手在扯起那塊布！現在，讓大家來個更貼切的比喻吧，這個六七維宇宙就是圖中這個梨好嗎？現在想像同樣有一只"無形之手"，以非常精巧手法以"切膜形式"，將這顆梨的"膜皮衣"一層一層的剝掉，最後，可想而知這個梨會完全"消失"！這好比我們本宇宙之最終毀滅，這個個程就是暗物質這個內核"燃燒減少"之過程，而我們身處的三維世界包括四維時空，都不過是被一層層抽出的"膜"而已，這也是佛家所謂的虛相虛象，與霍金先生的觀點不謀而合，我們都不過是一層層膜式的虛相而已！這暗合圓學維度的一五二四維過去現在皆為虛"相"，而三六七維則代表"性"，由重力組成！噫，重力代表"性"，暗物質至偉之重力代表將來，性格不正好決定命運嗎？這與我們日常生活智慧，社會學甚至思想學易學占星學都不謀而合！

　　該書第 86 頁圖 3.10 介紹了霍金先生推崇備至的人存原理，它的學說就是我們看到的宇宙之所以是這種樣子，至少部分原因上說就是因為我們人類的存在。這人存原理可是科學學說，怎麼搞的像唯心論一樣呢？很多學究眼中，科學不只是講唯物嗎？怎麼搞起了這種玄而又玄形而上學的唯心學說呢？凡事都要變通，唯心唯物就如同一對既矛盾又互補之物，凡是矛盾的都某程度上互補；凡互補的都某程度上矛盾！關於這些，我們在之前文章也詳細的探討過了。當然，唯物唯心乃至人存原理最終到某程度上會指向宇宙與我為一體，天人合一，物我為一之理論！佛家常說所有相性都皆因虛妄之識和執著心之故，我比較理解的是都是因為我們具有了意識，凡是人類就有意識，有了意識同時我們也就將自己與宇宙萬物"分了彼此"，矛盾由此而生！至於自在之地第八維之無矛盾無彼此，乃是相對於一至七維的有矛盾有彼此而言的，沒有一至七維與平行宇宙，第八維無從談起；同理，沒有一至八維，脫離了人類認知的零維至聖之境也更無從談起，這些都在前幾篇詳細討論過了！

　　霍金先生對所謂的超弦理論十一維宇宙理論有所保留，說穿了都是這理論不符合哲學思想學日常生活常識可觀察宇宙之認知等等……不錯，一個完整的維度劃分不可能只是死牛一邊頸的一個勁往幾何學一條死胡同走到老，那是會撞南牆的！完整的維度劃分除了符合幾何法則之外，更應該符合以上所有學科理論，甚至再包含神易學藝術文學等等……，比如代表平行宇宙的幻想世界跟小說家常用的意識流手法很是一樣，而充滿平行宇宙幻想色彩的故事更是屢屢見諸於上古神話和兒童寓言故事。要知道，生活發生的一切包括幻想夢境等都肯定"有其原由道理"，不會是無端端無理由的，那只是常人不肯動腦筋而自解自慰之說辭而已！正如圓學串佛珠模型理論證明的一樣，各個維度都互相交織彼此而不同程度的形式共存，那麼無怪乎有人在催眠或夢境中會"回到過去"又或者預言家們會有"預知將來"的能力，而平行宇宙作為一至七維"完全變態扭曲之形式"也是與我們三維肉體"共存"的，只不過它們的表達形式為虛擬世界幻想世界夢境世界而已！個人負責任的說，我們的圓學維度同時比較好的符合了以上各學科之客觀原則，更與主流科學理論相胞合，那麼又捨我其誰呢！望真正有識之士，在社會上有名望之人拿出自己的熱血與奉獻之心，無條件的投身到發揚圓學的使命中去吧！

69. 三談果殼中的宇宙

霍金先生以一個偉大科學家的身份去思考，所以得出二維生物不可能"具有消化系統"，更加不可能像我們這些"智能生命"立體生物一樣去思考進食或呼吸，而致"生命形式"完全不同！而另一方面，他老人家卻又不無哲學意味的發出一聲喟嘆，或許我們人類萬物都不過是生活在一張膜上的全息圖而已！前一句認為我們是宇宙的中心，因為我們是"唯一的智能生命"，這理論就跟數百年前的地球為宇宙中心學說一樣，證明了人類的驕傲和封閉並未因這數百年來的科技大進步思想大解放而"退出倒史舞台"，倒是舊酒新瓶的包裝上科學的外衣而"重新粉墨登場"！可是霍金先生畢竟是霍金先生，他又看通了我們不過就如佛家所說的"虛相""全息圖"而已！可是，由於他老人家始終是一名最偉大的科學家之故，他並未能"系統性"地去思考宇宙乃至我們自身之問題！

圓學串佛珠模型理論告訴我們，各個維度本身共榮共存互為一體，好比一個圓上的無數個點一樣"無分你我"。我想用科學的方式去演釋，這樣似乎更具"說服力"！其實，說穿了二維生物不過就是與我們"距離遙遠"的我們(三維生物)而已，要知道我們的視覺是二維的而不是三維的，因為三維視覺至少要具備穿透力，而我們視覺並不具備這個必要條件。實在一點來說，比如我們現在與距離五米遠的朋友打個招呼，其實與我們打招呼的並不是"那個三維的朋友肉體"，而不過是經光速傳導的朋友的"二維平面圖像"而已！如果我們用兩秒時間走過去與他握手，那麼這時與我們握手的他就不是"兩秒前向我們打招呼的那個他"，因為兩秒前打招呼的那個"他"已經在宇宙上至少已光速的時間飛離我們有"2秒之多"了，光2秒走約60萬公里，我們能追的上嗎？無怪乎我們就只不過是一幅全息圖！至於一維呢？一維是直綫，也是黑暗，關於這點圓學首20篇文章已經解釋過了，其實一維說穿了不過是"過去的我們"，比如"昨天的那個朋友"！或者更簡單一點，"因為這一刻的我"達不到光速，所以"握不到這一刻跟我把招呼的那個二維朋友的手"；因為這一刻的我"達不到光速平方"，所以無論如何也不可能找到"昨天的那個朋友去寒喧"！前面一二三維都是個體的，而四維就是二維的集體；五維是一維的集體；六維是三維的集體；七維可以說是六維的集體；八維是一至七維的集體！其實，每一個維度都是我們自己，這與圓學串佛珠理論吻口，經得起考驗！所以，我們不可能是"唯一的智能生物"，而四五六七八維，就比我們妙的多，尤其六七八維，近乎宗教神佛的存在！科學"看"到三維，哲學"看"到四五六七維和平行宇宙，而神學"看"到八維自在之地，至於零維我們就必須"放下人類的認知"方能領略！真正科學家最好要以哲學思維去思考和行事，因為科學都已經潛移默化的"鑽進他們心靈"裡去了。同理，反之亦然！

那麼，我們的三維立體世界又為何會如此"獨特"與"美妙"，以致我們竟然可以自我醉心的認為三維立體的自己就是宇宙上"唯一的智能生物"呢？首先，我們要知道三維束縛了我們肉身，凡是束縛都會先施予我們"甜頭"，比如用美色金錢引誘敵人去出賣自己國家！或者這樣講，三維這個"閉圓""幻化出"種種"美好虛相情景"，誘使我們醉心於這個三維立體世界而樂不思蜀，不想去超脫自我而達更高維度之"聖境"了，認為更高維度神佛之境都是"虛"的！又或者更具體的說，我們受到電磁力強作用力弱作用力和引力束縛！電磁力強作用力代表現在，它們使萬物之所以為萬物，萬相之所以為萬相，水之所以為水，食物之所以為食物，乃至我們之所以為我們！這不正是霍金先生口中的全息圖嗎？弱作用力使萬物衰老死亡，使我們有"弱點"，有"恐懼之心"，而引力使我們存在於地球，"靜止並依附"在地球這樣的行星太陽這樣的恆星上，暗物質之重引力更使我們充滿七情六慾！那麼，要哲學一點易學一點的講法嗎？有的！首先，三維世界就是一個圓，圓停下來之後就生了方，不是嗎？干支八字學之所謂天清地濁，地支就是金木水火依附了土而"墮落"下來之"方"，不是嗎？而正方形的中心點到達四條邊的中綫的長度都相等，便可依次將正方形之"土"切成四等份，即金木水火春夏秋冬早中午晚甜酸苦辣眼耳口鼻等等萬物，這個包在圓形之內的四方形不正是束縛我們的花花世界嗎？一圓一方天圓地方不是嗎？說穿了，以上不過是陰陽之分，動靜之分，變與"相對不變"之分，相對不變和靜止才造就了我們萬物不是嗎？霍金先生已經論證過，如果宇宙大膨脹速度不減慢，恆星行星星系就不可能形成，當然就更無可能有人類之誕生了，不是嗎？

那麼宇宙是怎樣的？圓學推導出，宇宙是"自始至終"無限大的而且"永生不息"的！那麼，問題來了，大爆炸時之宇宙很小呀，比果殼更小。還有，宇宙坍塌之時不是已經滅亡嗎？那麼為何會"永生而始終不息呢"？解答這些問題很簡單，假設我們必須將本宇宙視作為好比圓學第七維度的無數個球而不是一個球！那麼，那些個體球就視作由暗物質暗能量暗輻射可見物質可測能量等等一切已知"東西"組成的星系、星系群、乃至哈勃球亦無不可！這樣一來，我們的宇宙便有"無限個"了，有些正在坍塌成將來的奇點（好比黑洞模式）；而另有一些正在擴張之中（好比類星體或白洞模式）！當然，這些球的主要組成物質就是暗物質和暗能量，等一下我們會詳細解說！等，根據我們"可觀察宇宙"和從之而來的微波背景和大尺度結構得出，奇點就只有一個，而不是多個呀！但是，我們不要忘記，所謂的"可觀察宇宙"，直徑不過約 1000 億光年；可是，根據圓學維度得出，我們的宇宙是"恆常無限大的"，無限大所對應的當然是無限久長的時間，這樣看我們"沾沾自喜"的"可觀察宇宙"的 1000 億光年與之相比，可能不過就是"滄海一粟"而已！如果人類想得知宇宙有多大，或者是否無限大無限久長的時間，用科學方法的話，永遠是"坐井觀天"，只有用哲學思想學才更可能得到這個答案，比如運用我們的圓學。關於這點，我們在較早前的陰陽倒立圓錐體模型裡已經介紹過了，一個正立圓錐，一維為底部，越往上維度圓切面就越小，科學意識思維代表圓周，我們內心心靈代表圓心，用科學方式只能在圓周上用直綫向下掃射看到一維二維，向上掃射由於四五六七等高維度比我們少，所以我們用科學望高維度將"甚麼也看不到"！八維為頂點，零維為整個陰的虛的倒立的圓錐，深藏奧義！

那麼大爆炸是怎麼一回事？奇點又是怎麼一回事？宇宙膨脹又是怎麼一回事？試著從佔宇宙成分 95% 暗物質和暗能量去解釋一下，設想有無數個圓球，球裡層是暗物質，面層是暗能量，讓我們從奇點講起！在奇點的時候，這些球體中的暗物質都是具有很大質量的，當然互相吸引，運動模式請參照我們圓學的佛系運動！相互吸引自然會產生熱（這解釋了大爆炸之初為何溫度會那麼熱），也自然會"摩擦"而使物質消耗掉！可是，不是說物質相互會吸引擠壓一起嗎？為何奇點之後的宇宙倒反"越來越擴大越分散"呢？這個可是美麗的誤會了！要知道暗物質消耗掉之後就會轉化成暗能量，這也解釋了宇宙空間為何會越來越"擴大"不是嗎？暗物質越想擠在一起，卻反因自身圓球外層的暗能量之擴大而"看上去反而更相互遠離"了，這與我們人生哲理一樣，想得到的反而更得不到，不是嗎？而當宇宙脹到一定程度，暗物質的質量越來越小，溫度也比較低了，再也生產不到暗能量了，因為質量小之緣故，暗物質這時"不相互吸引了"，而是"相互遠離"，這是很顯淺的科學常識！可是，因為不再產生暗能量之緣故，我們也知道這宇宙跟逆水行舟不進則退道理一樣，是永恆不息無有靜止的，所以這時"暗能量又倒過來轉化成暗物質"了，所以這些圓球體"自然會收縮"，這時"看上去"暗物質倒又相互擠到一起了！這又與我們人生想拋棄的卻又屢踏不走，反而死死黏著我們，不是一個道理嗎？宇宙學哲學思想學易學皆從無到有，皆因我們之分別心之意識而生，都可以用"圓力"將之歸納到同一個圓周上去，然後縮成一點永結一體，所以以上種種學問都不會相違背，都是相通一理的！至于暗能量可以轉化成暗物質？從科學上解釋一樣可以的！科學上說，如果高能量將一個光子和電子撞在一起，會產生甚麼呢？隨了得到光子和電子之外，還會產生一對新的物質，反物質粒子！

有了七維宇宙之無限永生，才可能有八維宇宙操控之下的平行宇宙的"無限可能""無限變化性"的幻想世界！正如霍金先生所言，我們世界是一張膜，佛家所言是虛相，那麼平行宇宙幻想世界肯定是這個虛相的"巔峰狀態"！因為六七維重力之"性"亦會由於宇宙脹大而消亡為"相"！

霍金理論的虛時間模型就如一個比較光滑平坦的球體，然而我們宇宙所發生的一切都作為密碼被儲在這個"好比哈姆雷特果殼"的球體之上，這樣看我們仿似束縛在其中，而仍然以為是無限宇宙之王！又或者是，這個果殼本身有奇點的意味呢？你又作何感想呢？

70. 圓學聖人

大家是否皆因這標題而欲先睹以後快呢？那麼我總算成功了！這個社會，一直需要各種嘩眾取寵的噱頭，古往今來皆是如此！

但稍有不同的是，比之古代，現今社會科技一日千里，各種思潮藝術乃至政治噱頭更是層出不窮！一句話，當今社會已經高度全球化科技化訊息化，地球已經名副其實的"地球村"了！這樣一來，好的甚至不好的東西都會極速傳播，跟古今各自為政的封閉農業社會完全是換了個世界了。這樣，不同種族宗教文化膚色國度文明甚至學術的沖突概率都急劇增大！自二戰後，各種因此應運而生的國際組織比如聯合國世貿世衞組織更如雨後春筍，可諷刺的是，維護今天"虛假而又脆弱和平"的卻不是以上這些使命高大上的組織，而是人間最大殺器：核彈頭！

然而，我們真的把人類社會長久和諧繁榮之希望寄托於這些"大殺器"身上不成？當我們不斷跟這些"大殺器"開這種玩笑的時候，難道你我的心底不會暗自發毛嗎！那麼，我們的恆久和諧共榮又應寄託在甚麼東西身上呢？要回答這個問題，首先要搞清楚，當今這幾十年來的戰爭內戰歸根究底又因何而起呢？最根本的原因是因為國度種族膚色宗教嗎？是的！那麼，爭奪資源也是一個原因嗎？也可以這樣說！

那麼，有沒有可能有一種"東西"可以將各種宗教見解種族文化藝術乃至哲學思潮以一種和諧的形式在某程度上"統一起來"，當然同時要兼具幾乎全人類的認受性。而且，這種東西應該要是一種抽象東西利於傳播，最好不要是實物了！最後，這種東西要恆古以來便為全人類所認識，一點都不會有陌生感，既是古老的圖騰，又是現今社會最常見的工具用品之形式！這樣一算，能勝任的就只有"圓"學了，不是嗎？

但是，所謂"圓學"至今連一個毛的體系仍未得建立，更遑論所謂推廣了！比較理想的"形式"至少應該是這樣的，"圓學"應該以哲學思想學乃至社會公民學的形式出現在全球中學乃至大學哲學系藝術系神學系的教課書或教學內容中去。之後，待時機更成熟一點，全球各種慈善團體組織應該"自發"的推動一項"圓學 logo"認證運動，授予全球合資格的官方半官方乃至宗教社團等各種組織一個"圓學 logo 認證"，這等同於一種資格與榮譽，並希望提高全社會對其的關注度和認受性！這還只是意識上的認受，並寄望久而久之會自然轉化成一種心靈上的認受！這樣，各宗教種族之間的矛盾可望逐步消弭！因為，大家的隔閡與誤會在中學時便有機會因接觸學習"圓學"而消弭。試想一下，在中小學美術畫畫課時，教師讓大家學生們在一張白張中間的一個空白大圓圈上自由地畫點甚麼，比如爸爸媽媽乃至一個外國人異教徒和諧可愛的笑臉！心靈情感這種東西是至偉大的，同時也是最容易在這種時候得到薰

161

陶的。我們可以考慮將圓學以這麼一種形式先行打入全球各國的小學美術課堂裡去！這不失為一個好提議吧！

那麼，誰又勝任去擔當這項"聖人"般的任務呢？首先，他或她們必須胸懷天下甘於奉獻而又正直仁義，當然最好在社會上至少有點名望的，因為當今社會如果你沒有名望就幾乎是毫無信服力的。那麼，她們或他們智商需要很高嗎？這倒未必，智商只要比較高就可以了。可是，她們他們必須要像大地大海高山星際宇宙一樣的模式去思考，內心最好不要太多個體私利等短視短見。我能力有限，又無聲望可言，而且更有點心累了，希望實在不大的。所以，在這裡先拋磚引玉，希望各位真正有識之士義無反顧的為自己為家人為社區乃至為國家和人類社會作出真正的貢獻！希望一批又一批的圓學聖人應運而生！

本人於 2019 年 1 月 1 日在中港澳網站發表了圓學 21-26 約六篇文章，之後又在同年 1 月 16 至 27 日發表第 27-38 約 12 篇文章；其後在二月份發表了圓學 39-42 共四篇；3 月 2 至 10 日發表了 43-51 共 8 篇，3 月 11 日至 20 日 52 至 60 共八篇；其餘 10 篇左右由 5 月 24 日至 6 月 20 日！本人從不改稿，行事草率，思路粗疏，治學態度更是馬虎，對此實在深感慚愧！希望各位見諒！

最後，其實對於圓學的發展推廣傳播，本人除了才學有限，更完全沒有社會號召力和影響力之外，那怕對於圓學發展規劃也是苦無良策一頭霧水！在這裡，我衷心希望有一批又一批"真正的智者勇士"擔扶起這項可以造福世人的任務，幸甚！

71. 量子力學 上帝骰子 霍金黑洞
- 圓學總論

這篇文章涉及的範圍有點廣，恐怕非我力所能及，只有盡力而為，問心無愧自在之心即可。我們會談談量子力學，黑洞視界半徑，普朗克常數，薛丁格的貓的實驗，廣義相對論宇宙大尺度引力結構，果殼中的宇宙，量子力學薛丁格方程式裡的波函數概念，艾弗萊特的多世界詮釋，普朗克常數證明的粒子的波粒二象性，愛恩斯坦上帝骰子，霍金回到過去與牛頓愛恩斯坦的撲克遊戲，海森堡的不確定原理，刹車一刻車廂裡的人，上帝花瓶碎片，上帝石頭，地心說乃唯心論以"我"處之地球為圓心立極點之意義，乃至圓學維度的完整模型哲理思想！當然，最重要的是想證明圓學與以上種種叫人關心又令人信服旳科學哲理的一致性！

在展開這個繁雜的主題之前，首先前談談代表將來式之暗物質與代表過去式之暗能量的一些特性，至於類星體中有黑洞，二者乃俗語所謂"孖兄弟"的論述，已散見於之前篇幅，在這裡就不再贅述了。據圓學哲學神學乃至科學邏輯學都可"輕易"得出宇宙物我本乃一體，我們的一切種種幻像虛性皆因意識分別心而起！這個命題在之前圓學文章我們已花大力氣大篇幅，這裡當然不再千篇一律了。由以上宇宙物我一體可以反證暗物質暗能量可見物質可測能量實為"一體"，都屬於本宇宙，就是本宇宙，無分你我！質能等價式可以以科學公式角度去證明我以上論點。要點更實在的？當大質量恒星衰亡坍塌得面積過小，而至於超過一個臨界值並且質量為太陽之數以倍計時，連光綫也不能逃逸它的引力，這時代表過去式暗能量之事件視界就"應運而生"，而那個坍塌恒星而成的黑洞自然就類似於代表將來式之圓球體暗物質！何解？記得第68、69章我們談論過暗物質是熱的，是太陽等恒星"像核燃料般燃燒時"底下的"真正熱量"？這些我們都用圓學維度推證出來了。而我們記得一條科學定律！當黑洞體積越小時溫度越高，所以當黑洞體積少的"像細碎的暗物質一樣可憐時"，你可以想像它的溫度到底會有多高？而不論霍金的梨形時間圖全息圖一片膜，又或者佛家性相之虛相論，又或者圓學串佛珠理論所求得的同樣結論也好，在在都說明我們"處身的執迷的"三維立體世界和二維光立體世界一維暗黑綫性世界，都不過是"虛像"！那麼，這個結論不就與"暗能量才是星體燃燒背後的真正的燃料，而我們肉眼所見的太陽光熱不過虛像"一說遙相呼應嗎！還有，根據第68、69二文之推論，黑洞物質不會完全消失掉，如果真的這樣，那麼我們圓學維度體系便會不堪一擊，傾刻瓦解坍塌，宇宙也更不會無限久長地延續下去，更不會無限大，因為若代表暗物質之黑洞中斷了，一切宇宙結構便會戛然而止，四種力中的引力便會有完全消失的可能性，當然以上這些肯定是無可能發生的謬論！還有，黑洞輻射有點似暗能量模式。另外，我們都知道恆星是由氣塵星云發熱引力收縮作用而產生的，只要維合以上斷點，就可以同樣反證可見物質能量之氣塵星雲就是由暗能量暗物質"暗中生成而來"的，因為可見物質恆星可測能量比如光綫二者也可以收縮成暗物質般的黑洞，那麼反證自然是順理成章的！更何況我們都知道宇宙乃大一體！對不起霍金先生，根據以上種種，我始終堅持黑洞不會完全消失！

　　現在談談量子力學，即使作為量子力學的創始人之一的海森堡和薛丁格先生都認為天下間真正掌握這門學問的不過三人，甚至無人！那量子力學究竟又是何方神聖？首先，科學界已經可以用量子力學"統一"作為現在式的電磁力強作用力和作為過去式的弱作用力，只差一樣，就是廣義相對論宇宙大尺度力學，注意，這是可見物質之引力，而並不是我們圓學求證出來的"代表將來式的暗物質的宇宙至重之引力"！而海森堡的不確定原理與薛丁格的貓的實驗前半部份（盒子的蓋還未打開之前）已經告訴我們量子力學講述的就是"所有未發生，未成為本宇宙真實事件的所有概率的總和"！何解？因為若果你要將量子力學"成為本宇宙真實發生事件"，必須再加一項"引力"上去，而且圓學可以推導出量子力學和廣義相對論引力的"最小公倍數"便是代表將來式的暗物質！我們都知道，量子力學必須在普朗克常數無限趨零的情況下才可以與經典力學"接軌"，而且科學家們也"心知肚明"，如果要"統一"量子力學和經典力學，那麼數值將會"非常大"，而我們圓學求證得出暗物質之引力恰好就是這個"非常大"！究竟如何大呢？可以具體一點嗎？可以，我們圓學前二十篇文章已經"大概"得出一個結論公式，就是（暗物質約 =MC 四次方），這是根據愛恩斯坦先生的質能等價式求出來的，可能作為科學公式它顯得有點不嚴謹而且粗漏，但若出為一個邏輯學思想學哲學乃至我們圓學的公式，那麼它馬上變得意含深遠了！不是嗎？以上的量子力學經典力學和表示概率的普朗克常數與薛丁格的公式中的波函數等等，不是反證了本文第二段的暗物質暗能量可見物質可測能量的互為一體相互轉化的結論嗎？而且，由於四種已知作用力沒有一種會出現完全消失的情況，而只會無限大或無限趨近於零（這樣也造就了圓學維度理論裡關於與一至七維等會的平行宇宙幻想世界的無限可能性），我們更確切可知不論暗物質抑或暗能量可見物質可測能量等都不會"完全消失"，而甚至乎可以進一步擴展到各個維度亦如是，就如干支八字裡的冬火夏水只衰死而永不"滅絕"同一道理，以上各個體系都如同串佛珠一樣，不可能有其中一珠「完全憑空消失」，那麼整條佛珠不就「不成立」了嗎？

　　薛丁格的貓的實驗比艾弗萊特的多世界詮釋更好，因為薛丁格的貓的實驗兼顧了平行宇宙無限可能性與切實發生在本宇宙真實歷史的唯一性！它很好的解釋了量子力學的無限可能概率集合，也告訴我們經典力學作用下真實歷史事件的單一結果！當量子力學裡薛丁格公式的波函數無限疊加，就代表了蓋子還未打開時的無限可能性；當波函數坍塌普朗克常數無限趨零之時，代表了蓋子打開即發生在本宇宙真實歷史的單一事件！一個是圓學維度裡的平行宇宙幻想世界唯心論無限概率可能性；而另一個本宇宙真實世界歷史事件單一可能唯物論！另外，老調重彈一下，圓學七維「必須是」多球「多宇宙」「多奇點」「一邊膨脹一邊坍塌」「無限時間久長」「無限廣大」才可以「烘托出」平行宇宙幻想世界之無限可能性！更科學一點的講法，當黑洞類星體暗物質暗能量可見物質可測能量相互轉化之時，第八維度之「至聖無力」便會大概用「圓力模式」去以「我們不能理解的特定方式」將這些互相轉化的暗能量的「過去密碼」和暗物質的「將來密碼」和可見物質能量的「現在密碼」這些一切「東西」，以「巧妙的」形式保留下來！本人根據圓學理論體系推斷，以上這些「東西」正正是平行宇宙幻想世界的「無限可能性」的由來！反過來亦可論證，正是我們宇宙之「無限廣大」「無限時間久長」才理論上有可能「容納」得下平行宇宙的「無限可能性」！不是嗎？

　　黑洞視界半徑公式與質能等價式一樣，與光速常數 c 之平方有關，這個正是我們圓學維度理論提出的宇宙極速，可以依此「回到過去」！那麼，當初的霍金先生不就理論上可以「回到過去」與愛恩斯坦牛律們打撲克了嗎？常人也知道人類肉體怎能承受這個「旅行速度」，霍金先生難道不知？即使退一萬步，為了大眾熱情和書本銷量之故，當初的霍金先生真的「回到過去」，也不可能而人類個體模式與他們打著撲克。為甚麼呢？根據圓學維度理論，即使第二第四維度世界裡，我們「形式上」都像相片一樣，與週遭環境「連為一體了」（請你不要抖膽告訴我二維平面相片裡的那個你可以自由進食打撲克），至於一五維度過去式暗黑世界的「生物」所包羅的「就更廣大了」，比如整個宇宙漆黑夜空不發光的部份同屬一維五維世界，試問這樣模式的「生物」還可以像

165

三維人類一樣打撲克嗎？說穿了一維就是過去某過時刻"那個與周遭環境融為一體"的我！而五維更是無限過去總和盤古以來天下萬物生靈的"總和"！以上這些，都使打撲克這個命題完全不能成立！至於上帝可以"造"一塊祂自己也搬不起的石頭嗎？這個命題當然也不成立！怎樣論證？根據圓學體系串佛珠模型理論，各個維度本宇宙平行宇宙本乃一體，所以我們自然是同時也不是上帝的一部份，那麼至少有一部份是的；再者，根據唯物論與唯心論中的唯心論，我們周遭一切感官所見所聞皆自己內心之投射，那麼包括石頭在內至少"某程度上"也是人類自身內心的一部份吧！那麼，依次得出石頭這個"虛物"至少某程度上也是上帝一部份！既然是一部份，又何來"造與搬"呢？

即使偉大如愛恩斯坦，他的上帝不投骰子一論，恕我不敢苟同！以"圓力"定理，天下之物包括學術，比如科學邏輯學哲學思想學，都是一對對從無生有的矛盾互補物，都可以用"圓力"（使兩條半徑以60度之夾角）統一起來，所以說大家都是同根同源的，所謂有生於無！因為不確定性原理就斷定上帝是在投骰子嗎？上帝自然代表萬物生靈及一切，又何來會以人的"模式"去投骰子呢？這一句說話本身就不能成立！還有，圓學維度亦已證明高維度的"一舉一動"都足夠世上蒼生的百年千年了！何解？我們三維肉身不無時無刻的在"產生出""無數個"二維平面生物嗎？同理，四五六維高維度亦是某程度上以這類型的模式來"造就"我們！還有，不確定性原理量子力學等都情況都是"不包含引力"，所以它們的"無限概率"乃至"二分一之投骰子概率"絕大程度上都是"發生於"圓學維度裡的"平行宇宙幻想世界"的！可以這樣說，上帝一舉一動間就造就了無數億兆個平行宇宙，我們只不過是其中一個而已！而我們卻可憐可憫的認為上帝在"投骰子"！而且，本宇宙與平行宇宙都由第八維度在背後"操控"四種力無限上下調動而產生出來的"無限宇宙相"，那麼本宇宙與平行宇宙最大"區別"在那，那一定是引力！因為引力是本宇宙"主宰之力"，只有將這個"主力"調到無限底，平行宇宙之各種可能性才可以"釋放"！這一點量子力學普朗克常數經典力學波函數裡都已經一一證明了！當然，這個也這是"前戲"，之後更可以通過調節"另外三種作用力"去達到更多彩繽紛的平行宇宙幻想世界裡去！這些，與我們的圓學維度理論體系不謀而合！最後，在圓學體系裡，正正因為多維度共存才證明了我們宇宙確實有"可預測性”，因為我們可以通過揣測高維度的“行為”去推測我們這個三維世界“將會發生甚麼”，正如我們影響二維一維世界一樣！諷刺的是，正是因為圓學除了多維共存特性之外，還有各維自主獨立之特性，可這個自主獨立特性 (好比可見三維世界之物質引力) 使得我們的“將來具有不可預測”的一面，因為我們無法通過多維互動圓圓相扣的方式觀察和推測將來之結果！正是這樣，世界既有不可預測性，又有可預測性；既有唯物論，又有唯心論！既錯又對，皆是又非！這種種矛盾，都是我們意識虛幻心產生以來，將自己與宇宙萬物“分家”之故！

霍金先生曾用地球中心說一論對占星預測術嗤之以鼻，我也不是占星行家，可今天要談談地球中心一說！現今社會，大家都以科學意識“視角”審視一切，盡然忘了以上的物我一體矛盾互補論！宇宙當然“一方面”是太陽中心說，乃至銀河中心說，可以更往大處去說！可是，我們卻忽略了唯心論，當我們以地球為圓心立極點去觀察一切之時，一切星體自然感覺上繞我而轉！要相信自己“所見所感”，既然有這個感覺，那自然有它的由因！二者必須互補，唯物唯心二者皆是，二者皆非！舉個生活上的例子，當我們坐在一架剎車的巴士，那麼我們的身體不在是既靜又動嗎？那麼，上帝就是一尊既完整又破碎的花瓶，有的碎片叫你，有的叫我，有的叫她，有的叫他，有的叫黃種人，有的叫黑人，有的叫白人，有的叫紅種人，有的叫亞洲人，有的叫非洲人，有的歐洲人，有的美洲人，有的老人，有的少兒，有的中年，有的智商高，有的智商低，有的貧人，有的叫富人，有的叫白羊座，有的叫金牛座，有的叫雙魚座，有的叫處女座，有的叫基督徒，有的叫佛教徒，有的天主教徒，有的穆斯林，有的美麗，有的丑，有的善，有的惡，有的膽大，有的怕事，有的快樂，有的愁緒，有的愛吃，有的愛喝，有的愛車，有的愛房子，有的肥，有的瘦，有的叫音樂家，有的政治家，有的商人，有的工人，有的命理師，有的叫科學家等等……試問，這些碎片缺了一塊行嗎？叫了一塊，整個命題便是偽命題！當這些碎幾乎併好之時，就是最接近至聖之境之日！

現在，我們必須階段性的總結一下圓學維度架構，從那裡先著手呢？應該從先前定義最朦糊不清的六七維處著手！六維可以視作為“現在或未來人類可觀察到的宇宙”，而六維時間長度大致上可以定義為由大約 138 億年前"本個可觀察宇宙的誕生處",至數十或數百億年後的"本個可觀察宇宙的預期終結之時",亦即大坍塌!然而,七維宇宙就是"時間無限長"而且"范圍無限大"(即包括可觀察宇宙和未能觀察宇宙)!既然以上已經定義清楚,那麼為甚麼圓學維度體系裡六維代表一個圓球,七維就定義為無限個圓球,已經很清晰了。另外,我們當然也參照了圓面積和圓體積定理與愛恩斯坦的質能等價式去劃分圓學維度一至七維的,所有這些都在尤其是圓學首 30 篇文章裡講述清楚了。那麼,我們現在可以將七維視作一個無限長久無限廣大之宇宙或無數個"現在可察觀宇宙"之總和;而六維亦可以視作為一個"可觀察宇宙"或無限"對"在這個"可觀察宇宙"之內的主要由暗物質暗能量組成的黑洞類星體組成的!這樣,界限可能有點"迷糊",可是六七維乃至八維的界限就應該比一至五維更"迷糊",這個是圓學維度理論決定了的。

還有,六維的一球與七維的"無限多個球"之間並沒有明顯界限,正如本星系黑洞裡的暗物質與其它星系黑洞裡的暗物質可以"自然相互交換"一樣,而恰恰正是這個彷如佛系運動的暗物質"自然相互交換"才成就了第六七維度將來式之"不確定性"!將暗物質比喻為個體人,本可觀察宇宙比喻為中國,其它無數暫時未可觀察之七維多球無限宇宙比喻為外國,那麼,中國居住的不可能全都是本國人而沒有一個外國人吧!反之亦然!接下來,當七維內其它多個與本個可觀察有限宇宙性質相似的"宇宙圓球"在大坍塌之時,引力法則都會"暫時失效",這樣的大坍塌當然會發生無數次,而每次都可視作為一個密碼,其背後至少藏著一個變量,無限個這樣的變量會"積累"成平行宇宙的無限概率可能性的"一部份"!八維"操控"之下的平行宇宙的無限可能性,其原理是四種作用力的"無限調整";而七維的無限時間無限廣大的多個圓球宇宙始終都受到一個有力條件束縛,那就是引力主導!試問,引力主導的七維怎可能"匹敵"四力無限自由調節的平行宇宙背後的第八維之"無力"呢!

至於一至六維的單個圓球體就好比霍金的梨形時間圖,我們在前面的圓學文章裡都已經講解清楚了!七維多球正如好比香港六合彩箱子裡的多個圓球,而八維操控之平行宇宙就是那些六合彩數字球的無限次滾動數量之總概率(好比平行宇宙無限概率)!六維暗物質就只不過是其中一粒圓球，五維之暗能量過去式就是這粒圓球的圓橫切面，四維就是這個橫切面上的圓周！而四五六維代表集體，一二三維就只不過代表了個體，那麼三維就自然好比是一只手從梨形時間圖圓球體上拈出來的那一層圓平面的"膜"，二維就是這層圓平面的"膜"的圓周，一維不過是這個圓周上的一點！那為甚麼四五六維代表圓球體本身各部份，而我們三維世界就要當"膜"一樣被"抽出來"！首先，這個三維膜與霍金先生果殼中的宇宙一書中第七章的"膜"相符合，其次，四維圓周就大約伐表了"附在"圓球體的最外層的"面"，那麼我們三維這張抽出來的"膜"不正好呼應四維這張"附在"圓球體上的"面"嗎？還有，三維是六維的"小分身"，皆因都代表了引力質量，都代表了佛家性相中的"性"，所以也很自然而然的被抽出來"獨當一面"不是嗎？或者說，我們三維世界統領一二維織成了一張"膜"，而六維統領四五維組成一個球！這個多圓球佛系運動模型很大程度上的符合了現今前沿宇宙學的理論與模型！

現在再來總結七維與八維，七維多球體之間"相互交互作用佛系運動"的時候，各個圓球體彼此之間的暗物質暗能量必定某程度上相互夾雜交換，首先這就是一個"概率變量"；其次，當各個"小宇宙"像黑洞或者衰亡行星那樣坍塌時，可以猜想引力主導效應在這"片刻"必定失效，因為這時正是暗物質很小，而巨量的暗能量反過來轉化成暗物質的時候；再者，每個以上"小宇宙"的"一生"之中，必定與其它"小宇宙"彼此之間存在至少"絲毫差異"，這是第三個"概率變量"！除了第八維"自由操控"宇宙四種力而"造就"平行宇宙無限概率可能性這一說法之外，何不說以上這三個變量和其它無知的變量共同"組成"平行宇宙的無限概率變數！兩個講法都不矛盾，因為都是由八維"操控"的！至於脫離人類認知的零維，就要從倒立陰陽圓錐體裡的陰倒立圓錐體中去體現，這個陰倒立圓錐也正好是零維以一種"人類不可能理解"的形式反過來去"包羅"一至八維！

至於蟲洞，我對自己負責任的說，是不存在的！

首先，它就是偉大的霍金先生的虛構假設，基於甚麼呢？很大程度上基於愛恩斯坦的廣義相對論，沒有東西比光快！可是，圓學已經一再證明代表過去式之暗能量之速度達到宇宙極速即光常數之平方，因為它包括太多的過去圖像而且太快太快了，而致我們肉眼「看不到」，所以呈現一片漆黑，暗能量其實也就是宇宙間「以遠高於光速膨脹」的空間！而暗能量之黑暗剛好反過來呼應一維直綫！光可見代表平面二維，暗不可見代表直綫一維，一個平面又無限直綫組成，正如一個二維「現在式」的我背後不正是「藏著了」這麼多年來無數過的我的圖像嗎？這還不包括前世的我或者現世父母祖先呢！而正因為一維代表大面積之宇宙暗黑虛空暗能量，那麼五維高等生物的「一舉一動」不正是「系統性的同時的」影響到整個宇宙過去的「極大一片」嗎？那麼五維祂又怎麼可能「關注到」「只具體影響到」一個個體的人打撲克的行為呢？正如我們身上的分子如果會「以它們特定方式跳舞的話」，試問我們又可否「關注到」那個分子跳的是「何種舞步呢」？不可能！對嗎？圓學不是證明了隔一維度比如一維與三維影響就非常微小非常間接了嗎？而圓學模型告訴我們，要影響一維過去，就要以「五維大神」之模式，「一整片一整片」的去影響過去「億萬生靈」，而不可能以三維肉體直接跳到過去一點！這也反證了圓學理論裡各個維度各自「獨立」，只受其它維度「間接影響」，而不可能被「直接影響」！間接影響是一大片一大片面對面的影響，而直接影響是「精準的點對點」，這樣點對點精準影響只可能發生在同一維度裡！至於將來，是以各個圓球體各自交互運動，逐點「損耗磨蝕」而產生的！所以，「去到將來」更不可能通過蟲洞模式實現。

那麼，上帝影響不到我們嗎？還記得圓學證明了各個維度是無條件共存的，就像串佛珠模型一樣。差異之處，只不過是我們把大部份「注意力」集中到三維花花世界而已，這樣，同理可推上帝「只不過」是把大量「注意力」集中到八維或者說是零維上去！既然我們都「不同程度的」是上帝一份子，那麼上帝自然與「將更多注意力放到更高維度」「與上帝相似程度更深」「與祂更有緣」的人身上，不是嗎？那些德高望重自在心境之高尚閒逸之人，不正是某程度上代表上帝存在而且在活動著影響著大家嗎？

圓學威力，可想而知！我敢斷言「如果愛恩斯坦霍金薛丁格海森堡等各位偉大的科學家們能夠好好借助圓學去研究科學，那麼甚至最高深莫測的科學也定必可以迎刃而解！」只可惜，圓學暫時落在了我這樣資質平平之輩，所謂得物而無所用呀！這不是天大的可惜嗎？在此呼籲，希望當今處於前沿的偉大科學家們，多往圓學思維下功夫，說不定各種宇宙學物理學通訊科技乃至醫學哲學與神學，都將會有驚天動地的發現與突破性的發展！

希望各位讀者因此之故，為圓學之廣播，多作一份貢獻吧！

72. 圓學可以告訴你！

圓學可以告訴你，暗物質代表將來，暗能量代表過去，暗能能之速度為光常數平方，由於太快肉眼看不到，所以為暗！至於暗物質就是七情六慾，佛家的性，不是相不是象，所以不在於視覺，更在於"心之感覺"！引力代表將來，弱作用力代表過去，電磁力和強作用力代表現在。八維頓悟"不過是"超脫了已知宇宙四種作用力束縛而已！有沒有上帝？有的，祂代表第八維和第零維，但上帝不是一個人的"片面形象"，而是集合無限平行宇宙之"整體模式"！不要看宇宙"空空如也"，因為我們看到的不過是一到三維的霍金口中的"膜"佛家口中的"虛相"而已！高維玄妙都已經解釋過了，現在只想劃分一下唯心唯物，如果一至三維是科學意識"觀察證實"到的唯物，那麼四至八維自然就是哲學邏輯思想宗教玄乃玄學"呈現"在來的唯心了，即使這個"唯心"，我們之前的圓學文章亦經已用"科學證據"去反證之了！那麼零維包含一至八維，又是脫離了人類認知，那自然就是既唯物又唯心，同時非唯物又非唯心了！怎樣？玄之又玄？不會的，我們現在列出一條新定理以釋述之：

圓學左右半球定理：任何真理，都可比作一個分了左右兩半的圓，左右半圓相互矛盾，各自攻訐！探求真理的手法就是，左圓右圓皆對；右圓左圓皆錯！這就是高維度的"整圓模式"，不是低維度的"碎片模式"，這又好比道家的無為而為！

接著，上帝可以造著一塊自己也搬不起的石頭嗎？這是個偽問題，上一篇已經證實過了！那麼UFO是否真的存在？政府有沒有封鎖消息？由於量子力學波函數的波叠加又好比海森堡的不確定原理和費爾曼教授的多重歷史乃至薛丁格的貓實驗，其實都仿似圓學理論裡的平行宇宙，那麼如果 UFO 真的存在於平行宇宙，不就說明了它們並不存在於本經典宇宙了嗎？因為本宇宙受三維經典引力制約，歷史就只有唯一一個呀！可是，大家不要忘了圓學零維包容了一至八維而且有一種"脫離人類認知的特性"，因零維之故，唯心唯物論是可以並存的，而且我們也知道本宇宙各維度乃至平行宇宙都是"相互共存"的，比如說"心信自己見到 UFO 的一批人"大家之"認知"可能在某時某刻處於類似"狀況"，都無限感覺到那個"有 UFO 的平行宇宙"，那麼我們便不能證其偽了！這種情況也可用於各種神蹟事件，比如摩西渡紅海等等……還是那句老問題：不是說由於經典力學之故，經典宇宙就只有唯一一個"似乎沒有 UFO"的歷史嗎？先不說"大家口中"的經典宇宙是不是只包括科學偵察到的一至三維（關於這個我們在陰陽倒立圓錐圖上已經解釋過了），至少零維的存在我們是不能否認的，零維自然引出唯心唯物並存，我們盡可以說本宇宙（一至六維或一至七維）不存在 UFO，但不要忘記我們每個人都是上帝一部份，都可以連線至平行宇宙乃至第八維度，甚至零維（因為零維的脫離人類認知的特性是相對於"人類的認知"這個基礎而來的），換句話說理論上我們人類心靈甚至可以超越本宇宙，那麼如果有一批人達到"至誠至聖"，對於他們而言在現"集體現象"從理論上來說是不可否決的！關於這個問題政府也不能證偽，既然政府未能證偽亦無能去證實，那麼又何來封鎖消息一說？這是個邏輯問題！其祂神蹟事件自可以一例而推，當然，我們也不排除有些"別有用心"的人以此迷惑人群，這又另當別論了。

既然我們都某程度上是至尊八維零維上帝模式之一部份，那麼我們從那裡來，到那裡去這個大問題，大家就不能自己用邏輯和常識去推敲一下！有些問題，最好自己去找答案！如果答案是要別人"餵"的，那個"味兒"當然走了！上帝投不投骰子？如果平行宇宙各自代表一個骰子（量子力學波函數無限疊加等如圓學無限平行宇宙可能性），那麼我們本經典宇宙也"不過是"無限骰子中的其中一粒，而我們骰子頭上的點數也固之然只有一個，這又對應於經典力學經典宇宙就只有一個歷史！那麼，過去可以改變的嗎？不能！本宇宙一五維之過去不能改變！有蟲洞嗎？沒有，因為用不著！所有假設物都是因為"有需要"才可能證實，若果根本沒有"這個需要"，那自然證偽了。上帝可以直接干涉我們三維世界嗎？不能！那麼可以間接干涉嗎？以甚麼形式？可以間接干涉，真的是以先知的形式，就是說比較德高望重很大程度上擺脫六七維度七情六慾之人，比如耶穌和甘地。有因果報應嗎？我會說有！因為本宇宙是由引力主導的過去現在將來之模式，不會顛倒的；另外，從心理層面，我們的潛意識會以某種方式"記錄"我們的所作所為，然後使我們產生心理壓抑陰陽自責精神分裂等等……這是受到西方主流心理學派認同的！還有，所謂平行宇宙乃"虛假"幻想世界，那是相對我們本宇宙而言的，即是說以本宇宙之角度去出發；那麼，如果換個角度從某個平行宇宙的"角度"來看，以那個平行宇宙為"立極點"呢？那麼恐怕本宇宙才是"虛假"幻想世界了！這有點像莊周夢蝶，也有點迎乎文藝小說強調的以第幾人稱為角度，就連看風水也必然講求立極點的，所以說"真正"的學問，是放諸四海萬物皆準的，都是互聯互通，好比現在科學界信息學界 5G 的萬物互聯一樣！

希望圓學可以作為一個大家"download 和 upload"的平台，有自己知識見解的都可以貢獻上去；至於想尋求人生或心靈答案的，盡可以往這裡探求！當然，這就尋要一些幾乎超凡入勝的門面人物去充當精神領袖，我衷心期頒有那麼一天，全人類大家各位都想為這樣一號人物，這樣該是多麼美好呀！

最後，我們以圓學終極定理為圓學文章暫告一段落，當然以後還是會繼續寫圓學文章的。圓學終極定理：宇宙物我合一非人，似變非變，有我無我！這定理融滙科學哲學易學思想學邏輯學於圓學一爐，第一階段之宇宙物我合一又非一概括了圓學第一至六維度仿似"圓球體"的"本宇宙"；第二階段的似變非變包括了第七維度造著佛系運動的其它無限個"圓球體"宇宙 (退一萬步說暗物質即使有限，但每個宇宙卻可以是無限小的，而且每個宇宙生生死死循環不息，所以無限個宇宙在邏輯上亦成立) 和無限可能性之平行宇宙幻想世界 (七維無限圓球體生滅之際的每一個"變數"就好比 DNA 或超算機等形式被量子波函數忠實的寄錄下來而組成無限可能性之平行宇宙，可見玄乎又玄的平行宇宙卻是與我們最日常生活息息相關，所以我們腦海裡的每個幻想都與平行宇宙息息相關，好比我們身上既某程度上感受到過去又感應到將來同一道理)；有我無我中的"有我"就是一至八維，"無我"當然指"脫離人類認知的零維"！

而以上的既是又非似變又不變既有又無之重重矛盾，都可因"零維"產生"唯心唯物"之二性去一一解釋！而且，從嚴格邏輯意義上亦成立，首先，先有本宇宙的為一體又非一體，才能證明變與不變都相同，既然是一體了又怎會有變相？既然另一方面不是一體了，所以自然產生"千萬變相"。但是，有無比"變化"更高一層，因為即使你如何千變萬化都脫離不了"有"這個字，所以一個"無"字自然勝過無限變化！

73. 圓學思維

我們人類的智商再高也是有限的，對於高維生物來說更是不值一題！然而，根據圓學串佛珠模型理論，我們三維人類可是上帝的一部份，"偏佈於"一至八維平行宇宙乃至零維至幽微境！那麼，我們確實是有"突破"的資本，然而，如果想要突破，首先不能死抱三維生物奉之金科玉律的思維方式：智商意識和認知！這麼說來，我們該用甚麼樣的思考方式去實現"突破"呢？邏輯上已經想當然的告知了我們，就是"高維度思維方式"！至於高維度思考方式又是甚麼呢？認得我們圓學的左右半球定理嗎？

圓學左右半球定理：任何真理，都可比作一個分了左右兩半的圓，左右半圓相互矛盾，各自攻訐！探求真理的手法就是，左圓右圓皆是；同時右圓左圓皆非！這就是高維度的"整圓模式"，不是低維度的"碎片模式"，這又好比道家的無為而為！也好比十二星座乃至十二地支的"整圓模式"！十二星座地支再化整為零，歸於無有，歸於無為，歸於虛空！

這是不是有點無為而為的意味呢？然而，大家可能會問可不可以具體的一點的去說明呢？具體來說，就是要像高山大海一樣去思考，飄然欲仙；像天地一樣去思考，覆載萬物；像大千宇宙一樣去思考，化為虛無！然而，漸漸似乎忘了怎麼去思考……

更實在一點的說，就是要虛懷若谷，海納百川，謙卑恭謹，不自設限，以不變應萬變，重拙大虛空幽乃真善美！圓學維度告訴我們六維將來式之暗物質，雖比五維過去式之暗能量"慢的多"，可六維將來永遠更勝五維過去，就如古時劍術之重拙大永遠可制快狠準同一道理，更何況代表七八維度"一切皆空"之"幽幽無為"呢！此乃謂以不變應萬變之宗也！比好比偉大的中美兩國現時因戰略誤解而引發之貿易戰，我們不需整天"神經兮兮"的去"精算"美國會出甚麼招式，而只要"做好自己本份"走好自己的路就行了，該改進的缺點就去改進，此所謂狂風掀不翻大海，以"不變"為宗也！當然，美國自然是十分包容和偉大之國家，分歧誤會也只是一時的，將來美中兩國都是要挈手合作，一起造福人類社會的！兩國切莫要因一時誤會而煽動起狹隘盲目又危險的機端民族情緒！

比如，史上最偉大的科學家之一愛恩斯坦先生，他一生至少有兩個執著：沒有任何東西比光速快和上帝不擲骰了！以上這兩個執著試問不就是他老人家為自己"設了個限"嗎？哲學是無限的，思想是無限的，數學是無限的，各門學科都是無限的，宇宙亦是無限的，上帝更是"不可意會，只能心領神會"！為甚麼萬事萬物皆無限？因為萬事萬物永遠在變易，永遠在陰陽交替也！試問，既然萬事萬物都是限，那麼我們又何必以"光速為牢籠"去限死自己？！因為科學相信證據，相信"眼見為實，不見為虛"，這不就是那一種"設限"嗎？黑暗就是無有嗎？光速只是跟時間一樣速度，而"本宇宙"卻包含過去現在和將來，如果宇宙最快之速度是光速，那麼"是沒有東西可以回到過去的"！但圓學已經給我們求證出宇宙是一體的，既然宇宙是一體，"本宇宙"之"過去部份"卻跟"萬物""天人永隔，不相往還"，那試問合理嗎？而至於將來就不用再快了，只需要"重拙大"的暗物質即可，所以本宇宙之極束大概就是光常數之平方了，這個例子就恰巧在愛恩斯坦老先生自己的質能等價式中呀！至於上帝不投骰子，歸根結底老先生的科學思維局限了自己，他只相信我們"眼見為實的本經典宇宙的唯一歷史"，其它統統免談！更不用說甚麼"幻想世界的平行宇宙"，在科學巨人心目中，幻想世界至為虛幻，跟本甚麼也不是！可是，量子波函數普朗克常數不確性原理等理論在老先生心目中通通是可疑的，不被接受的！這不是被"本宇宙"設了限嗎？既然萬事萬物乃至宇宙既為一體且無限廣大無限久長生滅不息，那麼可想而知"只有數百億年壽命"的本宇宙只不過就是無限境界七八零維中的"滄海一栗，恆河粒沙"！看看，即使偉大如愛恩斯坦先生在"圓學思維""高維度思維方式"前面都不過是佛祖五指山底下的孫悟空而已，試問平凡如你我，又怎敢"造次"呢？

　　至於霍金先生，就一如愛恩斯坦老先生的局限，一如希臘聖哲故事中的洞裡囚徒一樣，只信"眼前的"火影，而不相信火影"背後"竟另有"祂物"在"操控投射"，所以他才會說出"只有三維世界才可能有智慧生物"這樣的話，其實洞裡囚徒見火影的故事跟我們圓學陰陽圓錐體維度模型異曲同工，都說明了我們三維以認知和科學只能看見高維所投射出的"一二維度世界"般的投影，對高維度根本一無所知（當然，在一二維度的精闢性上，易學哲學思想學是一點也比不上科學的，所有學科萬物只有合理與否的分別，斷沒有高下優劣之分）！大家都知道，霍金先生講這句話時，"只不過"是以三維人類的思維去評斷的，這本身就是圓學裡閉圓的局限性！而主流科學家們都承認更高維度被捲縮成"極小的尺度"存在於本宇宙之中，這不是側面反證了圓學維度一至八維平行宇宙共存共榮嗎？這不是暗合陰陽圓錐體模型的第八維"縮為極小的錐尖"的理論嗎？

　　那麼，更貼地氣的說，根據圓學思維模式，我們該以甚麼樣的方式去思維和行事呢？圓學左右半球定理透露了一點"蛛絲馬跡"！我想大概是這樣的，如果我們哲學家思想家，不妨經常用科學家的口吻文字和思維模式；而如果我們是科學家，也請反過來多用哲學家思想家甚至易學口吻思維行事模式！因為哲學都在哲學家的骨子裡，科學又在科學家的心底裡，用不著整天掛在咀邊，況且再用同樣各度方式去思考行事，會最終導致我們的局限和僵化！同理，中國人多以美國和其它國家的角度去考慮想想；而美國人也請盡量多從中國人和其它國家的角度去出發，那自不是天下太平造福蒼生嗎！要記好，天地山海宇宙才不會跟你分甚麼美國中國德國法國，也不會跟你分甚麼科學哲學易學思想學，更不會去分別你的宗教信仰身份貴賤品格德行等，都似乎一視同仁！當然，品格德行不端而最終卻招致敗亡，總不是因天地之故，乃自作孽不可活！我們總不可能因一己之私仇分別心，去打著甚麼"替天行道"的旗幟，要知道天悶恢恢疏而不漏，道德恆古無極以來自是廣播於天地萬物，更是與一切宇宙本為一體，又何需我們懷著個人情緒的去"替天行道"呢！況且，我們意識的表現皆乃命運心靈之一小部分，所以切莫自詡之以仁德而毀人之以罪惡！當然當然，天地宇宙從來隨遇而安，也不會"故意的"去向甚麼人證明自己"德行"，那麼我們也大可不必如此了！

74. 圓學行事方式

　　要談論圓學行事方式，自然得從圓學維度思維方式入手，我們肉體身處的是三維世界，當然最理想的行事方式自然是四五六七甚至更高八維零維的模式！可是，首先到底高維度行事方式到底是"怎麼一回事"？而且，又怎樣去"學習"之呢？另外，現實世界中可行嗎？問題是一籮籮的，先讓我們娓娓道來。

　　開始之前，要先釐清一下，人類可以分作肉體與精神，內心對外界兩組矛盾互補物來看。肉體對應的自然是外界，內心對應的也必然是精神。眾所周知，我們最為"實在"之肉體根本脫離不了三維世界地心等可見物質之引力束縛；反而被視為"虛幻"的精神世界可以不受第六七維暗物質等七情六慾影響，直達八維頓悟！當然，零維無我大自在玄空之境，就必須同時抱持肉體與精神，而又同時"棄"之！總的來說，我們要達到更高維度之境界，那必須"先"向精神處尋，精神在於內心，而不在於喧囂譟動的花花世界！

　　邏輯一點來說，要想達到四維模式，首先得擺脫三維，而常識告訴我們肉體根本擺脫不了三維世界可見物質之引力，至於談到內心精神世界，那又太過"虛無飄渺"，讓人"無處說起"！那麼，我們還是先由物質世界開始談談，比如周易卜卦的遠取諸物近取諸身！行文至此，到底甚麼東西最像大地，又或者說跟大地最"和諧"呢？那不就是"水"！水往低流，謙厚恭敬，無聲潤物，而又活靈活現變化萬千，所謂天上行云有如地下流水，水可謂兼具天地之德呀！而我們又有所謂細水長流，滴水穿石，川流不息！以上這些水的品德，既高雅又勤勉，既執守又變通，既偉大又沉默，都是幫助我們自身"突破三維"的好方式。

　　至於四維的光平面現在式與五維的暗直綫過去式呢？直觀在就仿似天地日夜之更替循環，同時又化出花花世界種種視覺上的"幻像虛相"，身體肉眼就只能為四五維之光與暗等美色醜陋之幻像所迷惑或驚惡！然而，我們又知道心眼是無日夜之分的，幻想是"欺瞞"不了心眼的，只能作弄肉眼而已！那麼，六七維暗物質主導之七情六慾因果報應呢？那麼，必須乃至忘卻心眼，而對應之以無執著心平常心自在心乃至於達致八維"無我"之境了！最後，只要我們仍然處世為"人"，那麼對於"脫離人類認知"的零維，最好少"談"少"思"，也免得作無用功！

75. 上帝體驗信則有不信則無亦可證

我們常說的高維度"生命"，維度越高，越接近神明甚至上帝模式，那麼高維度又是怎樣的"體驗"呢？就像之前文章討論過的，高維度就是整體集體，而三維我們就是個體，集體自然為公，個體自然謀私！集體整體就是天地萬物，其中單個人或物對於整體來說小如原子核，甚至更小，這些都是前面文章一一論述過的了。這樣，我們人類乃至動物的七情六慾，在高維度之生命來說"是幾乎不存在的"，不單如此，祂們更自然涵蓋了萬事萬物各學科，所有生物科學物理表現，也不過是祂們的一部份，聖經裡談到的耶和華是全知全能的，非常有深意的民族文化和思想哲學！釋道兩家的與天地宇宙同壽為一體，也十分精要傳神，理之至矣！至於圓學上來說，我們可以用前幾篇的圓學左右半球定理來探索一下！假使高維神明是一整個圓周，那麼我們個體人類就不過是圓周上的一個小點，這好比我們是圓周而身上細胞就是小點同一道理！我們不能理解高維神明，就好比細胞不能理解我們世界一樣，在於它們來說，我們的身體好比一整個宇宙！而我們在幻燈片裡的細胞分子，為何不能理解成二維平面"生命"呢？生命是多種形式有高有低又無高無低，如果非要把立體世界的人動植物看成"唯一"的生命，那麼請再多翻看圓學文章！還有，既然要感知高維上帝體驗，我們必須從"點"出發，因為無論是四周圓周五維圓平面六維圓球體七維無限佛系運動陰陽圓運動之圓球體或八維之"無"，乃至零維之"非有非無亦有亦無"，我們三維都不過是一個點而已，這個道理在前幾篇文章裡已經用類比霍金梨形時間圖和佛系運動無限圓球體詳盡的解釋過了！既然從"點"出發，我們又知道星座對宮的問題，簡單形象的講一下，比如純白羊座的衝動自我最忍受不了天秤的猶豫不決，如果我們生在 4 月白尾的那個"點"上去，就得站在"對家"天秤座的角度去想想，這樣我們既白羊又天秤既非白羊又非天秤，先濃後淡，對沖兩點永遠可以完美的將圓分成"左右兩半"，這就可以接近高維度之模式了！同理，這對沖兩點同樣可以套到巨蟹對水瓶，甚至神學對科學等等……

　　那麼，該如何做人才能“活的似神仙一樣”？那就是大隱隱於市，我們一出生八字已定，甚麼天干地支傷官七殺食神偏印劫等，全部統定了，這也就是我們一生的課題，四維已經與光速等同，不受時間制約，自然也沒有三維生命所謂的“八字人生課題”！所以，我們身體忠實的過著三維世界的日子履行自己這一生“使命”之同時，內心要更多幾分“高維度的豁達”！這樣看來，身體與心靈好像是相互分離的，又看似相互交融的，日子夠了自然會沉澱更多，這也符合左右半球定理！當然，定理規律學術也不能死套，要活學活用！一句話，做著塵世之事，懷著出世之心！大隱隱於市，小隱才隱於林！儒道哲理何其相通，孔子不恥下問的精神比他的知識更高深更讓人敬仰！更有證據，如果宇宙真的那麼“傻大黑”，那來的那麼多的分子原子質子中子甚至觀察不到的波粒弦熵等等……我們觀察到的，都是高維度的“投影”，二維是四維投影，觀察不到的可能是五維投影到一維，或者六七維度投影到我們自身，我們的處境真的如洞穴中之觀火影之囚徒而不自知！想想陰陽圓錐體模型理論吧！一二三維圓截面不斷放大也好，只不過是高維度“長的更高了”所以“投出更大面積的投影而已”！當然，我們永遠也應該考慮到零維無我脫離人類認知帶出的唯心唯物皆有皆無，圓學左右半球定理！

　　記得明朝西游記裡孫悟空的七十二變，可以不受制約的隨時幻化成世間萬物；又記得晉葛洪“神仙傳”中的“仙鄉一日，人間百年”？這只是當時的胡亂杜撰？以上兩例在時間上和空間上也大大的打破了我們故有思維。難道這不正是高維度的打破人類時空而連成一體嗎？當代主流科學宇宙學幾乎婉委的承認了。我再舉一例已證之，我們大多數人都可能是“化學盲”，但細胞分子應該是無人不知了的吧！世上萬物包括人動植物乃至自然的或人造的死物都離不開分子，用一個完全科學的說法，人類乃至萬植物的每零點零零零一秒如此少之時間段裡身上都不知已經有多少細胞分子生生滅滅的交替了！細胞分子組成了我們，我們卻對多少千萬億兆的細胞群的“生死交替”一無所知，我們談笑之間，它們該經歷“多少代人”了？這都可以用波長來解釋，世上萬事萬物都具有波粒二象性，既是波又是粒，既非波又非粒！凡是波都有波峰波谷，那麼以人為例，試想想我們身體零點一秒之間已經歷了無數個波，這些波太過於“短暫渺小”，而致我們根本不察覺，可是，每個波都由波峰波谷組成，一個波峰到下一個波峰就是一個波長，每個波長之間，我們又知不知道有多少細胞分子生死交替了多少代？而我們的地球正可能就是六七八維宇宙的其中一個波之內發生的事，在"祂們不自覺的一個波"之內，可以是一千年一萬年乃至一百億年整個地球生命周期！那麼，正如如此"短暫渺小"的細胞不可能"享受我們的感官世界"；同理如此"短暫渺小"的人類又怎可能享受到高維度的"仙境妙地"？二者已經不是同一個意義上的"感官"了！認為細胞宇宙說脫離了圓學維度之說？圓學要靈活，不能死抱維度一本通書讀到老，我們要"參透"高維度之體驗，就得靈活如行雲流水不執一法，而且隨長時勢的轉易，後一種更好的方法可以兼容乃至推翻前一種方法也並不是不可以的！圓學是一種精神，規則定理只是祂的"臭皮囊"而已，這也正是圓學與其它學科最不同之處，似有還無，似實還虛！

那麼，該怎麼用公式去定義細胞分子串連成萬物，而我們萬物又像細胞分子一樣去串連成大範圍的宇宙呢？佛系無限圓球運動加上圓力等邊三角，可得出一條新的模型定理：萬佛朝宗，點點歸一定理！都知道佛系運動乃是每個圓球之間相互交滙，即是做著陰陽圓運動，這時它們各自隨了保持自身之外，同時亦要附上它球取人之長補己之短，它們可以說既是拾棄自身舊圓又同時另一種方式保有自身舊圓；既是融入它圓又並未絕對意義上的埋沒自己而無底線的融入它圓！根據"圓力定律"每個圓都可以簡化為由圓心和圓周上兩個點上組成的等邊三角形，這個等邊三角形每個角都可以是圓心，不是嗎？然後無限個這樣的等邊三角相互交接，我們在圖上會看到無限個點，不是嗎？那些點既然相交，就都可以"簡化為一點"，這樣也代表了這最終一點吸納了無限圓無限等邊三角形無限點的養分，不是嗎？這就為之萬佛朝宗，點點歸一！比如這最終一點就是人類，那麼原先無限個點自然可以代表成無限分子！同理，我們萬物也可以各自化為一個點組成無限點化成更高維的生命，但我們不會自知！那麼，又來一個問題，那些細胞分子可以代表我們嗎？用維度科學和直觀加上邏輯來"說服"大家，這樣好嗎？以二維為例，根據圓學首20篇文章，我們都知道二維就是一個光平面圖像，這圖像包括了一個時間上"無限無限短促""短的成不了時間單位"的人事萬物與身邊環境，直接的說二維生命就是現在這一"短得不成時間單位"的"刻"的我們自己與周遭事物環境，既然二維沒有"時間單位"可以這麼說二維即是"某程度上就是三維我的一部份"，可它卻是沒有人類一切感官的！另外，亦因維二維沒有"時間單位"，一秒之內可以有無限個二維，同理這一"刻"我們自己跟周遭環境事物所包括的分子粒子也是"無限的"，而且不單分子粒子某程度上是我們，二維乃至其它高低維度也某程度上是我們自己，它們同樣都沒有三維生物的感官和生命，那麼我們為何不能直接得出結論：組成可見物質的分子粒子就是二維生命，組成不可見物質比如暗的分子粒子就是一維生命！所有真正意義上的學說，一理相通！正如佛家所說虛相，霍金所說我們活在一個膜的世界，這些都不過是份子組成，一二維世界也好，三維也罷！

　另外，我們也證明過維度越高，四種力對我們的束縛自然沒有那麼"緊"，所以高維度的"能量"更大的得到體現，也享有"更高自由自主"！再再直觀一點邏輯一點，我們憑甚麼認為自己所處的宇宙中"層次更低的可見物質中的三維生命形式"要比那些已經被科學證明佔據宇宙九成多的"層次更高的暗物質暗能量中的五六七維度的生命形式"更文明更先進呢？謎之自信？就是因為衪們"黑黑如也"，所以我們眼不見為乾淨直接 IGNORE 衪們嗎？憑甚麼！更不用說那些更高端的八維零維平行宇宙了，因為根本看不見！看得見的才是真的，看不見的就是虛幻！這真是哲學思想學的災難呀！

　關於外星文明，先撇除唯心唯物之論，我想依據普遍的描述與看法，那些外星文明應該都是三維生命，因為如果是更高維度的，我們肉眼是不可能直接觀察到的，正如圓周上的一個點不可能"了解"這個圓周一樣道理！另外，先假設哈勃球定理是對的，那些地外文明若果要"有朝一日與我們會面"，那麼他們必須處於與我們同一個哈勃球內，因為三維生命的移動速度肯定低於光速！如果他們既是三維生命，又與我們處於不同一個哈勃球，那麼我們與他們便永世"緣慳一面"，他們存在與否，我們便不能證明了，最多最多，對我們來說處於不同哈勃球的他們不過是二維或一維生命而已，反之亦然！當然，如果真有三維生物外星文明處與其它哈勃球，那麼他們跟我們都肯定同是更高維度生命的一部份，至少從這個角度來看，大家都是一體的！接下來剩下的可以證明的外星文明表須是三維生命而且處於我們同一哈勃球內，而且我們還要急的及在彼此滅亡之前趕的及相見！圓學把我們帶到如此境界，接下來的便是科學的工作了！當然，即是處於六維度不同哈勃球，又或者七維度不同宇宙，甚至八維操控之下的平行宇宙無限概率可能性之幻想世界之處，我們也不能排除某些奇異或奇蹟事件當中，某群一處於同一種"唯心"狀態，當時當刻都感應到來自某同一平行宇宙的"迅息"，這至少在圓學理論上是可以成立的！舉當世科學之力也不能證實與證偽，我們首先是沒有辦法去證明幻想世界的平行宇宙的，而科學也好圓學也罷都已明確指出各個維度共存，而沒有分時空地域間隔的，所以平行宇宙與我們同在，經由本宇宙人類之精神世界去感應！所以，不單科學上，即使哲學上思想上邏輯上我們也不能證實或證偽，這就是零維引發出的唯心與唯物對峙之力量！自古以來，都有一句，信則有不信則無，此言非虛也！

霍金先生在果殼中的宇宙第五章護衛過去之中，不斷的用他高超的科學知識去證明像我們這樣處於宏觀引力狀態下之宏觀生命是幾乎完全不可能回到過去的！比如該書圖 5.12 描述"當人們越過時間旅行視界時，會被輻射的閃電摧毀"。根據圓學理論，五維是圓平面而四維是圓周，如果我們"只達光速"就只能永遠停頓在四維的"現在式上"，為了到達過去，我們必須達到光速之平方，也是愛恩斯坦質能等價式跟圓面積圓體積的公式共同融滙貫通出來的。我們可以想像，這個五維圓平面以極極極高速"旋轉"，而外邊的四周圓周旋轉的速度則"低"的多，設想這時四維處有一粒玻璃珠"希望進入轉的太快的五維圓平面"，結果會是怎樣？我們敢走近去嗎？怕那些飛濺的玻璃碎嗎？這個模型跟這張 5.12 圖實在異曲同工。至於我們三維生命，甚至進不入四維的圓周管裡去，只能"一動不動"的附在圓周管外緣，就是這個情景！那麼，六維暗物質速度跟三維差不多，只快一點，我們可以想像六維就是這整個圓球，尤其聚焦於中心點周圍，圓球截面跟外層無論轉的多眼花繚亂，它內裡的質量中心點之速度卻是極慢的，這又跟該書第 151 頁，圖 5.17 的描述一致！該圖是這樣表述的，在平坦空間中剛體在遠離其軸處運動得比光速快，而中心卻是低於光速的旋轉！在這裡，我們可以將此圓平面想像成由三億根圓軸組成的圓平面亦無不可，四維光速只代表最外維一層軸，而五維圓平面卻代表了三億萬根的圓軸共同合力之轉速，多麼驚人的速度！而這三億根轉這樣的轉，為何不早就飛逸散發出去，而致灰飛煙滅？中間是不是有重的足以吸引如此多如此快的軸聚在一起的引力，那這個引力該有多大？宇宙至重之力暗物質是也！而第153頁他的朋友基帕的肖像圖背後，霍金先生"指出"基帕的肖像背後有幾個若隱若現的他自己的暗影，這不是代表過去式的五維暗能量又是甚麼？但霍金先生還忘了五維生物不單止是"個體人"，還應該加上周遭的一切萬事萬物，但考慮到這是純科學書籍，再加上書的頁面有限，根本印不了那麼多！

76. 再談上帝體驗

我們都知道二維生命"太短"達不到三維世界所需要的時間單位，那麼我們姑且可以將之理解為未達到三維生物的標準的簡單的分子結構，所以二維生命自然享受不到在這個三維花花世界出生的佩有"生辰八字"的人類的各種"感官享受"；而四維由於達到光速，換言之即是涵蓋了三維的年月日時分秒的所有時間單位，所以三維生物因受時間制約隨之而來的"生老病死"是"傷害不到"四維的祂們，祂們反而因此可以用圓整的完美方式，用完全不同的"感官"來體會"人類進化版的感官享受"，如果三維的感官享受是一個點，我們不同時辰出生的人都分居稍微不同的點上，那麼四維的祂便直接代表了一整個圓，這夠清楚了吧！

同理，如果以我們三維世界的八字命理的理論套入四五六維，則"一個"四維生命便等如無數三維人類動植物乃至大自然的"福祿壽財喜"；"一個"五維生命又等如這個宇宙大爆炸以來138億年的無數三維生命的"福祿壽財喜"，至於"一個"六維生命，自然代表了本宇宙由開始至滅亡的無數三維生命的"福祿壽財喜"！

現在，我們試著跟上文一樣，用波的角度去描述高維度生命之"簡單活動週期"，四五六七維的波長各有不同，維度越高波長越長，這樣，我們便可得知我們三維世界萬物其實由各個高維度不同波長的"波群"來"操控"的，說白一點即是祂們一個非常簡單的動作，比如擬人化的"鼓一下掌"就可能是我們三維世界的千百萬年了，祂們也改維不了自己的波長模式，只有八維無力與零維超脫才可以做到！那麼，我們三維世界裡相同八字相同地點家境差不多的人，可以說都處在這些波裡邊的彼此非常非常接近的兩個點上，因此所承受的"高維力度與模式"也差不多，這在人間就稱為命運相似了！雖然要"推算出"人生軌迹的"大致走勢"比較容易，因為只要掌握四五六維之過去將來就可以了；可是，如果你想"精確的"測走人生軌迹的走勢，就困難極了，因為你必須考慮到七維無限宇宙乃至平行宇宙無限可能性再加上背後之八維"無力"之頓悟！平行宇宙形式好比量子函數的無限不確定性，這導致了七維眾圓球體的運動發生"偏差"，當然產出生這一作平行宇宙的都是背後的八維頓悟之"無力"，因為八維可以自由操控宇宙已知四種作用力，而一至七維和平行宇宙必須"任其擺佈"，在這之前文章已經很詳細的講述過了！

　　二維生命純粹就是一些組不成三維生命的"簡單的分子結構"？而它們最後經過本宇宙漫長的 35 億年"逐步轉變成"複雜的三維生命？事情就是純粹的生物學這麼簡單粗暴？簡單沒錯，但粗暴就不對！可圓學串佛珠理論明明白白的告訴我們宇宙各維度恆古共存共榮，或者跟本沒有時間之別，自然無分甚麼先後！再說，科學家們也是由於觀察到 DNA 螺旋的複雜結構，從而推斷這些複雜的三維生命就是簡單粒子經過多少億年"進化"而來的，難道他們有親眼目睹？而生物學家所說的不過是事實的其中一面，不是完整的全部！當今，又有另一種說法，與達爾文式的進化論大相逕庭，就是說所有地球上的生命都是大約由十萬年前左右的從其它星球與地球大碰撞時"撞上來的"！看到這個說法，我們會不會想起其實宇宙本為一體之哲理說法，既然宇宙本為一體，那麼這 138 億年來的演化，就是因為我們"生分別心"而看到的"虛相"，因為如果宇宙是一體的就自然沒有時空這個概念，宇宙不過是一個或無數個奇點，如果以這樣說法為根據，那麼又何來二維分子"經過數十億年"進化成三維生命之一說？但在科學角度上來看，這就好比在某個時段"突然間"有些複雜生命從外邊"撞過來"！這樣說法更為科學所接受！我們也知道各個維度其實都是"我們自身"，因為我們生分別心，才生出了不同維度，明心見性達阿賴耶識之佛祖來說，是無所謂甚麼維度之分的，天地宇宙都是一體的！我們可用圓學左右半球定理，以上兩個理論皆對亦皆非，這樣更有助於我們接近那個說不出寫不出的"真相"！其實，我們眼中的朋友或景物，不是三維的，只是二維平面視覺生命，說穿了都是粒子，比三維簡單得多的粒子結構，同理朋友眼中的我們，都是由我們自身散發出的粒子而組成的二維圖像，不是我們三維肉體本身，在這裡可以將"二維生命"與"35億年前的簡單粒子分子結構"視作一物看，在本文前半部分已經論述過了！

那麼，我們還可以想像"我們自身就是這些二維粒子經過幾十億年進化而來"的傻話嗎？不如這樣說，既然宇宙各維度物我都是一體，我們可以想像這些"代表二維生命的簡單粒子結構"就是由宇宙很遙遠之外地方的經過光傳播而來的三維生命的"影像"嗎？無怪乎出現了複雜生命都是田十萬年前其它星體撞擊地球時而"撞上來的"這一說法，二者是否"維肖維妙"！其實，進化論也好，二維生命簡單粒子論也罷，都不是真相的全部，因為二者都有矛盾，都表達不出宇宙原是一體這個道理！那麼，怎樣才能表達宇宙就是一體這個大道呢？這得由"內心"出發，不可能訴諸如文字，否則又會落入圓學左右半球定理的陷阱中去！同理，又為進化論與二維生命論既錯又對，這更加引證了宇宙一體論，一切都不過是因我們"生分別心"而來的"虛相"！如果科學界不吸取這個哲學思想，那麼進化論與星體撞擊論便會永無休止的演化下去，當然每次對錯論證科學家都總可以"得到多一點觀察知識乃至教訓"！科哲二學，非結合不可，各學科之結合貫通融滙，唯圓學也！

閉起眼睛，試想想，這時你甚麼也不見，甚麼也不想，沒有罣礙，這時天地宇宙與你不是真成為一體嗎？越深的冥想越發有這個效果！如果我們不用數以百萬計的複雜的文字去呈現一次次失敗的嘗試，大家會死心塌地義無反顧的去冥想嗎？又有失敗乃成功之母，二者其實是環環相扣的，子不棄母呀！

上文我們用高維度的"波"，低維度的"粒"去呈現出了複雜的維度世界上帝體驗，波粒二象性之威力可想而知，而我們的手掌紋理也一樣，精看是波，細看是粒，量子宇宙是波，經典宇宙就是粒！至於波粒與圓的關係，我們就不用在這兒劃公仔了吧！從時間角度看，一二維度太"簡單"沒有達到時間單位，而四五六維等又太高，涵蓋了幾乎整個宇宙時間單位，這裡我們看到一個線索，似乎越高維度佔的時間就越長遠，而袖們的生命"能量"也隨之而超幾何級別的爆升！

77. 四談果殼中的宇宙

我們本文要談的主要集中在於此書中的最後一章，亦即第七章膜的新奇世界，在此章裡，霍金先生以一個疑問句，並不是陳述句，去問出我們生活在一張膜上，或者我們只不過是一張全息圖？此章顯示出了霍金先生除了科學知識之外的偉大的思想智慧，相形之下，我前三篇談論關於果殼宇宙的文章更使自己顯得像個性急而且偏狹的小丑！

在開篇之前，我們有個繞不開的話題：M 理論！當代科學家們的熱門話題之一！事情是這樣的，近數十年以來，由於加速器的"功勞"，致使人們發現本來認為的世上"最小的原子"原來還可以再"撞出"至少過百種次原子出來，比如夸克、介子、輕子、強子、膠子乃至 W 玻色子等等……那麼，有甚麼"大道至簡"的理論可以統一這些複雜繁多的粒子嗎？正如人類總喜歡歸納同化大一統等等……不論是對於任何政治社會制度或學科公式理論，因此弦理論應運而生，其中 M 理論最具代表性，原理是這樣的，只要我們的觀察"不斷精細"，便可以發現其實以上過百種的次原子都"同是"由弦組成的，只不過弦的不同振動就造成了不同的次原子，所以宇宙的最基本"單位"是弦！在這裡，渺小的我只想補充一下，在圓學理論裡，弦就是直綫一維，那麼弦的"背後"自然藏著一個"零維無有的點"，那個點可以說是使這個弦產生"不同種類振動"的那股"力"，或者我們干脆稱之為"無力"！再重複一次，我們的圓學維度理論是由本宇宙的一至六維，時間無限久長空間無限廣大圓球體無限多的多重宇宙的七維，四種力無限自由調整產生出的無限機率無限可能的平行宇宙，無限可能平行宇宙背後的那股八維"無力"，乃至脫離人類認知的"至聖零維"和解釋各種"信則有不信則無"的奇幻神蹟 ufo 現象等等的唯物唯心！道學佛學易學圓學告訴我們至大乃至小，曲乃至直 (你試著沿著地球同一經度線"宜宜的"走下去，回到原地你會發現自己走的還是循環的曲綫)，那麼無限可能幻想世界的平行宇宙為何就不能對應百多種次原子，別忘了平行宇宙亦本是"一體"，那麼弦震動背後的那股"無力"就是"八維無力"，至於"無力的點"的背後還有嗎？這就不是幾何的點綫面的概念了，要更高一個意義的認知，那到底是甚麼？就是"全為一體"的概念，全為一體亦是既是既非又不是不非，正好"超出了人類的意識認知"，這亦堪稱"點中之無點"，古人稱之為"不可描述"！由此反證唯物唯心二者並存二者並虛！

那麼，如此來說，豈不是科學界乃至全人類風風火火的在數十年乃至數百年的"猛干"過後，發現得出的 M 理論之秘後，又要一頭汗水的吃一記"悶雷"，那就是 M 理論背後其實仍然"藏著點東西"！這樣不會太黑色幽默了吧！就讓我們拭目以待，都是那麼一句，時間會證明"意識上的"一切！如果數十年乃至數百年上千年後，最終我們"有幸"發現原來普朗克長度"只是"這個六維宇宙的最短單位，背後"赫然而且似是隱約"盤踞著第七八維乃零維的"傑作"，那麼到時候的人類會不會捶胸一歎"為何花那麼多錢和力氣去找這個最小單位呢？"原來跟本沒有甚麼"所謂的最小單位"？抑或是樂觀一點的看法：至小我們證明並發現了普朗克長度這個"更小單位"？一切"意識的認知的東西"有待時間去作答！

先看看第 179 頁圖 7.6，一根頭髮看起來像一根綫，綫乃一維直綫，然而用能量非常高的粒子看起來，"它"卻是多維的；同理，四維時空用能量非常高的粒子去探測時，能呈現在"十維或十一維度"！這裡，我們先不討論十維或十一維度的"真確性"，我們得明白，要討論維度，有時不單止要"真確性"，還要"存在必要性"，更需要"思想性"，"邏輯性"，"認知性"乃至"脫離認知性"！總而言之，不能"科學片面性"，必須"全科全面性"，更要"虛無無有性"！首先，我們得想想，"存在的""認知的"都有些甚麼？比如說現在過去與未來的本經典宇宙唯一歷史，還有超出本維典宇宙的可想而知的無數個與本經典宇宙"差不多的"宇宙，這些七維的無數宇宙使"大宇宙"這個概念得以實現，甚麼概念？宇宙時間無限久長，空間無限大！既要"實現"這兩個"無限的"要素，而我們"手頭上的宇宙"卻是有限的，用有限去實現無限，必須經過如佛系運動的生生滅滅，而且不排外彼此互相"交融交匯"，就如無數宇宙"粒粒"組成的雙螺旋 DNA 鏈，這樣無限次的生生滅滅，而且由"無限個"宇宙球體相互"網狀交匯"，而且有的宇宙球在正開成長，有的逆向消亡，二者陰陽交替！通過這些，自然將有限化作無限！而 7.6 圖告訴我們，"有限的"綫是由"無限的"點和弦組成的，這反證宇宙萬物本一體。還有，我們都談論過將來就是代表我們自身的七情六慾，或者說某程度也代表了動物的"有限度的七情六慾"，那麼植物，乃至物件死物呢？唯心論角度分析，周遭"萬物"乃是我們內心的"投射"，你"墮入"三維世界，就"會看見三維世界的事物"！

不要再說甚麼四維了，如果勉強說來我們"真的"活在四維時空，那也不過是在它的"邊緣"，與四維時空的"真相"，還差得遠呢！除了肉體和七情六慾以外，我們還有甚麼？還有幻想，幻想可以讓"本世界本宇宙不可能的"都"成真"！本宇宙都是四種作用力在"一定結構一定比例的設定"之下而造的，如果我們自由"調整力的設定"，那麼本宇宙不可能發生的都"成真了"！不是嗎？然而，這不可能發生在本個有著唯一歷史基本結構的經典宇宙，那麼就只能發生在幻想世界的無限可能性之平行宇宙裡了！如果我們既超脫自己肉身和身邊萬物，克服七情六慾和幻想世界虛擬世界？那麼還有甚麼等著我們呢？所有的神蹟和 ufo 事件等等……說穿了不過是"平行宇宙無限可能性"恰巧發生在"人們身上罷了"，我們又知道脫離人類認知的零維引伸出唯物唯心並存並無之理！當一堆人處於同一個唯心狀態，"接通了"某個或某群平行宇宙，那麼他們"所見所感"，真的或許會跟別的人不一樣，甚至某程度上超越了本宇宙的自然法則！而根據圓學左右半球定理，這又是無法可證實或證偽的！最後，我們還會有八維至聖之頓悟，然而這個頓悟之根基還是基於人類的認知，與人類的認知"脫不了關係"，最後，餘下的就自然只有"脫離了人類認知的零維"！最終，我們只需要知道一作所有其實只是簡單的分成兩部分：人類的認知和脫離了人類的認知的"事物"！而萬萬不會有甚麼所謂"桌子的認知"和"脫離了桌子的認知"，除非我們將桌子擬人化了而已！所以，無限平行宇宙的一切人類的一切，就知有"那麼多而已"，你再往上看任何東西，科學的也好不科學的也罷，都不過是"劃蛇添足"！假定原理有個基本原則：無必要存在的東西不能假定它為有！

至於第 180 和 181 頁的 7.7 和 7.8 二圖則用科學引證了圓學的結論：電磁力光等代表"現在式"的"東西"，"逃不出"四維；而達致五六七維的代表將來式的引力，則"輕易逸出四維"！而圖 7.9、7.10 和 7.12 三圖則引證了暗物質的確存在，而且更是維護星系"日常運轉"

的"元素"，若果現在"丟失了暗物質"，那麼星系將馬上分崩離析，我們將"見不到明天"，而且暗物質在宇宙之"初"很多，現在"越來越少"，已經轉化為"暗能量"了，那麼暗物質不代表將來，暗能量不代表過去又可以代表甚麼？圖 7.13 用再次用科學證明，光"逃不過"四維的膜，而引力"可以逃過"，所以星系的旋轉是要受到暗物質影響的！大家請細看第 193 頁的圖 7.16，黑洞有"幾個表現形式"！首先，如果黑洞很小，那麼它就是"球體的"，這六代表了本宇宙六維度將來式之暗物質；但是，如果它是在一個"膜"上的巨大的平面，那麼它就會成為一個"巨大的餅形的平面黑洞"，這不是代表本宇宙圓球體中五維過去式之暗能量的"圓切面"嗎？圓學論證出，黑洞既是"小小的六維圓球體"，又是"大大的五維圓平面"！因為本來宇宙萬物"一切皆一體"，更何況一個"小小的黑洞"！圖 7.18 的兩個宇宙空心球和實心球告訴我們，六維宇宙圓球體裡面充滿五維暗能量橫切面的"氣"，真的與圓學不謀而合！四維不過是一個表面，仙作一個空球論，五維才是裡邊的"填料"，那就是氣球中的氣，而不要忘了，五維的氣裡邊，藏著一個"小小的圓球物質實體"，即六維球！這不僅解釋了宇宙長大膨脹之時，暗物質轉化為暗能量；當坍塌收縮時，暗能量又轉化為暗物質！宇宙本一體"限定了"二者必然會互相轉化，如果不能互相轉化，那還是一體嗎？更進一步，也從前沿科學角度引證出我們前幾篇圓學文章的"正確性"，我們說宇宙爆炸之切，其實暗物質質量非常大，所以必然是"互相吸引的"，但為甚麼看起來又互相"遠離"呢？那是因為暗物質"外層"包圍著一層暗能量氣體，當暗物質互相靠近時，自然"摩擦"，這樣物質會"損失"，會"轉化成"能量，而暗能量又代表我們所見的黑漆漆的宇宙空間，這些空間這時越來越大，所以暗物質"看上去"反而互相遠離了！反之，當暗物質消耗得七七八八，這時相互吸引力已經幾近於無，為何不"永遠的"分離下去？因為當它們再無吸引之時，便完全不會相互接觸摩擦，那還那裡去生產暗能量呢？不進則退原理，暗能量不增長了，自然會消亡，又轉過來成為暗物質！不僅前沿科學的理論與圓學完全脗合，我們的人生何嘗不是想要的卻離我們遠去，不要的遍遍"死纏著"自己！人生哲學科學物理一切一切都是由無而有，從零而來，所以根本都是一物，都可以用圓力統一起來！

第 199 頁圖 7.19 隱隱約約的可以看見多個六維宇宙球做著圓學佛系運動的影子，此頁第 3 個結論很有深意，泡泡也許會脹的進入一個空間該空間不是泡泡內部空間的鏡像。這個比喻跟水中泡泡別無二致！如果這些泡泡碰合，會是災難性的嗎？根據圓學，它既代表了六七維多圓球相互交滙而使暗物質"消亡"成暗能量，這也是一個產生將來的過程，不是嗎？當然，這本身也是大爆炸的一個過程！無滅何來有生？生生滅滅，本循環不息，所有的一切，都沒有"純粹的永恆"，所有的永恆都不過是"生生滅滅的循環過程"！或者說永恆有兩個答案：第一個是生生滅滅的循環；第二個是一切皆無！二者並存同時成立，正因為同時成立太過矛盾，所以看起來又像同時不成立！人生何嘗不是處處矛盾，最後都不會有一個固定的答案！

78. 所有疑惑

本篇文章我們希望可以系統性的談一談維度問題，閑話少說，言歸正傳。我們先分一至七維，平行宇宙幻想世界與一至七維齊平沒有高低之分，然後是平行宇宙背後之八維頓悟，最後就是脫離人類認知而且包羅一至八維平行宇宙的零維！當然，別忘了脫離人類認知的零維引伸出來的唯心唯物之論！至於各維度之性質與運作，一直以來尤其是最近二十篇的圓學文章已經做了非常詳細而又不斷重複的描述，在這裡就暫且按下不再表了。那麼，本文除了系統性概括性的歸納一下圓學維度世界理論之外，還會有別的論述嗎？大家請先回憶一下我們圓學的串佛珠理論，虛陽倒立圓錐體模型理論。

我們人類到底屬於哪個維度呢？這個是不可繞開的話題，我們到底是三維抑或是四維生命？應該這樣說，我們人類最主要的"成份"是三維，至於四維，充其量只可以這樣說，人類被"鎖於'四維空間'底下"，因為根據圓學維度理論，四維生命的"視覺"必須是三維立體的，亦即是說立體的視覺就必須有"穿透力"，這個我們人類肯定沒有！肉眼能看穿一面牆嗎？不可能！至於我們人類的視覺，嚴格來說是平面的，更嚴格一點說就是"由無限個平面二維組成的類似於立體三維的視覺"！

君不見由電影阿凡達引領的 3D 潮流，就問那麼一句 3D 電影的視覺非常逼真，非常"立體，彷如我們日常肉眼"所看到的世界"對吧？可 3D 偏偏更加證明了就連我們肉眼的視覺都是平面的，只不過'無限個的二維平面'給了人一種'立體的假像錯覺'"！這也恰好反證圓學的一條理論：高維度就是一個圓，而低一維度就是這個圓上的任意一點！

那麼，我們人類到底屬於哪個維度？三維對嗎？不全對！圓學串佛珠理論得出結論，各維度就如串佛珠上的點與圓一樣，都是"共榮共存"的！正如霍金先生等的主流科學家告訴我們的一樣，四維以上的高維度其實"長伴我們左右"，只不過"被捲曲成非常小的尺度"而已！所以，可以說我們人類 90% 以上處於第一二三維世界，餘下的不到 10% 處於四至八維平行宇宙乃至零維世界！這也反證了為甚麼那麼多的主流宗教經典"一口咬定"的說我們人類就是上帝的一部份！可見，上帝也不純然是第八維與零維的，因為祂也有"像人類的那麼一部份"留落在更低維度世界，不是嗎？這又反推證出我們的陰陽理論：陰相對於陽，動相對於靜，變相對於不變，易相對於恆！正因為這樣，無限的平行宇宙連同背後的八維"無力""自在之地""零維聖境"都是一體的，都是永遠處在"變亦不變"的狀態！既有人類認知的一部份，亦有脫離人類認知的一部份！

現在要談談陰陽倒立圓錐體了，現代科學日新月異，人的"雄心"也跟著宇宙一樣"爆炸和膨脹"起來了！甚麼人造人，電子生命取代自然的化學生命，人工智能取代人，乃至甚麼只要科技足夠先進，人類甚至可以翹曲時空，回到過去，穿越"四五六"等高維度世界等等……對於這些雄心壯志，我很是欣賞亦是佩服，大家都是出於一顆想對人類作點貢獻的心而已！可是，我們也應該"回味"一下圓學的陰陽倒立圓錐體模型理論，我們再重複一次，陽的正立的圓錐體底層最大的圓截面代表一維，然後二維三維四維的逐級而上，圓錐頂尖點是八維！另外，陰的倒立圓錐體為零維，這恰恰也說明了為何零維具有"脫離人類認知"和"包羅八個維度和平行宇宙"的特性。也正因為有霍維陰的倒立圓錐體與我們陽的正立的圓錐體不斷做著"陰陽二圓交互運動"，所以，至少從某個程度來講，正立圓錐的八維尖點會"長的越來越高"，相對應的下面七個維度的圓平面肯定"越來越大"，因為圓錐頂角 52 度是固定的度數！我們也記得科學與意識認知代表圓周，而我們內心潛意識靈魂代表圓心！這樣看來，人類科技的日新月異，乃至甚麼人造人冷藏人體永生不老的虛論等，都不過是由於"高維度變高變大"從而也跟著相對的三維圓周變寬變高變大而已！可見，人類社會科學意識立體三維世界永遠跳不出高維度的"五指山"！

79. 達摩血脈論

　　本篇乃少室四論之一，由我國禪宗開宗老祖菩提達摩口述，其弟子曇琳筆錄。亦有一說禪宗不立文字，這倒有點像蘇格拉底從不著述，都是弟子柏拉圖等人的筆錄而已，道教始祖老子亦如是者！文中處處強調立心明心見性，性即是心亦即是佛，佛在我心，不假外求，求之不得，所有文字外道法相乃至修行布施都是世俗旁道，但若明心見性，即不守戒不佈施乃至有殺孽色淫若得成佛！本文"無為而為"之餘，卻是一針見血，使人不得作他想，見自性了自心即是佛，隨此之外一切皆虛，可謂完全沒有予人迴旋餘地！此文乃以口述，不拘文理俗節，真可謂若得見性十二部經皆是虛論也！下文讓我們細細品味此文之義，不作過多分析，亦不在義理俗節上生搬硬套圓學理論，若諸君讀過圓學前七十八篇文章，則對於圓學與此文"靈通"之處，自可神會，非言語可以一一表述之也！

　　全篇開首就這麼一段"三界混起，同歸一心，前佛後佛，以心傳心，不立文字。"三界大意與圓學上多維度頗同，多個維度都是同一個"心"，我們記得圓學中的陰陽圓錐體模型中的圓心連著各個維度嗎？附帶一句"平行宇宙便是正立陽圓錐削去了八維尖頂之後的模樣"！另外，文字都是屬於三維的意識認知，可見都是非常局限性和短暫的"虛物"，而心則連通八維頓悟，乃至零維！所以就有了"以心傳心，不立文字"！

　　接下來又有一問："不立文字何以為？"答曰："汝問吾即是汝心，吾答汝即是吾心。"然後還有更精闢的一句"從無始曠大劫以來，乃至施為運動一切時中，一切處所，皆是汝本心，皆是汝本佛。即心是佛，亦復如是。除此心外，終無別佛可得；離此心外覓菩提涅槃無有是處。"

接下來更有"若言心外有佛及菩提可得，無有是處。佛及菩提皆在何處？譬如有人以手提虛空得否？虛空但有名，亦無相貌；取不得、捨不得，是捉空不得。除此心外，見佛終不得也。佛是自心作得，因何離此心外覓佛？"接著更是直指本心"前佛後佛只言其心，心即是佛，佛即是心；心外無佛，佛外無心。若言心外有佛，佛在何處？心外既無佛，何起佛見？遞相誑惑，不能了本心，被它無情物攝，無自由。"

　　看看接下來的論述"若知自心是佛，不應心外覓佛。佛不度佛，將心覓佛不識佛。但是外覓佛者，盡是不識自心是佛。亦不得將佛禮佛，不得將心念佛。佛不誦經，佛不持戒，佛不犯戒，佛無持犯，亦不造善惡。若欲覓佛，須是見性，見性即是佛。"首先注意一下這一句"佛不造善惡"，記得圓學維度的推論嗎？本宇宙七維主宰了過去現在將來個體集體之因果報應，去到幻想世界平行宇宙和八維則超脫了所謂本宇宙因果報應，既無因果，又何來善惡，至高之佛或者說上帝當然"主要處身於八維零維"！我們為何如此肯定？因為圓學之故！還有呢？就是從圓學維度推證出本宇宙之六七維度"不過"是由本宇宙已知四種作用力以"大致固定的結構和比重"而"組成"的，既然本宇宙"有四種力"，那麼相對於本宇宙之"有"，肯定還有一個更高的"無"藏在背後，這個就是八維"無力"，無力是相對於有力而言的！八維無力既然成立，那麼固之然可以"自由調整四種作用力的結構和比重"，我們本宇宙"不過是無數眾多的結構比重模式裡的其中一個"而已，因此無限概率之平行宇宙生矣！既然都超脫了因果，接下來的持戒誦經善惡等自是不在話下。再看此句"但有住著一心一能一解一見，佛都不許。"可見，佛就是八維之"無"，甚或是零維之脫離人類認知！當然，一切都是陰陽相對的，八維對應一至七維與平行宇宙，零維又對應一至八維！上帝與佛也"不見得純然頓悟"，若果祂們果真"絕對頓悟"，那麼又為何會有"其中的一部份"比如"我們人類"留落在世間一直執著而受輪迴之苦？正如由圓學佛系運動加上圓力合二為一得出的萬佛朝宗點點歸一定理，我們要說這是"無數的點點"抑或是"一點"甚至是"無點"呢？所以，很多人都會犯上的一個思維誤區就是"零維是脫離了人類的認知，那為甚麼就不可以是脫離了其它萬物比如椅子的認知！"要知道，身外萬物包括桌子椅子很大程度上都是我們內心的一個投射顯現，佛家所說的種種虛妄執著相也！這樣，我們便不會落入這個思維上的無底深淵而不能自拔！是甚麼深淵呢？比如說電子游戲人物，電影中角色，乃至夢中人事物現實世界萬事萬物，都是我們自己內心的投射，不應具有"會思維的人的角色"！

問曰：白衣有妻子，婬欲不除，憑何得成佛？答曰：只言見性不言婬欲。只為不見性；但得見性，婬欲本來空寂，自爾斷除，亦不樂著，縱有餘習，不能為害。何以故？性本清淨故。雖處在五蘊色身中，其性本來清淨，染污不得。法身本來無受，無飢無渴，無寒熱，無病，無恩愛，無眷屬，無苦樂，無好惡，無短長，無強弱，本來無有一物可得；只緣執有此色身，因即有飢渴寒熱瘴病等相，若不執，即一任作。若於生死中得自在，轉一切法，與聖人神通自在無礙，無處不安。若心有疑，決定透一切境界不過。不作最好，作了不免輪迴生死。若見性，旃陀羅亦得成佛。

以上一段節錄文字何等瀟灑！只要內心見性，身外總總習包括行房之事，又有何妨？為何無妨？因為礙不得妨不得之故也！只要心明見性，外在種種紅塵六根之習，自可不必拘執！隱約想起那句大隱隱於市，再有一句無為而無不為，又有一說陰陽互根並存！我們之前的圓學理論文章亦是推出如此結論，人出生既有固定身份，再者亦有八字"業力"，這個是三維世界的課題，是一個形式，我們內心只管超脫，這也無妨自己一樣的過著三維世界"安排"好的生活，二者互不相妨！大直而屈，至虛反實，相反亦即互補，當然可以並存！至理在此，自當心領神會，難道我們還不可以"自在心境"的"享受"日子嗎？難道不能隨遇而安嗎？過去的放過去全不執著，將來的我們以最自在無為之心好好"享受努力"即可！我們一生既無怨悔，最初一刻鴻蒙未知反為大知，最終一刻瀟灑而去反為大成全也！以上都不是純粹的雞湯說教，我們這八十篇圓學文章多條公式定理模型連同各門學科一步步的推導而來的！說的多純然廢話，望大家心領神會後自然可將這些"廢話文字"通通"排出體外"，只存精華！

80. 古蘭經

　　要寫關於古蘭經這本典籍，其實自己內心是懷著無比往昔情懷，可經歲月洗禮，似化作裊裊輕煙！大家可能都會好奇，一個純綷"中國漢方製造"的人，父母皆來自閩南，自少篤信佛教，一直以來長居澳門，又不是搞研究宗教神學的，按理說來跟古蘭經八杆子也打不著呀！又何來"無比往昔情懷"呢？其實，本人的前妻是南洋人，那段關係雖未盡如人意，但也不失為人生一個經歷，再見亦是老友，一切都更海濶天空，畢竟大家更成長了，更自在心境了！尤記得當初那個非常簡單的婚禮都是在她家鄉村屋裡舉行的，與親友們都一如貫例的在小小客廳裡席地而跪，然後我們便要站起來諗段簡短的誓詞，當時我也不明所以然，那段句子也是忘了，大概就是一段從古蘭經裡抽出來的句子吧！以至於那段文字是用馬來語還是阿拉伯語寫成的也統統忘了！可是，當時的情景與氛圍，格外難忘！就是有點落魄的共患難的感覺，畢竟誰沒有年輕過，就好像如果沒有點艱辛，年輕總是欠缺點"滋味"似的！南洋的夜，南洋的晚風，隨了送來涼意，還夾雜著一陣又一陣清真寺擴音器存來的虔誠而神秘的古蘭經頌詞……

　　古蘭經據說是天使加百列口頭傳授給先知穆罕默德的，先知穆罕默德據說就是個文盲，這情況"某程度上"有點像蘇格拉底釋迦牟尼跟道教老子有點相似！這點更恰恰反證中古蘭經真主訓言的"真實"與可貴！凡俗一點來說，至少先知穆罕默德不是用"虛幻"的人類三維世界語言來啟示大家，而是用更高維度的"精神榜樣"來"呈現"出"真主的意思"！文字只是虛幻，真正得道的人不必一定要認的字，重在精神！就這樣來看，這與達摩祖師的血脈論又有異曲同工之妙！然而，大家須要清楚，古蘭經是成書於先知穆罕默德辭世之後的，亦即是說他的幾批從人在他過世之後才將這些散亂而又寶貴的語言文字滙編成書的，而古蘭經當初又分了幾個版本，現今我們看到的統一版本大概是在二十世紀初埃及國王福阿德一世時定下來的。大家想象一下，這中間足足間隔了一千三百年，此中由於種種民族文化政教合一乃至不同文明種族戰爭所需之"統一思想動員"，這也就難怪我們現在閱讀之古蘭經版本點綴著"層層"一神論從屬關係等之訓示式的"風格"，理解了這些之後，古蘭經實在與聖經道德經一樣，同為人類史上最偉大的精神思想著作之一！更不用說祂對阿拉伯文學的啟迪作用了！

現在，讓我們先探討一下第二十一章眾先知！本篇開門見山劈頭一句便是："對眾人的清算已經臨近了，他們卻在疏忽之中，不加以思維。"這有點聖經裡耶和華滅世的意味！圓學維度理論得出我們人間的千百萬年億萬萬生靈，在高維度世界裡，可能就是"一個個體"的"彈指之間"的事！按這個理論來推，那麼宇宙，乃至銀河系甚至"小小的"地球上果曾經歷了"無數次的"人類種族的誕生與滅亡是完全合乎科學邏輯哲學思想，是合情合理的。一面又是一句"在你之前，我只派遣了曾奉啟示的許多男人（當時一直是父權主義社會）；如果你們不知道，就應當詢問精通記念者。我沒有把他們造成不吃飯的肉身，他們也不是長生不老的。"請注意，沒有把他們造成不吃飯的肉身一句，頂頂要緊，實乃真知焯見！我們的圓學理論體系裡的串佛珠理論業已告訴我們，我們人類實乃"三維之王"，主宰這個"三維世界"，莫怪乎我們自封"萬物之靈"！干支八字理論裡面亦有云：唯獨人獨秉五行之中和氣，附土而成肉體，其它生靈大多各佔一二氣而已！這與聖經裡的上帝用土做人，我國古代神話女媧造人一說實異曲而同工！言歸正傳，我們都"知道"高維生命不會如此"直接"而又"點對點"的"關照個體人類"，而是用波的形式"彈指之間人世上業已百年"之"宏大模式"，說實在一點，祂們是波，我們人類便是粒，科學上的粒波二像性何嘗不可作此解！那麼，祂們會以甚麼"間接"的方式"關懷人類"呢？當然是以"化作"三維人類方式！由此，我們便見到佛教裡的神佛托世的人和耶教伊教裡的先知！凡此種種，確實與圓學推論不謀而合。

至於一些句子，比如"嗣后，我對他們實踐諾約，故拯救他們和我所意欲者，而毀滅了過分者。"等字句，我們不可太過執泥教真，要知道過去千餘年間，那邊的人類社會都大約是由種族城邦形式而成的，各族乃至不同宗教之間的爭戰不斷，現在美國為首的西方世界與阿拉伯穆斯林社會因陌生誤會乃至利益而產生的種種敵意爭端，亦使較為弱勢一邊的穆斯林世界"高度團結"！現在科技昌明人道主義盛行生活更美好的社會仍然如此，更遑論從前那個人生朝不保夕的冷兵器時代了！

再來一句"凡在天地間的,都是他的;凡在他那裡的,都虔誠地崇拜他,"一直以來聖哲們的啟示包括圓學理論同樣得出"我們就是上帝一部份"的結論,可見可蘭經是多麼深厚!又有一句"天地原是閉塞的,而我開天闢地,我用水創造一切生物,難道他們不信嗎?"這句合乎科學邏輯。更為傳神的一句有"在你之前的任何人,我沒有為他注定長生,如果你死了,難道他們能夠長生嗎?凡有血氣者,都要嘗死的滋味。我以禍福考驗你們,你們只被召歸我。"如果秦始皇雍正爺等先代皇帝們有用心讀讀並真心誠信古蘭經此類智慧的經典,這些一代明君大帝還會作出如此荒唐的求長生修仙的行為嗎!再者,此理論完全乎合我們圓學各維度"獨立自主"的見解,要知道古蘭經是千多年前的經典,在千多年前能有如此平常心信心與見解,近乎神也!

這裡有一句頗堪玩味"我又替他制服一部分惡魔,他們替他潛水,並且做其它工作,我是監督他們的。"這裡的"惡魔",我們不妨解作"不是正神",抑或圓學維度理論裡的"高維生命的力量"!當今世人最喜歡一句話幾乎是"征服自然"!首先,哲學一點的說,我們人類就是上帝一部份,甚至我們本身就是宇宙,就是自然,既然是一體,又何來征服一說!比如說說近來熱門話題,由5G帶出來的萬物互聯,記得圓學推導串佛珠理論推導出來的高維度乃是集體為一體,低維度乃是分散為個體嗎?高維就是圓就是波就是集體,低維度就是點就是粒就是個體!記得陰圓倒立圓錐體模型理論嗎?低層的大面積的低維度圓切面,不過是高層小面積高維度圓切面的"投影",又好比蘇格拉底拍拉圓的洞穴火影因徒理論!再說,既然粒子可能是遠古從前又或者說是在宇宙距離上以光常數平方之速度距離我們極遠的東西,這樣,好的粒子自不必說,壞的粒子可能是細菌毒病,又可能是壞的排他的精神主義,比如上世紀五十年代導致排華的麥卡錫主義!麥卡錫身邊的五十年代,是一五維過去式,在宇宙上距離我們無數光年,哲學上數學上邏輯上遠近自然對應大小,何妨不把麥卡錫主義看作是"一種粒子",在"時機恰當"時候,又"捲土重來"!本宇宙一至六七維,因因果果,早有命定,也不是我們一屆凡夫可以了解的!閑話少說,言歸正傳,現代的科學應用包括5G的萬物互聯,電腦的010101代碼,乃至所有科技應用包括電流,何嘗不可以是我們"借用了"高維度的世界的一些"小東西"

而已？人類如此"雕蟲小技"，竟敢在高維生命眼皮底下"班門弄斧"，大喊"征服自然"，我們要為人類的"狂妄"，當然包括我自己在內，而深感惶恐，繼而不必一直惶恐下去，拿出平常心出來執中而為即可！

如果以四柱八字論維度亦可，首先，我們出生旳那一刻的八字稱為"現在式'，代表三四維度；至於六十甲子太歲流年，那就是六維度之將來，所以說太歲至威至尊；而大運當然是現在與將來兩者之間的"交滙處"！這好比我們圓學一再強調意識與潛意識之間一定會有一層交滙意識同一道理。那麼，將來之六維是集體的，六十甲子流年亦是集體而不是個人的！那麼，從個體角度來看，每個人的命運，更大程度上取決於"現在式"之時辰八字與那層交滙處，即大運！而六十甲子就是太歲即木星公轉的循環而來的，這個木星公轉循環某程度上就是六維生命的"活動軌跡"，亦即是"波粒二象性"中的波！所以看集體命運的時候，比如說某某達官貴人為某國某市在某廟占一支"流年卦"就容易理解了！一個國家或城市之集體之命運，通常都以"六維"之甲子流年看的！另外，我們古占術亦有集體大事看星一說，星當然指天上的星星！

接下來，我們看看第四十七章穆罕默德，開門又是一句至理"不信道而且妨礙主道的人們，真主將使他們的善功無效。信道而行善，且信仰降示穆罕默德的天經者——那部天經從他們的主降示的真理——真主將赦宥他們的罪惡，改善他們的狀況。"以上這段文字頗有點像達摩祖師血脈論裡的那段精華經典，只要得道的悟性的，不消放生功德念經；若不得道不悟本性的，任你多少功德抄多少經亦是枉然！只要得道，佛教十二經盡可棄矣！差不多就是這個意思。

第七十六章人，"他們在樂園中，靠在床上，不覺炎熱，也不覺嚴寒。"沒有三維人間的炎熱和嚴寒，那不是高維"天堂"又是甚麼？那麼甚麼高維天堂有人間的"樂園和床"呢？那都是寓言故事的方式，用這種生動的方式比沉悶的邏輯哲學方式更容易"吸引信眾"吧！還有"許多長生不老的少年，較流看服侍他們。當你看見那些少年的時候，你以為他們是些散漫的珍珠。"以上這句中的"以為他們是珍珠"頗堪玩味！

81. 人情世故

閉上眼內心"空無一物"，打開眼除了天地萬物以外更無別物，那麼上帝自然就從內外這兩個地方去求！或或很多人會在此面前再加上一個條件假設"如果上帝是真實存在"的話！那麼，我們不禁會問"何謂真實存在"？這個"真實存在"是指我們人類科學或邏輯學上可以明明白白所證實的真實存在嗎？

既然佛或上帝不假外求，就自然而然是天地萬物包括自己肉體或者內心心靈，這又叫人想起那麼一句西科精神科學的名句"一切的外物都不過是我們自己內心的一個投影"！若果我們以內心為圓心，這點圓心一般都不會標示的，因此是"看不見的，外界天地萬物就是圓周般的投影！那麼，我們可以輕易得出這樣一個見解：我們自己內心就住著"上帝"，而體外的天地萬物都不過是他的投影，因此天地宇宙自然包括我們肉體自然就是"上帝的一部份"！可惜的是，人類卻罕有從內心去領悟，只是一直往外追求那些"變幻無常的投影"！

又或者，這個世界只分了有或無，這個無人會有異議吧！凡是有的，比如天地萬物宇宙，都總會一如易經中的易字一樣變幻無常；至於無的，既然本"無"，又何生變之一說！記得我們的圓學終極定理？圓學終極定理：宇宙物我合一非一，似變非變，有我無我！所以七維與平行宇宙的兆億無限概率變化亦不敵八維的"無我"。況且，我們所有的生老病死悲歡離合七情六慾乃至六七維的暗物質神力，都要受到外界萬物之"有"而束縛。高維度是圓，低維比如三維是點，一個圓裡面包括無限對"相沖點"一如天秤座沖白羊座，巳沖亥子沖午等等……

日常生活中，我們常遇到人際難題，比如大家為死對頭，或者兩批同事分成兩派各持對立立場，勢成水火不兩立！如果，我們身陷其中，又該如何自處呢？當然是以思想學哲學的方式來探討。比如兩派同袍，大家勢不立兩之關係很多時都不是因為理念對立，而是因為私慾勾起之利益與權勢，這個情況之下，還有"理"可說嗎？思考或者辯論真可以解決問題嗎？！不！自古以來從未有之！又再打個比如，你已盡量做好自己，可伙伴們依然要杯葛你，有些是主導的，有些純粹"西瓜往大邊靠"，對於他們來說，杯葛你的理由真的是個"理"字嗎？事實證明往往已超出了此范疇很多很多了。那麼，你又該如何自處？還是以思考去解決問題嗎？恐怕不能！切記，任何意識思考，都有一個終點，那就是"對沖之矛盾點"！比如極左派之對沖矛盾點便是極右派，對於左派來說，右派的見解真的可以"理喻"嗎？肯定不可能！舉個生動的理子，有那位主流的純粹的科學家認為算命術是"有理"的？幾乎沒有！又有那位巫師會認真對待科學的？也幾乎沒有！那麼，要這兩派人"相安無事"的唯一方法是甚麼嗎？恐怕就是閑起咀停止思考，亦即是沉默是金！但切記，命理師也好，科學家也罷，都不過是高維度圓圈裡的兩個對沖的單點！那麼，開一下腦洞，假使我們向高維生命"請益一下"，如何處理這個問題？比如向"上帝或佛"請益一下！那麼祂們自然亦不會"開口出聲"亦不會"思考講道理"吧！那麼，請你閉上眼，試著傾聽心裡那股"自在之音"，你會輕易的得出結論"甚麼也聽不到，上帝甚麼也沒說哦！"而當你打開雙眼，張望天地萬物，人與萬物各自有各自的忙，何曾會搭理你的問題？當然不會！那麼，人生在遇到這些狀況時，請切記，不要抱怨！因為世道本是虛幻，沒理可講，理是虛的，權勢亦然，霎眼之間終歸灰飛煙滅！切記，錯是大家都會犯的，你會犯人家也會，不可一味批評人家而不反省自己，同理亦忌全盤否定自己而附和別人！要知沒有真正十惡不赦之人，可恨人可樣可憐，對嗎？既然這樣，我們為何還想全盤否定遠遠不是十惡不赦的自己呢？當然，圓學亦推導得出，我們只能"掌控"自己，對外界一切包括他人根本無能為力！所以，雖然大家都有錯，但我們只管一直反省自身，不是"責備"，而是反省，唯有這樣一條路事態才有可能"得到基本控制"！無人是十惡的，人心肉造，你自省了，久而久之，他人對你攻訐力度亦會減輕，或有那怕一絲機會他們亦會自省！但如果你只是諉過於人，大家一味玩責備遊戲，那麼無人會"服氣"的！"服氣"亦是因權勢脅迫而"裝作"出來的，他朝終會反噬！

我們人類的行為往往是連帶情緒的，比如我們責備人或投訴人的時候會非常生氣，這就是高維度以七情六慾"操控"我們的一大例證！那麼，我們該如何自處呢？做啞巴狗吃啞巴虧嗎？非也！記得圓學的教誨？我們必須要陰陽虛實兼顧，即是說"身邊做著三維世界的事，因為八字業力已然安排好了，內心只管超然無我！"比如說華為最近起訴美國政府，他們公司的權益受侵犯了，他們不吃啞巴虧亦不做啞巴狗，而是直接維權，可是，你可察覺到任正非有絲毫動氣嗎？沒有，至少鏡頭前面沒有！如果任先生真正的做到人前人後一個樣，那麼就非常接近高維度行事方式了。不要做七情六慾的奴隸，要把行為與情緒區隔開來！這樣看似二者"分離"了，實則乃"大融合"！

　　自古以來擅思考者如德國最偉大的哲學家之一叔本華先生，老先生一生之中不斷用思考去挑戰性慾，請問他成功了嗎？非但不成功，而且性慾反噬得更兇猛，還伴隨著因禁慾期間而產生的抑鬱，折磨得老先生簡直生不如死！另外，關於近代精神心理學領袖之一榮格先生的故事，請問一生都致力於用思考解決情緒病等問題的榮老先生，可曾打過那怕"一場勝仗"？沒有，盡是滑鐵盧！最後，俄國大文豪大思想家托爾斯泰老先生一生亦致力用思考解決困擾自己的諸多情緒問題，比如自殺傾向！想問一句，托老先生一生那怕曾有一次用思考"戰勝"了自殺沖動嗎？沒有，一次也沒有！既然思考連這些人生的基本問題也解決不了，而且還會使情況更加糟糕，那麼思考又價值幾何呢？以上三位老先生在思考智力方面，恐怕是登峰造極爐火純青的，肯定不會出現智力不足的情況，諸君讀者還有那個有這樣厚的臉皮敢與以上三位先賢一較高下？應該絕無僅有吧！笛卡爾先生只出了上聯：我思故我在！卻永遠的留白了下聯，待諸君自行摸索！本人學識平平，下聯也對的不工整，但求達意即可：思止而永恒！

82. 儒家中庸

　　我國儒道兩家，甚有相通之處！談及儒家孔孟，本人是有點"惶恐"的，何以惶恐？曾幾何時，本人亦年少氣盛而莽撞偏頗又無知，對儒家孔孟多有貶損之語，是狂狷否？自古"英豪"多狂狷，本人非是"英豪"，恐怕即欲狂狷亦終不可得也！

　　中庸一書可謂經典中之經典，孔子至聖之言之行，教人敬仰！全書開門見山頭一段便是"天命之謂性，率性之謂道，修道之謂教。"天命乃本性內心，可視作圓心點，道乃順著"性"之本性而行，"修道"即按照道的原則去修養己身，道與修道我們可視為圓周上的兩點，這兩點

剛好與圓心成一個等邊三角形！此三句文字串聯起來，就是我們圓學的
"圓力"！天命內心當然指高維世界，可我們三維這個"虛幻短暫"的
世界畢竟也會"發展"而不會"停頓"，不是嗎？既然三維不那麼"完
美"更是"充滿缺憾"，所以在"率性之為道"之餘，我們也必須"修道"
而為教呀！這就好比一對矛盾物從"圓心之無"而衍生為有，可是卻又
像人類社會一樣"長短不均，參差不齊"，所以必須"時時修道"，以
為之教也！正如性慾是"私"是"錯"，可是我們要繁衍後代又必須"每
每犯錯"；再者，吃食無論如何也"犯了殺生"不是嗎？可是我們為了
活下去，又不得不每天"犯錯殺生"！所以，從更高理義來說，非有非
無，無錯亦無對，正自相矛盾，可自相矛盾才是至理！高維生命在低維
世界之行事方式，就是要你"包容矛盾"，正與前幾篇我們所議論的。
至於"喜怒哀樂之未發，為之中；發而皆中節，為之和。"亦是"圓力"
的再一次體現。

接著一句"君子中庸，小人反中庸。"中庸好比為圓，小人好比多
邊多角形，圓即執中而又平均，仿似天下大同社會；多邊多角當然是劍
走偏鋒，引"鋒角"而為"一時直接之用"，可鋒芒終不可久長。用之
作社會之譬如，此又指貧富極之不均的社會，貧富不均有如時鐘 12 小
時去掉一字，足球藍球去掉一片，極端一點的說，餘下的十二份之十一
都立馬廢而無用！

另外，"道之不行也，我知之矣，知者過之，愚者不及也。"愚者
不及大家都容易理解，但又何為"知者過之"呢？前幾篇的托爾斯泰，
叔本華與榮格三大智者之例即是也！凡事思考過頭都不是好事，越善思
者，反倒越容易陷入其中而不能自拔！所以俗語有云"人傻是福！"行
文至此，我又倒為自己之"淺薄而不善思"感到有點僥倖了。

至於"舜好問而好察邇言，隱惡而揚善，執其兩端，用其中于民。"
此乃是隱他人之惡揚他人之善，執中取栽而為之！此又引證了恒古以來
之思想哲學包括圓學之見解，凡是"撫問自心"，即從自己內心之"圓
心點"去看而反省自己，不必執著於他人外物，需知他人外物猶如圓周，
看似有實乃虛；而圓心"看似無'實乃'大有"！所以，凡是先撫心自省，
然後以身作則，自能以德服人，不要以言服人！試圖以言服人者，雖千
言萬語亦不可得，反而更適得其反也！

　　"寬柔而教，不報無道"是指用"高維度的精神"去服人，而不可用"三維之肉體暴力"而服人，此恒古之理也！而如果我們抱持堅守"高維之精神品格"，那麼"中立而不倚，強哉矯！國有道，不變塞焉，強哉矯！國無道，至死不變，強哉矯！"此等如此高尚之聖人品行，自是水到渠成之事矣！

　　"君子依乎中庸，遁世不見知而不悔，唯聖者能之。"此乃圓學引遁出的至高處世標準，亦合乎高維度之"處事方式"！至於"君子之道費而隱"，"故君子語大，天下莫之能載焉；語小，天下莫能破焉！"這裡表明虛空之空氣看似"虛無"實乃至精至要之物！圓學推導出"五六七維之本經典宇宙集體過去將來，實乃暗能量與暗物質"，此二者都莫不"長伴人類左右"！以上暗物質能量長伴我們左右之論點是引自當代前沿主流科學工作者們的話。另外，"鬼神之為德，其盛矣乎！視之而弗見，聽之而弗聞，體物而不可遺。使天下之人，齊明盛服，以承祭祀。"此段文字與上段互相呼應，都強調空氣空間的"容藏萬物而恆久不息"，虛空因無形無慾而所以恒古而不衰經久而不息也！這可是二千多年前的見解啊！儒道二家，曲迴異而工大同，中華傳統文化智慧真讓人有高山仰止之感！

　　"唯天下至誠，為能盡其性"。何謂至誠？高維無為而為生發萬物，就是真善美之至誠矣！你可曾見造化之工有絲毫之掩飾？"掩飾"之物終究是人工造作間接而不是自然而然，終歸是諸如魔術障眼法之雕蟲小技之流。

　　"至誠之道，可以前知。國家將興，必有幀祥；國家將亡，必有妖孽。"將來之命運可以前知乎？高維度生命之"行為"似波粒二象中的波，亦代表了我們人間的"過去現在與將來"，所謂"山中方一日，人間已百年"，信乎有也！圓學理論亦已明證之！還記得粒子不確定性原理？粒子之位置與速度不可二者兼得，但我們仍然可推出其之"概率"！何解？因為粒子之整體活動就是波！所以對於命運，我們又有一句者話"不是不報，時候未到！"將來命運雖不可"精確的"測出來，卻真是有"大概規律"可遁的。比如粒子之自旋，波之波長，干支八字之六十甲子流年與人生四方大運等等……既無限平行宇宙都是一體，亦盡寄於虛無之中，那麼自然大可見小，小可見大也！所謂"上天之載，無聲無臭。至矣！"此句可以"繞樑三日"，請諸君自行品嘗！

83. 道德經

　　善思之人反自縛，就是太過於傾向意識思考而不知有所止，古時練功所謂的走火入魔即此也！譬如我們會“不禁自問”到底靈魂精魄屬於圓學裡的那個維度呢？石頭會不會像人一樣思考，會不會像人一樣通上帝呢？首先，圓學維度體系裡的各個維度包括八維零維平行宇宙唯心唯物等等就如盤根錯節一樣交織互纏，正所謂斬不斷理還亂，這就已經注定了無論任何“事物”都不可能“專屬”於某一維度，我們所謂劃分維度也是把握個梗概而已！再者，高維度生命模式更不可能如此這般“自作煩惱”式的去將世事“一一細數”！在這裡，祂們比較傾向於波的形式，對我們低維生命的“點點”，是不會有個敏感精確的度數的，可以說祂們“更似”哲學形而上學，而不太類似數學科學！當然，任何事也是相對而言的，定無絕對！好比無限宇宙（當然包括石頭）都是上帝的一部份，那麼又何來上帝搬石頭一說呢？而當今主流精神科學都幾乎一致認為，現世萬物都不過我們自己內心向外之投射而已，只不過投射是如此“真實”，使人深陷其中不能自拔，好比很多演員如果太過於投入，都會有抽離不出角色的困擾！當然，最好的演員總是可以最大程度上的抽離角色，拍的神似很多演員都可以，但神似過後之抽離才是最難啃的硬骨頭！其實，戲如人生人生如戲，戲夢人生亦如夢幻，自然之一切，總會“巧妙的按排”在我們身邊以不同之形式不斷重演，這可視作為一個警示。夢也好，戲也罷，乃至遊戲，都可視作為冥冥中之力量對人類的一再提示，我們應該從中領悟到點甚麼才是！要知道，所謂零維的無，都是“相對於”一至八維平行宇宙的人類認知的“有”而言的，道德經云有無相生也！至於作為“人類內心投射之萬物其中之一的石頭”到底會不會像人一樣思考的問題，想太多容易走火入魔！儒道所謂有所止也！他云知恥近乎勇，吾云知止便作聖！

　　“道可道，非常道。名可名，非常名。無名天地之始，有名萬物之母。故常無欲，以觀其妙；常有欲，以觀其徼。”道德經不止博大精深，而且收放自如，進退得據，神起處倏又幽然而止，神妙而富有餘韻。又豈止是大觀園，直是此經只應天上有！“人不可道的才是真的道，人不可名的才是真的名”這不是直指高維世界了嗎？二千多年前的著作啊！

"無名"先於"有名"，正如天地先於萬物，"無名"不是高維玄妙世界又是甚麼呢？

"天下皆知美之為美，斯惡已。皆知善之為善，斯不善已。故有無相生，難易相成，長短相較，高下相傾，音聲相和，前後相隨。"這一段涉及到圓力，都知道美惡、善惡、難易、長短、高下、音聲和前後都仍一對對矛盾之物，好比白羊座沖天秤座子沖午申沖寅等，我們也知道既是對立物必定"同生於無"，就好比兩個點從圓心裡生出來一樣，因為矛盾所以方向相反，因為矛盾所以距離圓心之長短不一，不妨以"圓力"將二者與圓心之距離拉勻，再將二者拉到可與圓心共組一個等邊三角形的位置上去，這樣又成了一個"完美的圓"，圓又化為點，點化為無！這樣，更大的問題來了，到底是要像道德經提倡的一樣去"貶損聖人釋放大盜"（因為聖人起所以大盜才生），還是說像儒家世俗一樣去理解"因為社會有大盜與罪惡，所以我們更需要聖人與正義去制衡"！而上這些都字文字理論，既然是文字理論就不免入了俗套！既入俗套，我們就提倡以"圓學左右半球定理"去闡述：二者皆是，二者皆否！這看似十分矛盾，但自古以來有自相矛盾的文字理論才"有可能最貼近真理"！閉起眼，摒棄思維，回歸內心平靜自然，一切本無，對嗎？所以二者皆否！可是，無又是相對於有而言的，所以二者皆是！

"不尚賢，使民不爭；不貴難得之貨，使民不為盜；不見可欲，使民心不亂。是以聖人之治，虛其心，實其腹，弱其志，強其骨。常使民無知無欲。使夫智者不敢為也。為無為，則無不治。"此段文字乃上段主題之延展，但我們亦不禁要發問一句"如果以當今社會為背景，各種"陋習"已然積重難返，民風已經非常不純樸了，一切已經"無法回頭"了，那麼此段政見豈不毫無用武之地？此時，為何不以"圓力"去糾正社會？所謂因時制宜也！如何糾正？比如現今太傾向於科學"這一點"了，那我們是不是要在心靈哲理"那一點"上下點苦功，使二者又重歸於平行，不是嗎？現在再說抑制民智與科學是不是一切也太遲了？當然，在二千五百年前當時那個背景，就作別論了！

"道沖而用之或不盈，淵兮似萬物之宗；挫其銳，解其紛，和其光，同其塵，湛兮似或存。"這句是要我們經常保持"虛懷若谷"，好比政府發展城市時預留一點空地以作"將來"之用；公司營運時經常保持現金流以防"將來"應急之用；乃至我們投資亦皆宜堅守原則作長綫準備，而不使不講原則的急功近利去作短炒！把一切"留空"一點，似龜的做"慢"一點，才是六七維度之將來模式，君不見代表將來之暗物質"又重又慢"，比代表五維過去之宇宙極速光常數之平方不知慢了多少嗎？然而，何者優勝何者劣敗，不用我多作解釋吧！

"天地不仁，以萬物為芻狗；聖人不仁，以百姓為芻狗。"這不是無為而治嗎？這不是高維度模式嗎？高維的集體與波，是不會"那麼瑣碎"的"逐點逐點"的去"關照"個體的點的，祂們只會"關照"大局！從個體角度來說，好比我們身體每分每秒都有細胞更替，我們既不會傷懷於而逝的細胞；亦不會興奮於新生的細胞！這不是有點無情嗎？這豈不是以萬物為芻狗？道德經，理之至矣！

"谷神不死，是謂玄牝。玄牝之門，是謂天地根。綿綿若存，用之不勤。"這簡直"昭然若揭"的去講述高維度啊！

"天長地久。天地所以能長且久者，以其不自生，故能長生。是以聖人後其身而身先；外其身而身存。非以其無私邪，故能成其私。"高維以圓的"間接方式"去行事，看上去愚昧一點；而低維度以直線直接方式去行事，比較有利於短期！乍看之下，二者當然不可偏廢，可是"大直為曲"，圓何嘗不包含直線呢？簡直就是"升級版完美版"的直線呀！這樣說來，我們用圓的曲的間接的方式去行事，不謀求直線，何是卻"無心插柳"反而成蔭，反而得到"至為偉大之直綫"——圓！這樣我們的為人處世，有指導作用。至於上善若水功成身退，亦一理也。

"五色令人目盲，五音令人耳聾，五味令人口爽，馳騁畋獵令人心發狂，難得之貨令人行妨。是以聖人為腹不為目，故去彼取此。"老子已然了達於胸，深知人類心靈實乃被三維花花世界之幻像束縛住而不能自拔！

"寵辱若驚，貴大患若身。何謂寵辱若驚？寵為下，得之若驚，失之若驚，是謂寵辱若驚。何謂貴大患若身？吾所以有大患者，為吾有身，及吾無身，吾有何患？故貴以身為天下，若可寄天下；愛以身為天下，若可托天下。"這段詳述了何謂禍福相倚，禍福相反，征服大患反而就大福也！亦間接承認了吾身乃天下，吾身乃宇宙之說！至於"視之不見名曰夷，聽之不聞名曰希，搏之不得名曰微。此三者不可致詰，故混而為一。”簡直描述維度高等生命之至理也！

“太上，下知有之，其次親而譽之，其次畏之，其次侮之。”其中“太上，下知有之”乃無為而治之最高境界。至於“大道廢，有仁義；智慧出，有大偽”和“絕聖棄智，民利百倍；絕仁棄義，民復孝慈”等議論，又復歸方才“圓力”與“圓學左右半球定理”之矛盾先後之范疇。

“曲則全，枉則直，窪則盈，敝則新，少則得，多則惑。是以聖人抱一為天下式。不自見，故明；不自是，故彰；不自伐，故有功；不自矜，故長。夫唯不爭，故天下莫能與之爭。”此實乃高維模式仁義無為而無敵之至論矣！

“重為輕根，靜為躁君。是以聖人終日行不離輜重。雖有榮觀，燕處超然。奈何萬乘之主，而以身輕天下？輕則失本，躁則失君。”從這裡的“重為輕根”來看，噫，宇宙至重之暗物質不正是生成“輕很多”的可見物質的嗎？宇宙科學與我們處世哲學其實同為一理之相通也！

“天下之至柔，馳騁天下之至堅。無有入無間，吾是以知無為之有益。不言之教，無為之益，天下希及之。”科學都已推證出虛空空間充滿“高維度”“至快至重”之暗能量與暗物質，而世間萬物者乃為實，實“不過”為我們三維世界之萬物，由此可見，虛勝實也！道德經，中庸，楞枷經，達摩祖師之論，可蘭經，聖經，愛恩斯坦海森堡薛丁格之量子力學，霍金之果殼宇宙與圓學同為一物之不同面，既異曲同工，當然可以求同存異也！

84. 聖經

都說上帝就在我們的心裡，這是至理，亦是一種信仰，與理智認知沒有太直接之關係，亦未闡明我們到底該如何用甚麼方法去“感應”上帝！我亦苦思良久，到底在理智與信仰之間有沒有一種比較“折衷”的方案去“感應”上帝，好認講理智的人比較信服，又或者說是為大家提供一種“感應”上帝的可描述的可能性？圓學推論得出，變大於不變，而無又大於變！所以，我們在腦海裡可以同時想像耶穌佛陀濕婆甘地乃至自己和家人甚至路人的樣子，這些不同面貌在腦海裡不斷閃換，最後是不是有點"眼花迷然"，是不是好像"無有"，就是這個個程！在我個人看來，這不失為其中一種感應上帝的方法，一來易於理解和想像，二來又有包羅百教萬物之性，三來亦乎合圓學哲學思想邏輯等之理論！

關於外星文明，對於這個"大問題"，我們不能以"三維世界人類"之思維這般的"小角度"去直接回答，因為兩個平台不對接，正如安卓apps 不適合 IOS 代碼一樣道理！我們或許換個形式去打個譬如會比粗糙的直接答覆收到更好的效果！如果人類真相信本宇宙由始至終乃至無數平行宇宙中"就只有"我們地球上人類這麼一個"三維文明"的話，那好比有個頭腦不錯的小伙子站上山頂，然後驕傲的對著天下狂吼"吾乃恒古而來各學科學術領域之第一大天才"！我已經再三推敲過了，這比如沒有誇張，而且恰到好處！

自小家裡人乃至親朋好友都是傳統中國人的佛道信仰，私底下都自然而然的形成了無形中的"小圈子"，加上那時年紀又小，未有足夠獨立的判斷力和廣大包容的心胸，所以那個時候就比較狹隘，盲目的排斥學校裡提倡的基督教。可是，每當踏入教堂之時，我都會有一種不能名狀的安靜祥和的感覺！今天體檢報告將出之際，我的心異常的不平靜，即使醫生們預先已經告知我沒有任何必要去做體檢，我的心依舊不能平靜，甚至越思考越迷失，我於時獨自閒逛，走入一所不知名的教堂，看了幾尊不知名的聖像，大概是聖奧古斯汀耶穌和聖母等的像。其後，我又獨自坐在長椅上閉目冥想，試圖使自己內心平靜下來，效果不錯，結果亦一如醫心所言，我應該如釋重負，但我沒有，因為這焦慮心理一天不除，我又那能得到真正的安寧，聖堂真的可以幫助舒緩我的焦灼情緒，我該感恩！

"不要懼怕，不要驚惶，因為你無論往那裡去，耶和華 --- 你的神必與你同在。"這與主流思想學哲學圓學等一致，我們就是上帝的一部份，我們只能從心靈裡找尋那至高者！至於下句"神是我們的避難所，是我們的力量，是我們在患難中隨時的救助。"更加強了以上論證。

"你要專心仰賴取和華，不可倚靠自己的聰明，在你一切所行的事上都要認定他，他必指引你的路。"關於這句，上帝是信仰心靈裡尋找，而不是意識認知，基乎是思想精神心理哲學乃至圓學的共同認知，叔本華如是，榮格如是，托爾斯泰的忏悔錄更如是！

"我來了，是要叫羊得性命，並且得的更豐盛。"羊在世界主流文化裡都作為一種神聖的存在，在我國敦煌出土的夢書裡面容預言羊是好兆頭。

"不要效法這個世界，只要心意更新而變化，叫你們察驗何為神的善良，純全、可喜悅的旨意。"這句乍看似乎"有點問題"，與道佛乃至圓學的議論有別，我們都知道上帝是"非善非惡""無為而又無不為"的，可我們切莫忘了聖經的背景，當初種族文明的文化特徵與政教合一戰禍連年等因素！宗教終究是為"人"服務的，當然不同的宗教自然某程度上會烙有不同人不同文明的"文化烙印"。我們斷不可字字句句教真，要知道何為求同存異。

"神為愛他的人所預備的是眼睛未曾看見，耳朵未曾聽見，人心也未曾想到的。"和"因我們行事是憑信心，不是憑眼睛。"此二句都講述了高維度世界特徵。

"凡流人血的、他的血也必被人所流、因為神造人、是照自己的形像造的。"這句至理，與我們就是上帝一部份無異。但是，何者比較好理解呢？你可以對當時的先民說出"我們仍是上帝的一部份"嗎？一來他們未必能理解，就當今世上的人們也不好理解這句話；二來，當時比較"落後惡劣"條件的社會，"當務之急"需要的不是人們的獨立自主性，而是"服從性"，最怕亂，但求穩！這個背景之下，寫聖經者的"用心良苦"，我們不可能不察！同理，上帝前六天造萬物在第七天休息一說，頗有社會規章和歷法的意味，這裡也一樣，我們決不可照字套字！

"日子將到，我必命餓荒降在地上。人饑餓非因無餅，干渴非因無，乃因不聽耶和華的話。"末日之說很科學亦很哲學很邏輯，無可挑剔！但在最後一句"乃因不聽耶和華的話"又包含了那時代的政教合一之特色。

"那些日子的災難一過去，日頭就變黑了，月亮也不放光，眾星要從天上墜落，天勢都要震動"。此句活脫脫的天文學宇宙學景象！

　　"我又看見死了的人，無論大小，都站在寶座前…照他們所行的受審判。"過去的死了的人屬於圓學維度體系裡的第一第五維個體集體之過去式，受審判一說又是政教法合一的體現。

　　"我的心默默無聲，專等候神；我的救恩是從他而來。"神是八維零維至高存在的，但當"祂"要"介入"我們人類三維世界的時候，又不得不"假手於"作為人類肉身的基督"像這樣，基督既然一次被獻，擔當了許多人的罪，將來要向那等候他的第二次顯現，並與罪無關，乃是為拯救他們。"這不是圓學裡的各個維度並存而且各自"主宰"自己維度世界，高維只能"間接干預"之，無怪乎人類乃三維之王！若高維度可以"直接干預"我們，那麼我們人類但然不會是上帝的一部份，而且更無"存在價值"！這個是很直觀的邏輯問題，請自己玩味一下。

　　"虛心的人有福了！因為天國是他們的。"這句跟道佛並無二致。"聖靈向眾教會所說的話，凡有耳的，就應當聽！"這裡的"凡有耳的，就應當聽！"我們要知道有耳的會聽的既是緣份亦是福份。萬物都是我們投影，桌子椅子既"沒有耳"，亦"不會聽"，不要往這些死物投影身上鑽牛角尖！我們可以這樣理解，三維萬物的"點"都集中在波峰與波峰之間，人既是波峰亦是波谷，可以最大程度的接收到"上帝的order"，其它動物死物漸次減弱，屬於波峰波谷之間的各點，這些點當然可以看作是波峰波谷的程度不同的"投影"！

第二節　易學

　　世事皆是毀譽參半，即是說所有的努力到頭來都是一場空，人生如戲戲如生，凡事儘力就好，要拿得起放得下！世上種種有無虛實之間，都應了一句無為而為！叔本華慨歎歐洲哲學水平到了笛卡兒的我思故我在便戛然而止！他為之惆悵的便是歐洲人在骨子裡似乎仍未懂何謂思止而永恆！正因如此，就埋了歐洲二次大戰的禍根！只懂得有為而不知無為，只知道有而不知何為無，正是現代西方文明排他性的本源。當然，現代西方文明還是具有高度成就且值得大家去學習的。

　　同理，玄學跟萬事萬物一樣都脫離不了科哲易學乃至日常生活，切忌玄之又玄，一批出於某種目的的人今天將之捧到神之又神，明天它一樣就會摔的一文不值！所謂有無相生虛實相間，切不可以有之再有，無之又無，這樣便墜圈套！閒話少說，言歸正傳！以下本人嘗試運用包羅中西的各種術數對一些社會名流的人生禍福作點疏漏粗淺的見解，由於資質愚魯，見識有限，自然錯漏難免，望各位雅量海涵！

　　首先談談的便是香港一位剛退休的成功人士，人稱超人！觀其相，閱其自傳，占其八字，再起卦，便不難發現他的平生確實乎一切可考！猶記得他曾提及八字之不可信，又說年輕時請算命的為求預測前程吉凶，都覺完全不準確！而且，又有師父質疑他本人八字的真實性，但超人堅稱自己八字確實準確無誤，所以對命理似乎嗤之以鼻！當然，世事永遠真假虛實難分，用大哲學的眼光去看待，即無所謂真假虛實，一切都是既有且無，既曲又直！但如果將眼光收窄到命理個人吉凶禍福范疇，我倒是有點話想說的。

　　首先，我認為他提供的八字是真切無誤的！庚金人生於三伏生寒時節有火練，且土叠叠，更妙在格入龍歸大海支下伏藏齊集甲乙壬癸加上暗拱木局，調和火土炎燥之氣！加上他本人早年丁艱，家裡弟妹擔子一肩挑，夫緣薄，且據聞早年人生不順竟萌短意，這些不但一一引證了他的早年際遇，更要加上一句塞翁失馬焉知非福！竊以為，正是他早年的這些"失"，生出了他日後的"得"！此後他又迎娶表妹，琴瑟和鳴，可他畢竟有點妻緣薄，乙丑運妻逝，時也命也！為何偏偏乙丑運呢？是財印交戰嗎？關於這點不能透露，但若有同好想私下討論，或者可以互相交換一下意見！至於母親，只能說他的母親不如父親般純粹，又或者說母親使他"百感交集"，總之言只能止於此！

此外，談談分析心理學創始者榮格先生，很多的引述指出他本人遺世獨立難以相處，這點認同！又有人指出他有弒父情意結，這點也確實可考。而且，恰恰他本人的親生父親和與他亦父亦友的弗洛依德都對他生命起正面意義作用，他的命運確實是可以得到父助的，即使他生父成就似乎一般！另外，關於他妻妾的不為人知的這方面真的是甚少有人提及，人們只看表面，皆道榮格太太十分好相處，與乃夫的臭脾氣截然不同；可人們卻不知道他可以算是一個好丈夫而且有點畏妻。當然，榮格先生本人一方面崇尚權威而另一方面卻又成扳倒權威而自擁自立，這看似矛盾，卻一點也不矛盾。最後，從某種意義上來說他父親確實死後得道超昇，而且在冥冥中確乎助力於他；而他母親帶給他的總是反面教材，也可以說他母親本身就是榮格內心心魔的一個鏡子式的人格投射！要看到這些，除了種中西各種星相玄學入手之外，還得盡可能多讀他本人的著作和旁人有關於他的材料。

李小龍先生一身威武，大家可怎樣也想不到原來他也有畏妻傾向，而且老婆與子女更可能是他的催命符！凡此種種，脫不了天數！由泰王拉瑪九世踏上泰國土地的那一刻起，他的皇兄命運便堪虞！美國總統唐立德的早前的破產離婚皆是命定！華為公司不會因 2019 年美國政府的種種打壓而垮掉，反而更蒸蒸日上，更上層樓，觀任正非余承東等人的氣運即可知矣！前 NBA 籃球巨星喬丹早幾年網上誤傳重病頻死，只能說是空穴來風未必無因！現 NBA 巨星詹邦占士於未來幾年有點阻滯，應更關心一下身邊人，尤其母親！成龍大哥命中註定子女方面有點遺憾，更要命的是認祖歸宗帶給他的只會是一些麻煩和壞運，可大哥一片愛國愛鄉愛家愛祖之心使然，有如是說逃不過的是命運，確信乎有也！

　　中西占卜星相易學博大精深，而本人資質平平，無奈為了本書之出版，只能濫竽充數，事後諸葛亮式的吹噓幾句，望大雅君子海涵！但是，本人在這裡以個人身家名譽莊重聲明，中西文明包括星卜命相，不單源遠流長，甚精妙幽微之處更是何啻深淵！況且，有真材實學的名師高人更是為數不少，大家切莫因本人之粗淺而誤以為中西文化不過如此，果真如此，那就是本人莫大的罪過了！

　　最後，在此也可以探討一下有關於夢的主題，像我本人夢就比較多而且也足夠"特別"！記得大約在八九歲的時候，就造了一個有關如來佛祖的夢，夢裡佛祖金身非常宏大，而且盤坐祥雲在半空中，夢裡的我得仰視之，而且祂背後盡是群山綠草鮮花蝴蝶！最後，祂憑空"變出"一柄騰在半空幾十米寬的古式紙摺扇，扇子又"自動"徐徐舒展，裡面大約是一首五言絕古或者古詩，盡是一些繁華盛世百花開的內容，然後扇面還有姹紫嫣紅的百花與甚至飛出扇面的蝴蝶，當時記得並且告訴了母親詩的內容，現在倒是忘了！二十歲左右的時候又曾夢過萬民敬仰的偉大聖雄甘地，可夢裡他似乎是以一個瘋子的形象出現朝著我笑，然後更是立馬脫去自己身上僅剩的白布朝我赤裸全身！當然，甘地何等聖名，這夢境也沒有褻瀆的意思，本人對這位老先生肯定心懷敬意！2018年中又做了一個關於耶穌的夢，夢裡的我站在一個很高的建築物的陽台上，朝下望見一個比足球場更大的小土崗，土崗上有數以千人合抬起一幅面朝天碩大無比的穌耶像，夢裡的我暗自納罕，猶太人崇拜耶穌的嗎？好像不是呀！夢醒以後，立馬上網搜尋一下資料，發現夢裡的地方跟以色列錫安山幾乎完全脗合！還有一個是在從前家裡廁所裡的夢，發現那個美侖美奐的廁所更勝從前，更奇怪的是牆上竟貼著一副類似不知名的羅漢的唐卡，那幀唐卡兩旁更是垂著片片綠葉，而馬桶也竟然自動把糞穢沖走！醒後又查了查谷歌，發現那唐卡跟日本京都國立博物館裡收藏的數百年前的火頭金剛西藏唐卡幾乎九成相似，火頭金剛我們俗稱廁神！還有大約二十歲時夢見自己站在一個非常華麗的傳統歐式別墅的客廳正中間，腳下是一片紅地毯，對面站的是三個美國人 Bill Clinton、Bill Gate 和 Bill First，剛巧自己的英文名也是叫 Bill。夢裡，他們三人一字排開，三人共同手捧著一個傳統紅色蝴蝶結包裝的小禮盒遞送過來交我手上。還有今年年初造的一個關於國家主席習近平的夢，夢裡場景是一個停車場，我好像換上了李小龍的黃色戰衣然後伸手往胯下地上的一個膠袋裡探出一雙雙截棍，就這樣打扒了十幾個壯漢，然後往電梯處走，走電梯口就碰上了習近平主席，他身邊站著一個三十左右不知名的女性，夢中的他沖著我罵"要不是你換了我的衣服，你以為自己可以打低這十幾個人嗎！"說也奇怪，我也沒有與他對罵，只是細心留意他的鼻子，注視著他比較高挺而且漂亮的鼻子！另外，我亦於本年度陽曆約七月初作了一夢，夢中內容是關於現任美國總統特朗普在他關下接來的連任之戰中敗選，夢中只見他與自己的團隊沉默無言的坐在碼頭靠水邊的地上，夢中我只見到他的背影，而新總統隱約也穿著一套黑色西裝，大約是一個六十歲以上的白人男子，銀灰色的頭髮，髮線退的非常高，露出一個大而圓的額！我亦不知道此夢作何解？是關於特朗普先生的敗選預兆嗎？我自知沒有此等解夢功力，可是夢中我卻存有一個念頭，就是：特朗普先生那麼執著於連任，現在敗了，那他怎麼辦呀？我竟然替他擔心起來了！

　　恰巧，我自問一直是一位天真幼稚"只想不做"的幻想家，以上種種夢境剛好提醒我，無論自己身份多麼不顯眼，仍然要堅守自己崗位，不要好高騖遠去攀比，要在自己小小的崗位和領域上發點微光，為社會出一分力。如果可以更達觀一點，做到無為而為就最好不過了！當然，這裡也不妨發表一下拙見，本人的夢在世俗意義上不單"偉大"，更可稱得上是"驚天動地"了吧！可是，現實的我卻不過是一位做點小學問，寫幾本書，受點小庇蔭的中等職員，一事無成不在話下，而且人到中年又婚姻非常失敗而且還有點自我小封閉式的閉門造車！可見，做甚麼類型的夢不是那麼重要，重要的是做夢人本身的命運格局高低如何！凡事講求實例，我本人便是鐵一般的例子。這裡順便緬懷一下兩個人，第一個是我的好阿嫲王烏照女士，第二個是人品非常好的故人連捷君，也夢過他們幾回，獲益自是良多！以下是古詩一首，以紀念之：

吹落瑤台風
燕山春花紅
君乘玄鶴去
青天雲不返

作者簡介

　　施少偉，1985 年 5 月 18 日，澳門閩南人，自幼對命理易學傳統文化有濃厚興趣，亦得師父指導。

　　對西方科哲心理亦稍有涉獵，著作有由香港博學出版社出版的《滴天髓命例研究》，《金書圓學》和《圓學》共三本！自少對"圓"懷有特別的感情，常感慨中華民族之先賢聖哲雖如天上繁星，卻幾乎從未有人對"圓"持有特別重視的態度，以致國內至今仍未有"圓學"這一門學問，更遑論甚麼相關之宏篇巨著！

　　憑著一腔熱忱在《金書圓學》內以一點中西文化知識寫了幾篇有關"圓"的文章，希望藉著百度百科這個平臺，讓真正有識之士執筆，這樣才能從真正意義上來填補我國關於"圓學"這塊空白。這權作拋磚引玉，待真正有識之士圓學巨著出世以後，《金書圓學》和《圓學》二書就可以功德圓滿的掃進歷史垃圾堆裏去了！

　　最後，本書的所有收益本人將不計成本全數捐給慈善團體作慈善用途！本人作爲港澳社會的一份子，有幸從人類社會和祖國的發展中獲益，更蒙上天賜予的福氣，竟厚著頭皮的將自己粗疏淺漏的拙作刊印成書，也不怕貽笑大方，就只有爲世界扶貧事業略盡自己一分綿力才可減輕內心的慚愧于萬一！在此，再一次感恩母親慈恩與女兒的陪伴，也要順道感謝一下博學出版社一再給予本人出版之機會。

圓學

作　　　者： 河洛子
編　　　輯： Annie
封 面 設 計： Steve
排　　　版： Leona
出　　　版： 博學出版社
地　　　址： 香港香港中環德輔道中 107-111 號
　　　　　　 余崇本行 12 樓 1203 室
出 版 直 線： (852) 8114 3294
電　　　話： (852) 8114 3292
傳　　　真： (852) 3012 1586
網　　　址： www.globalcpc.com
電　　　郵： info@globalcpc.com
網 上 書 店： http://www.hkonline2000.com
發　　　行： 聯合書刊物流有限公司
印　　　刷： 博學國際
國 際 書 號： 978-988-79344-7-9
出 版 日 期： 2019 年 8 月
定　　　價： 港幣 $138

f　facebook.com/globalcpc